ENGLISH
Conversation

Dialogbeispiele,
Mustersätze und
landeskundliche
Informationen

compact

Bisher sind in dieser Reihe erschienen:

- ♦ English Conversation
- ♦ Englisch Wörterbuch
- ♦ Englisch Grammatik
- ♦ English Idioms
- ♦ Business English Wörterbuch
- ♦ Französisch Wörterbuch
- ♦ Französisch Grammatik
- ♦ Spanisch Wörterbuch
- ♦ Spanisch Grammatik
- ♦ Italienisch Wörterbuch
- ♦ Italienisch Grammatik
- ♦ Latein Wörterbuch
- ♦ Polnisch Wörterbuch
- ♦ Russisch Wörterbuch
- ♦ Deutsch Rechtschreibung
- ♦ Deutsch Fremdwörter
- ♦ Deutsch Grammatik
- ♦ Deutsch Synonyme
- ♦ Mathematik
- ♦ Physik
- ♦ Biologie
- ♦ Chemie
- ♦ Formelsammlung
- ♦ Technische Formeln
- ♦ Psychologie

Weitere Titel sind in Vorbereitung.

Chefredaktion: Evelyn Boos
Redaktion: Helga Aichele
Produktion: Johannes Buchmann
Umschlaggestaltung: Inga Koch

ISBN 978-3-8174-7779-1
7277792/4

Vorwort

Wer eine Fremdsprache korrekt gebrauchen möchte, sollte nicht nur einen großen Wortschatz haben, sondern die gelernten Vokabeln auch im Gespräch sicher und richtig anwenden können. Gerade bei einer Unterhaltung führen falsch gebrauchte Wörter und Redewendungen leicht zu Missverständnissen und ungewollt komischen Situationen.

“English Conversation” bietet dem Leser die Möglichkeit, auf eine Vielzahl von im englischen Sprachbereich gebräuchlichen Wendungen und feststehenden Ausdrücken zurückzugreifen. Es wurde eine große Auswahl an Begriffen zu vielen Bereichen des alltäglichen Lebens zusammengestellt, die den Gebrauch der englischen Sprache lebhafter und interessanter gestalten. Die übersichtliche Gliederung nach bestimmten Themenbereichen erleichtert das Nachschlagen gängiger Formulierungen für die jeweilige Gesprächsituation. Die Wendungen werden verständlich und anschaulich in Dialogbeispielen erläutert. Zusätzlich bieten Infokästen wertvolle Hintergrundinformationen und Tipps zu den Umgangsformen und sprachlichen Besonderheiten sowohl in Großbritannien als auch in den Vereinigten Staaten. Hierbei wurde insbesondere darauf Wert gelegt, die Unterschiede zwischen diesen beiden Sprachräumen zu verdeutlichen und auf mögliche Fallen und Fehlerquellen hinzuweisen. Weiterhin finden sich Informationen zu landesspezifischen Besonderheiten in Situationen des privaten und öffentlichen Lebens, wobei auch der Umgang mit Behörden und anderen Einrichtungen erläutert wird. Somit ist dieses Buch auch ein idealer und hilfreicher Begleiter auf Reisen, der das Zurechtfinden im britischen oder amerikanischen Alltag erleichtert.

Durch die vielen praxisnahen Beispielsätze zu allen wichtigen Bereichen des täglichen Lebens wird “English Conversation” zu einem zuverlässigen und unentbehrlichen Begleiter für alle, die im privaten oder beruflichen Bereich Englisch zielsicher anwenden und Fehler vermeiden wollen.

Inhaltsverzeichnis

Vorwort 3

Inhalt

Begegnungen		9
Greeting	Begrüßung	9
Farewell	Abschied	10
Introduction	Sich vorstellen	12
Making Friends	Bekanntschaften	12
Please and Thank you	Bitte und Danke	14
Compliments	Komplimente	17
Congratulations	Glückwünsche	19
Apologies	Entschuldigungen	20
Communication	Verständigung	23
Starting a Conversation	Ein Gespräch beginnen	24
Ending a Conversation	Ein Gespräch beenden	26
Asking the Way	Nach dem Weg fragen	27
Asking the Time and Date	Nach Uhrzeit und Datum fragen	29
Reisen		31
Going on Holiday	Reisen und Urlaub	31
Holidays at the Seaside	Ferien am Meer	33
Holidays in the Mountains	Ferien im Gebirge	36
Travelling by Car	Unterwegs mit dem Auto	40
Hiring a Car	Einen Wagen mieten	44
Travelling by Train	Unterwegs mit dem Zug	45
Travelling by Bus	Unterwegs mit dem Bus	47
Travelling by Taxi	Unterwegs mit dem Taxi	49
Travelling by Plane	Unterwegs mit dem Flugzeug	50
Travelling by Ship or Ferry	Unterwegs mit dem Schiff oder der Fähre	54
The Channel Tunnel	Der Kanaltunnel	56
Hitch-Hiking	Trampen	57
Staying in a Hotel	Unterkunft in einem Hotel	58
Staying at a Bed and Breakfast	Unterkunft in einer Pension	63

Staying at a (Youth) Hostel	Unterkunft in einer Jugendherberge	65
Camping	Zelten/Camping	67
Complaints	Beschwerden	69
Essen und Trinken		70
In a Café	Im Café	70
In a Restaurant	Im Restaurant	72
Eating at Home	Zu Hause essen	77
Cooking	Kochen	79
Tea-time	Nachmittagstee	82
In a Pub	In einer Kneipe	83
Post, Bank und Geld		86
At the Post-Office	Auf der Post	86
Changing Money	Geldumtausch	88
Opening an Account	Ein Konto eröffnen	89
Transferring Money	Geld überweisen	91
Further Dealings with a Bank	Andere Bankangelegenheiten	91
Borrowing and Lending Money Privately	Privat Geld leihen und verleihen	92
The Stock Market	Die Börse	93
Currencies	Währungen	95
Behörden und Ärzte		96
Dealing with Authorities	Umgang mit Behörden	96
At the Police Station	Auf der Polizei	97
Registration with the Authorities	Anmeldung in der Meldebehörde	99
At the Doctor's	Beim Arzt	100
At the Dentist's	Beim Zahnarzt	105
In the Hospital	Im Krankenhaus	106
Telekommunikation		109
Telephone Conversation	Telefongespräche	109
Mobile Phones	Mobiltelefone	113
Schriftverkehr		114
Private Letters	Privatbriefe	114
Opening Lines	Anrede	114
Closing Lines	Grußwendungen	115

Example of a Private Letter	Muster für einen Privatbrief	116
Business Letters	Geschäftsbriefe	116
Opening	Anrede	116
Closing Lines	Grußwendung	117
Example of a Business Letter	Muster für einen Geschäftsbrief	118
Common Abbreviations	Häufige Abkürzungen	119
Verabredungen und Termine		120
Private Appointments	Private Verabredungen	120
Business Appointments	Geschäftliche Verabredungen	121
Business Situations	Geschäftliche Situationen	123
Gefühlsäußerungen		128
Regret	Bedauern	128
Assurance, Confirmation, Acknowledgement	Versicherung, Bestätigung, Anerkennung	129
Agreement and Refusal	Zustimmung und Ablehnung	129
Contradiction and Negation	Widerspruch und Verneinung	130
Expressing Importance	Wichtiges herausheben	131
Emphasis	Betonung	132
Expressing Belief and Conviction	Glauben und Überzeugung ausdrücken	134
Expressing Uncertainty	Ausdruck der Ungewissheit	134
Likes and Dislikes	Gefallen und Missfallen	135
Joy and Sorrow	Freude und Traurigkeit	136
Satisfaction and Dissatisfaction	Zufriedenheit und Unzufriedenheit	137
Wishes and Desires	Wünsche	138
Indifference	Gleichgültigkeit	138
Disappointment	Enttäuschung	139
Hope and Concern	Hoffnung und Sorge	139
Suggestions and Advice	Vorschläge und Rat	140

Allgemeine Gesprächsthemen		142
Talking about the Weather	Über das Wetter reden	142
Talking about the Environment	Über die Umwelt reden	145
Talking about the Law	Über die Justiz reden	149
Talking about Family	Über die Familie reden	152
Talking about Work	Über die Arbeit reden	156
Schule und Freizeit		161
Education and Professional Training	Schule und Ausbildung	161
Leisure Time and Hobbies	Freizeit und Hobbys	169
Körperpflege		170
Health and Beauty	Gesundheit und Schönheit	170
At the Hairdresser's and the Barber's	Beim Frisör	176
Kultur und Sport		181
Booking Tickets	Karten bestellen	181
Talking about Films	Über Filme reden	182
Talking about Theatre	Über das Theater reden	189
Going to a Museum	Ein Museumsbesuch	190
Talking about Opera and Musicals	Über Oper und Musical reden	193
Talking about Television	Über das Fernsehen reden	196
Talking about Music	Über Musik reden	196
Bands and Musicians	Bands und Musiker	197
Talking about Sports	Über Sport reden	203
Boxing	Boxen	205
Athletics	Leichtathletik	207
Snow Sports	Wintersport	208
Talking about Reading	Über das Lesen reden	211
Talking about Arts and Galleries	Über Kunst und Galerien reden	214
Aktuelle Gesprächsthemen		220
Talking about Computers	Über Computer reden	220
Talking about Politics	Über Politik reden	224

Leben, Wohnen und Einkaufen		229
Looking for a Flat	Wohnungssuche	229
Talking about one's own Flat	Über die eigene Wohnung sprechen	231
Grocery Shopping	Lebensmittel einkaufen	233
Talking about Wine	Über Weine sprechen	236
Clothes	Kleidung	239
Talking about Fashion	Über Mode reden	242
Prices and Methods of Payment	Preise und Zahlungsmethoden	245
Redewendungen		248
Common Phrases	Redewendungen	248
Proverbs and Sayings	Sprichwörter und geflügelte Worte	255

Begegnungen

Greetings	Begrüßung
Hello/Hallo!	Guten Tag/Hallo!
Hi!	Hi/Hallo!
(Good) Morning!	Guten Morgen!
(Good) Afternoon!	Guten Tag!
(Good) Evening!	Guten Abend!
How do you do?	Guten Tag!
I'm very glad to see you.	Ich freue mich, Sie zu sehen!
It's a pleasure meeting you.	Es ist mir eine Freude, Sie zu treffen.
How are you?	Wie geht es Ihnen?
How are things?	Wie geht's?
Very well, thank you.	Gut, danke.
Can't complain.	Kann nicht klagen.

"Hello" ist die häufigste Begrüßung und wird sowohl unter Bekannten verwendet als auch unter Leuten, die sich zum ersten Mal begegnen. "Hello" wird von jungen ebenso wie älteren Leuten verwendet. In Großbritannien gibt man sich viel seltener die Hand.

"How are you?" ist in erster Linie als Begrüßungsformel zu verstehen und selten eine ernsthafte Nachfrage nach dem Befinden. Es wäre deshalb unpassend, mit einer längeren Beschreibung des eigenen Befindens zu antworten. Die richtige Entgegnung ist einfach "Fine, thanks" oder "Very well, thank you! And you?"

Auf Festlichkeiten ist es üblich, sich mit dem Vornamen vorzustellen und dann eventuell den Nachnamen ebenfalls zu nennen. Sich nur mit Nachnamen vorzustellen, würde sehr steif und distanziert klingen.
"How do you do?" ist die förmlichste Anrede. Die übliche Antwort darauf ist ebenfalls "How do you do?".

A: Hello. My name's David. David Roberts.	A: Guten Tag. Ich heiße David. David Roberts.
B: Hello. Mine's Bill Long.	B: Guten Tag. Ich heiße/ mein Name ist Bill Long.

A: Good morning, Mrs Jackson.	A: Guten Morgen, Frau Jackson.
B: Good morning, Mrs Smith. How are you?	B: Guten Morgen, Frau Smith. Wie geht es Ihnen?
A: Very well, thank you! And you?	B: Mir geht es gut, danke. Und Ihnen?
B: Can't complain!	B: Ich kann nicht klagen.
A: Hi, Bill.	A: Grüß dich, Bill.
C: Hello, Helen. How are things?	C: Hallo, Helen. Wie geht's?
A: Fine, thanks. And you?	A: Gut, danke. Und dir?
C: Fine.	C: Mir geht's auch gut.

Farewell	**Abschied**
Good-bye!	Auf Wiedersehen!
Bye/Bye-bye!	Tschüss!
Good night!	Gute Nacht!
I'm sorry but I have to go now.	Es tut mir leid, aber ich muss jetzt gehen.
It's getting late.	Es ist schon spät.
Till tomorrow, then!	Bis morgen!
See you (again soon)!	Bis bald!
All the best!	Alles Gute!
Hope to see you soon!	Kommen Sie bald wieder!
When can we meet again?	Wann sehen wir uns wieder?
I'll ring you tomorrow.	Ich rufe Sie morgen an.
I'll take you to the …	Ich bringe Sie noch zum/zur …
Give my regards to …	Grüßen Sie …
Say hello to … from me.	Grüß … (vertrauter)
Thank you very much.	Vielen Dank.
It was lovely.	Es war sehr schön.
Thank you for a lovely evening.	Vielen Dank für den wunderschönen Abend.
I enjoyed it very much.	Es hat mir sehr gut gefallen.
Thanks for coming.	Vielen Dank für Ihren Besuch.
Safe journey home!	Kommen Sie gut nach Hause!

"See you" wird sehr oft verwendet, selbst wenn die Gesprächspartner wissen, dass sie sich eventuell nicht wiedersehen werden. Häufig wird es auch unter jungen Leuten gebraucht. Es gibt außerdem eine Reihe von umgangssprachlichen Verabschiedungen, die man gelegentlich

hören kann, z. B. "Tara, Cheerio, Toodeloo". Sie sind jedoch schichtenspezifisch und werden im Allgemeinen recht selten benutzt.

Obwohl es grammatikalisch nicht richtig ist, sagen die Briten oft "me too" („mich auch") anstelle des herkömmlichen "So do/did I" für „ich auch".

Im Englischen sagt man niemals "Greet your mother from me". Stattdessen verwendet man "Give my regards to your mother", wenn man sehr förmlich ist, oder sagt "Say hello to your mother from me", wenn man bereits gut miteinander bekannt ist.

A: I've come to say goodbye.
B: What time are you leaving?
A: My train leaves at 7.25.
B: Well, goodbye then, and have a good journey.
A: Bye-bye! Don't forget to keep in touch!
B: I won't. And please say hello to your mother for me.

A: Ich möchte mich verabschieden.
B: Wann fahren Sie?
A: Mein Zug fährt um 7.25 Uhr.
B: Also dann, auf Wiedersehen und gute Fahrt.
A: Tschüss! Und vergessen Sie nicht, sich zu melden.
B: Mach ich. Und bitte grüßen Sie Ihre Mutter von mir.

A: I'm afraid it's getting late.
B: Ah yes. It's really a pity that you have to go so soon.
A: Yes, but I've had a lovely evening.
B: Me too. I'll take you to the underground station if you like.
A: That would be great. Thanks!
B: Have a safe trip home!
A: Thank you for a lovely evening. I'm afraid I have to go now.
B: Thanks for coming!
A: Thanks again. See you!
B: See you!

A: Ich fürchte, es wird langsam spät.
B: Ach ja. Es ist wirklich schade, dass du jetzt schon gehen musst.
A: Ja, aber es war ein wundervoller Abend.
B: Fand ich auch. Ich bringe dich zur U-Bahn, wenn du willst.
A: Das wäre toll. Danke!
B: Komm gut nach Hause!
A: Vielen Dank für den wunderschönen Abend. Ich muss jetzt leider gehen.
B: Vielen Dank für den Besuch.
A: Danke nochmals. Bis bald!
B: Bis bald!

Introductions / **Sich vorstellen**

My name's …	Mein Name ist …
This is my husband/wife.	Das ist mein Mann/meine Frau.
Can I introduce you to …	Darf ich Ihnen … vorstellen?
May I introduce you to …	Darf ich Ihnen … vorstellen?
I'd like to introduce you to …	Darf ich Ihnen … vorstellen?
my daughter	meine Tochter
my son	mein Sohn
my (girl)friend	meine Freundin
my (boy)friend	mein Freund
Pleased to meet you!	Sehr erfreut!/Nett, Sie kennen zu lernen!
Nice to meet you!	Sehr erfreut!/Nett, Sie kennen zu lernen!

"Girl-/boyfriend" benutzt man in einer partnerschaftlichen Beziehung.
"Friend" bezieht sich dagegen nur auf eine reine Freundschaft, obwohl es niemand falsch verstehen würde, wenn eine Frau eine Freundin als "girlfriend" bezeichnet.

In der Regel wird selten jemand mit Mr, Mrs usw. vorgestellt, es sei denn, die Person ist schon sehr alt oder es geht um eine geschäftliche Angelegenheit. Normalerweise wird man entweder nur mit dem Vornamen oder mit Vor- und Nachnamen vorgestellt.

A: I'd like to introduce you to Robert Taylor.
B: Hello, nice to meet you.
A: This is my husband, George. George this is Margaret.
B: Hello, pleased to meet you!

A: Darf ich Ihnen Robert Taylor vorstellen?
B: Guten Tag. Sehr erfreut!
A: Das ist mein Mann, George. George, das ist Margaret.
B: Hallo. Nett, Sie kennen zu lernen!

Making Friends / **Bekanntschaften**

Could you tell me your name, please?	Wie ist Ihr Name?
What's your name?	Wie heißen Sie/heißt du?

Where are you from?	Woher kommen Sie/kommst du?
What do you do?	Was machen Sie beruflich?
What do you do (for a living)?	Was machen Sie beruflich?
Are you married?	Sind Sie/Bist du verheiratet?
Do you have children?	Haben Sie/Hast du Kinder?
Are you new in the neighbourhood (BE)/neighborhood (AE)?	Sind Sie/Bist du neu in der Nachbarschaft?/in dieser Gegend?

"What do you do (for a living)?" bezieht sich immer auf den Beruf. Möchte man nach der im Moment ausgeübten Tätigkeit fragen, sagt man: "What are you doing?".

Im Englischen wird nie ein bestimmter Artikel vor den Namen gestellt. Man sagt also niemals "I am the Robert", sondern einfach "I'm Robert".

A: Hello. I'm Robert. What's your name?	A: Hallo. Ich bin (der) Robert. Wie heißt du?
B: Nice to meet you. My name's Sarah.	B: Nett, dich kennenzulernen. Ich heiße Sarah.
A: You've got an interesting accent. Where are you from?	A: Du hast einen interessanten Akzent. Wo kommst du her?
B: I'm from Wales. And you?	B: Aus Wales. Und du?
A: I'm Canadian.	A: Ich bin Kanadier.
B: Oh, that's interesting. And what are you doing in England at the moment?	B: Das ist interessant. Was machst du im Moment in England?
A: My company sent me here to work on a new project with our English business partners.	A: Meine Firma hat mich hergeschickt, um mit unseren englischen Geschäftspartnern an einem neuen Projekt zu arbeiten.
B: So what do you do for a living then?	B: Und was machst du beruflich?
A: I'm a lawyer. And you?	A: Ich bin Rechtsanwalt. Und du?
B: I'm a medical student.	B: Ich studiere Medizin.
A: That's great. You must tell me more about it. Would you like a drink?	A: Das ist toll. Erzähl mir mehr darüber. Möchtest du etwas trinken?
B: Yes, I'd love to.	B: Ja, herzlich gern.

Please and Thank you	**Bitte und Danke**
please	bitte
Yes, please!	Gerne!
I'd love to.	Es wäre mir eine Freude.
Could you (…) please …?	Könnten Sie/Könntest du bitte …?
Could you possibly …?	Könnten Sie/Könntest du mir eventuell …?
You couldn't possibly …?	Du könntest/Sie könnten mir nicht eventuell …?
Would you mind if …?	Würde es Ihnen/dir etwas ausmachen, wenn …
Do you think I could …?	Könnte ich vielleicht …?/Glauben Sie, dass es eventuell möglich wäre, dass …
I would very much like to …	Ich würde sehr gern …
Is there any chance that …?	Wäre es möglich, dass …?
Would it be possible to …?	Wäre es möglich …?
I'd be very grateful if …	Ich wäre Ihnen/dir sehr dankbar, wenn …
Here you are.	Bitteschön.
Here it is.	Bitteschön.

Die Briten sind im Allgemeinen sehr höfliche Menschen, wobei sie großen Wert auf die richtige Ausdrucksweise legen. Dabei ist eines zu bedenken: Je indirekter eine Bitte ausgedrückt wird, desto höflicher erscheint sie. Es ist jedoch auch wichtig zu beachten, dass der Grad der Höflichkeit der Gesamtsituation, dem Gesprächspartner und der Beziehung zwischen den Sprechern angepasst werden muss. Genauso wie eine zu direkte Ausdrucksweise leicht als unhöflich oder gar unverschämt ("rude") angesehen werden kann, so kann eine – nach englischem Verständnis – übertrieben höfliche Bitte als sarkastisch und pompös aufgefasst und daher wieder als negativ empfunden werden. Die richtige Wortwahl hat viel mit Sprachgefühl und einem richtigen Einschätzen der Situation zu tun und kann wohl in all ihren Facetten nur durch viele Begegnungen mit einheimischen "native speakers" perfektioniert werden.

Da die Briten eine etwas umständliche Art haben, um etwas zu bitten, können Ausländer leicht als unhöflich erscheinen, weil sie in ihrer Art oft direkter sind. Es ist deshalb wichtig, nicht einfach "Can I have" oder "Can you ..." zu sagen, sondern eine der oben aufgelisteten Möglichkeiten zu verwenden. Es ist im Allgemeinen höflicher, "could" oder "would" zu verwenden.

Wenn man jemandem etwas gibt oder reicht, sagt man dabei nicht "please", sondern "Here you are" oder "Here it is".

A: Would you like another piece of/ some cake?
B: Yes, please!

A: Möchtest du (noch) ein Stück Kuchen?
B: Ja, gerne!

A: Could you pass me the salt please?
B: Yes, of course. Here you are.

A: Könnten Sie mir bitte das Salz reichen?
B: Natürlich. Bitte schön.

A: Would you mind if I took some time off?

A: Würde es Ihnen etwas ausmachen, wenn ich mir frei nehmen würde?

B: When exactly?
A: Monday and Tuesday of next week.
B: That should be fine.
A: Thanks a lot!

B: Wann genau?
A: Montag und Dienstag in der nächsten Woche.
B: Ja, das müsste gehen.
A: Vielen Dank!

A: Do you think I could borrow your car?
B: When do you need it?
A: Would this weekend be possible?

A: Könnte ich mir dein Auto borgen?
B: Wann brauchst du es?
A: Wäre es dieses Wochenende möglich?

B: I'm really sorry, but I need it myself then.

B: Tut mir furchtbar leid, aber da brauche ich es selbst.

Thank you! — Danke!
Thank you very much! — Vielen Dank! (förmlich)
Thanks! — Danke! (umgangssprachlich)
Thanks a lot! — Vielen Dank! (umgangssprachlich)
Cheers! — Danke! (sehr umgangssprachlich)
You're welcome. — Bitte. (als Antwort auf "Thank you")

Sure, no problem. — Sicher, kein Problem.
That's OK! — Kein Problem!/Das ist schon in Ordnung!
No worries! — Kein Problem! (sehr umgangssprachlich)
That's all right! — Kein Problem!
Don't mention it! — Keine Ursache!
Not at all! — Keine Ursache!
No sweat! — Keine Ursache!
(It was) My pleasure. — Gern geschehen./Es war mir ein Vergnügen.
I'd be delighted! — Sehr gern!/Das würde ich gerne (für Sie) tun.
I'm very grateful to you. — Ich bin Ihnen sehr dankbar.
Thank you for all your help/trouble. — Vielen Dank für Ihre Hilfe/Bemühungen.
No, thank you/No, thanks. — Nein, danke.

Die Briten bedanken sich sehr häufig, auch für kleine Aufmerksamkeiten und Gesten, die in Deutschland häufig kaum mit einer Antwort bedacht werden. So wird es im Rahmen eines höflichen Miteinanders erwartet und als normale Höflichkeit angesehen, dass man mit einem kurzen "Thank you" antwortet, wenn jemand einem die Tür aufhält, die Bedienung einem das Essen serviert oder jemand am Tisch das Salz hinüberreicht. Dabei ist es nicht immer notwendig, in diesen Fällen auch wieder mit einer kurzen entsprechenden Bemerkung (wie z. B. "You're welcome" oder "That's OK") zu antworten.
Zu beachten ist, dass die passende Antwort auf "Thank you" nicht "Please", sondern "You're welcome" ist.
Das deutsche „Keine Ursache" heißt "Don't mention it" oder "Not at all".
Wenn man auf ein Angebot, z. B. "Would you like another piece of cake?", nur mit "Thank you" anwortet, so nimmt der Gegenüber an, dass es „Ja, bitte" bedeutet. Nur ein klares "No, thank you" wird als eine Absage angesehen.

A: Thanks for all your help getting the car started.
B: Don't mention it!

A: Vielen Dank für Ihre Hilfe beim Starten des Autos.
B: Keine Ursache!

A: Oh, I'm very grateful for your help. I don't think I would have managed without it.
B: It really was my pleasure. You can count on me any time if you should have another problem.
A: Thank you!

A: Oh, ich bin Ihnen für Ihre Hilfe sehr dankbar. Ich glaube nicht, dass ich es ohne Sie geschafft hätte.
B: Es war mir wirklich ein Vergnügen. Sie können jederzeit auf mich zählen, wenn Sie ein Problem haben sollten.
A: Danke!

Compliments / **Komplimente**

to pay s.o. a compliment	jemandem ein Kompliment machen
fishing for compliments	auf Komplimente aus sein
to return a compliment with	ein Kompliment zurückgeben
the compliments of the …	mit den besten Empfehlungen von …
This is absolutely delicious.	Das ist unglaublich köstlich.
It's wonderful.	Es ist wunderbar.
It's marvellous.	Es ist fabelhaft.
Well done!	Das haben Sie sehr gut gemacht!
I'm very/deeply impressed.	Ich bin sehr beeindruckt.
I must really compliment you on your new outfit, you look absolutely ravishing!	Ich muss Ihnen/dir wirklich ein Kompliment zu deinem neuen Kleid machen. Du siehst absolut hinreißend aus.
May I compliment you on …?	Darf ich Ihnen für … ein Kompliment machen?
Please give my compliments to the chef, this is absolutely delicious.	Mein Lob dem Koch. Es schmeckt unglaublich köstlich.
You're a marvellous …	Sie sind ein/e wunderbare/r …
You've got a lovely …	Sie haben ein/e/n wunderbare/s/n …
I love the way you …	… gefällt mir besonders gut.
Well done!	Gut gemacht!
This was really a delightful (party/meal).	Das war ein/e wirklich reizende/s (Party/Essen).
I think the way you … is fantastic.	Ich finde es fantastisch, wie Sie …
What a nice … you're wearing!	Was für ein/e/n schöne/s/n … Sie tragen!
I'm very pleased with it.	Ich bin damit sehr zufrieden.

It suits you perfectly.	Es steht Ihnen ausgezeichnet.
You look lovely.	Sie sehen bezaubernd aus.
You look great.	Du siehst toll aus.
That's very flattering.	Das ist sehr schmeichelhaft.
You flatter yourself!	Du schmeichelst dir selbst!
You can flatter yourself on being …	Sie können sich etwas darauf einbilden, dass Sie …
You're a flatterer.	Sie sind/Du bist ein Schmeichler.
Flattery will get you nowhere.	Schmeichelei wird dir nicht weiterhelfen.
Do you really like it?	Gefällt es Ihnen wirklich?
Do you think so?	Meinen Sie wirklich?

Bei Komplimenten ist in Großbritannien Vorsicht angebracht. Es ist nicht üblich, sich direkt für ein Kompliment zu bedanken. Die Antwort klingt vielmehr oft fast entschuldigend, was aber nicht heißt, dass der Empfänger oder die Empfängerin sich nicht darüber freut.

A: This is absolutely delicious!	A: Das schmeckt ausgesprochen lecker!
B: Do you really like it?	B: Schmeckt es Ihnen wirklich?
A: Yes, it's wonderful! You're a marvellous cook! My compliments to the chef!	A: Ja, es ist fantastisch! Sie sind ein ausgezeichneter Koch/eine ausgezeichnete Köchin. Ein Lob dem Küchenchef!
B: Oh, thanks!	B: Danke!
A: You've got a lovely flat/house.	A: Sie haben eine sehr schöne Wohnung/ein sehr schönes Haus.
B: Do you think so?	B: Finden Sie?
A: Yes, I love the way you've furnished it!	A: Ja! Sie haben es toll eingerichtet.
B: Thanks a lot!	B: Vielen Dank!
A: What a nice dress you're wearing!	A: Was für ein schönes Kleid Sie tragen!
B: Does it look alright?	B: Sieht es wirklich gut aus?
A: Yes, it suits you perfectly!	A: Ja, es steht Ihnen ausgezeichnet.

B: I got it for 30 pounds in a sale.	B: Ich habe es für 30 Pfund im Ausverkauf erstanden.
A: That's incredible!	A: Unglaublich!
A: You're looking beautiful today.	A: Du siehst heute reizend aus.
B: Really?	B: Wirklich?
A: Yes, you look absolutely ravishing!	A: Ja, du siehst wirklich hinreißend/atemberaubend aus.
B: Oh, thanks!	B: Danke!
Congratulations	**Glückwünsche**
Congratulations …	Ich gratuliere Ihnen …
on your engagement	zur Verlobung
on your marriage	zur Vermählung
on your success	zu diesem Erfolg
on your new job	zu Ihrer neuen Arbeit
Happy birthday!	Herzlichen Glückwunsch zum Geburtstag!
Many happy returns (of the day)!	Herzlichen Glückwunsch zum Geburtstag!
Happy/Merry Christmas!	Frohes Fest!
A merry Christmas and a happy New Year!	Fröhliche Weihnachten und ein glückliches neues Jahr!
Season's Greetings.	Frohe Weihnachten!
Happy New Year!	Ein glückliches Neues Jahr!
A happy and prosperous New Year!	Ein glückliches und erfolgreiches neues Jahr!
I wish you …	Ich wünsche Ihnen …
Good luck!	Viel Glück!/Viel Erfolg!
All the best!	Alles Gute!
(I'll keep my) Fingers crossed!	Ich drück dir die Daumen!

Zum Geburtstag gratuliert man mit den Worten "Happy birthday" und "Many happy returns (of the day)".
Eine humorvolle Art, jemandem Glück zu wünschen, ist die Redewendung "break a leg". Sie entspricht in etwa dem deutschen Ausdruck „Hals- und Beinbruch" und kommt ursprünglich von einer alten

Theatertradition, nach der es Unglück bringt, jemandem offen Glück zu wünschen.

A: Happy birthday, Mrs Brown. Many happy returns of the day!
B: Thank you, Mrs Smith. How nice of you to remember my birthday.

A: Herzlichen Glückwunsch zum Geburtstag, Frau Brown!
B: Danke schön, Frau Smith. Wie reizend von Ihnen, dass Sie an meinen Geburtstag gedacht haben.

A: Happy Christmas!
B: Thanks very much. Same to you!
A: Have you got anything planned?

A: Frohe Weihnachten!
B: Danke, gleichfalls!
A: Haben Sie etwas Bestimmtes vor?

B: We're having some friends around. And you?
A: I'm spending Christmas with my family.

B: Wir bekommen Besuch von unseren Freunden. Und Sie?
A: Ich verbringe Weihnachten mit meiner Familie.

A: Good luck in your exams!
B: Thanks. I'll need it.
A: I'll keep my fingers crossed!

A: Viel Erfolg für deine Prüfungen!
B: Danke. Ich werde es brauchen.
A: Ich drück' dir die Daumen.

Apologies

Entschuldigungen

Sorry.
I'm so/terribly/awfully sorry.
I'm afraid that …
Excuse me, but could you …

Es tut mir leid.
Es tut mir schrecklich leid.
Es tut mir leid, aber …
Entschuldigen Sie, aber könnten Sie bitte …

Pardon me, …
Excuse me, may I ask you a question?
Excuse me, could you help me please?
(I) Beg your pardon!
I'm terribly sorry about it.

Entschuldigung, …
Entschuldigung, darf ich Ihnen eine Frage stellen?
Entschuldigung, könnten Sie mir bitte helfen?
Verzeihung!/Entschuldigen Sie!
Es ist mir sehr unangenehm/peinlich.

I'm terribly sorry for being late.	Es tut mir sehr leid, dass ich zu spät komme.
I must apologize.	Ich muss mich bei Ihnen entschuldigen.
I (really) must apologize for …	Ich muss mich (wirklich) für … bei Ihnen entschuldigen.
Please excuse my terrible handwriting.	Entschuldige bitte meine schreckliche Schrift.
I think I owe you an apology/ an explanation.	Ich glaube, ich schulde Ihnen/dir eine Entschuldigung/Erklärung.
Please accept my apologies!	Entschuldigen Sie bitte!/Bitte nehmen Sie meine Entschuldigung an!
I feel dreadful about …	Ich fühle mich schrecklich, dass …/ Es ist mir sehr peinlich, dass …
Don't worry (about it).	Keine Ursache.
That's all right.	Keine Ursache./Das ist schon in Ordnung.
No need to apologize.	Keine Ursache./Sie brauchen sich nicht zu entschuldigen.
Oh, that's all right.	Macht nichts./Schon gut.
Nevermind.	Macht nichts./Machen Sie sich deswegen keine Gedanken.
It doesn't matter.	Macht nichts.
I'm terribly sorry, but you're standing on my foot.	Es tut mir schrecklich leid, aber Sie stehen auf meinem Fuß.

Im Englischen ist es äußerst wichtig, sich auch in Situationen (ausführlich) zu entschuldigen oder eine entsprechende Formulierung zu benutzen, in denen andere Nationen diese Notwendigkeit nicht sehen. Alles andere würde als sehr unhöflich angesehen werden. Es ist sogar durchaus üblich, sich selbst dann zu entschuldigen, wenn eigentlich ein anderer die Schuld trägt.

So ist es z. B. Teil der höflichen Umgangsformen in Großbritannien, sich immer mit einem kurzen "(I'm) Sorry" oder auch mit dem eher altmodischeren "(I) Beg your pardon" zu entschuldigen, wenn man z. B. in überfüllten öffentlichen Verkehrsmitteln oder ähnlichen Situationen einer fremden Person zu nahe kommt, ihr z. B. im Weg steht, sie anrempelt oder gar unabsichtlich auf den Fuß tritt. In den USA hingegen wird die Formulierung "Excuse me" bevorzugt.

Mit einem kurzen "Excuse me, ..." leitet man auch eine Frage oder eine Bemerkung ein, wenn man fremde Personen um Informationen bittet.

A: I'm awfully sorry, but I've lost your book.
B: Oh, don't worry about it.
A: I feel dreadful about it. Let me buy you a new one.
B: No, it really doesn't matter. I've got another copy anyway.

A: Es tut mir schrecklich leid, aber ich habe Ihr Buch verloren.
B: Das macht nichts.
A: Es ist mir schrecklich peinlich. Darf ich Ihnen ein neues kaufen?
B: Nein, es macht wirklich nichts. Ich habe sowieso noch ein Exemplar.

A: I'm terribly sorry to bother you so late but I've got a headache and I could use some aspirin if you should happen to have some at home.
B: Oh, you poor thing. I'll have a look. Take a seat while you're waiting.
A: I'm so sorry to disturb you at such an ungodly hour.
B: Never mind. You really needn't worry about that. I was still up reading.

A: Es tut mir schrecklich leid, Sie so spät noch zu stören, aber ich habe Kopfschmerzen und bräuchte Aspirin, falls Sie welches zu Hause haben sollten.
B: Oh, Sie Arme. Ich sehe einmal nach. Setzen Sie sich hin, während Sie warten.
A: Es tut mir sehr leid, Sie zu so später Stunde noch zu stören.
B: Macht nichts. Sie sollten sich darüber wirklich keine Gedanken machen. Ich war noch wach und habe gelesen.

A: I would never have thought of inconveniencing you but the pain was almost unbearable.

A: Es wäre mir nie eingefallen, Ihnen Umstände zu bereiten, aber die Schmerzen waren fast unerträglich.

B: Here you are. I've found some aspirin. I hope you'll be better soon. Good night.

B: Bitte schön. Ich habe das Aspirin gefunden. Ich hoffe, es geht Ihnen bald besser. Gute Nacht.

A: I'm really grateful. Thanks. Good night.

A: Ich bin Ihnen sehr dankbar. Vielen Dank. Gute Nacht.

Communication	Verständigung
Excuse me, do you speak (any) German/English?	Entschuldigen Sie, sprechen Sie Deutsch/Englisch?
Do you understand me?	Verstehen Sie mich?
I'm sorry but I don't speak any English.	Es tut mir leid, aber ich spreche kein Englisch.
I'm afraid I don't speak English at all.	Es tut mir leid, aber ich spreche überhaupt kein Englisch.
Yes, I can speak a little English that I learned at school many, many years ago.	Ja, ich spreche etwas Englisch, das, was ich vor vielen, vielen Jahren in der Schule gelernt habe.
Yes, I can speak English quite well.	Ja, ich spreche ziemlich gut Englisch.
How do you say … in English?	Was heißt … auf Englisch?
What does that mean?	Was bedeutet das?
What does "…" mean?	Was bedeutet „…"?
Could you say that again, please?	Könnten Sie das bitte wiederholen?
Could you repeat that, please?	Könnten Sie das bitte wiederholen?
Sorry?	Wie bitte?
Pardon?	Wie bitte?
Excuse me?	Wie bitte?
How do you pronounce this word?	Wie spricht man dieses Wort aus?
Could you speak slowlier/more slowly, please? I've got trouble understanding you.	Würden Sie bitte etwas langsamer sprechen? Ich habe Probleme, Sie zu verstehen.
Could you translate that for me, please?	Könnten Sie mir das bitte übersetzen?
Could you write that down, please?	Schreiben Sie mir das bitte auf!
Could you spell that, please?	Buchstabieren Sie das bitte!
Excuse me, how do you spell "…"?	Entschuldigen Sie, wie buchstabiert man „…"?

Wenn man etwas nicht verstanden hat, sagt man auf Englisch niemals bloß "What?". Das wäre ausgesprochen unhöflich. Im normalen Sprachgebrauch hört man am häufigsten die Formulierungen "Sorry?" oder "Pardon?".

Auf Fragen wird auch selten einfach nur mit einem einsilbigen "yes" oder "no" geantwortet. An diese Wörter werden in der Regel noch "I do" oder "I can" bzw. deren Verneinung angehängt. Diese Anhängsel haben keinen Einfluss auf die Bedeutung; ihre Funktion besteht lediglich darin, die Sprache „abzurunden".

A: Do you speak German/English?	A: Sprechen Sie Deutsch/Englisch?
B: Yes, a little./No, I'm afraid I don't.	B: Ja, ein bisschen./Leider nicht.
A: Do you understand me?	A: Verstehen Sie mich?
B: Yes, I do./No, I don't.	B: Ja./Nein.
A: Could you speak more slowly, please?	A: Könnten Sie bitte etwas langsamer sprechen?
B: Yes, of course.	B: Ja, natürlich!

Starting a Conversation	**Ein Gespräch beginnen**
Hello.	Hallo/Guten Tag. (passende Begrüßungsformel zu fast jeder Tageszeit)
Good morning.	Guten Morgen.
Good afternoon.	Guten Tag. (nachmittags)
Good evening.	Guten Abend.
Good morning. Lovely weather, isn't it?	Guten Morgen. Wunderschönes Wetter, nicht wahr?
Do you remember me?	Erinnern Sie sich an mich?
Yes, I do.	Ja, sicher.
No, I'm afraid I don't.	Nein, leider nicht.
Excuse me, don't I know you from somewhere?	Entschuldigen Sie. Kennen wir uns nicht von irgendwoher?
You look very familiar.	Sie kommen/Du kommst mir sehr bekannt vor.
You remind me of …	Sie erinnern/Du erinnerst mich an …
Excuse me, but aren't you Helen's friend from Edinburgh?	Entschuldigen Sie, aber sind Sie nicht Helens Bekannte/r aus Edinburgh?
Yes, I am.	Ja, das stimmt.
How long have you been in …?	Wie lange sind Sie schon in …?
For … weeks/months now.	Schon seit … Wochen/Monaten.

Have you got used to living here yet?	Haben Sie sich schon eingelebt?
Have you adjusted to life here?	Haben Sie sich/Hast du dich hier schon eingelebt?
I'm having a few problems with …	Ich habe mich noch nicht an … gewöhnt.
How has your stay in … been so far?	Wie ist Ihr Aufenthalt in … bis jetzt gewesen?
How are you finding things here?	Wie gefällt es Ihnen hier?
I'm enjoying my visit here very much.	Ich genieße die Zeit hier sehr.
I still feel a little homesick.	Ich habe noch etwas Heimweh.
It's still too early to form an opinion.	Es ist noch zu früh, sich eine Meinung zu bilden.
I'd like to talk to you for a minute if you've got time.	Wenn Sie Zeit haben, würde ich Sie gerne einen Augenblick sprechen.
I'd like to have a word with you if you don't mind.	Ich möchte Sie einen Moment sprechen, wenn Sie nichts dagegen haben.
Have you got a moment? I'd like to ask you something.	Haben Sie einen Augenblick Zeit? Ich möchte Sie etwas fragen.
I won't keep you long if you're in a hurry.	Wenn Sie es eilig haben, werde ich Sie nicht lange aufhalten.
I've got something important to discuss with you.	Ich habe etwas Wichtiges mit Ihnen zu besprechen.
I know a nice place where we could have a chat.	Ich weiß, wo wir ein wenig plaudern können.
Perhaps you know of a place where we could have a chat.	Vielleicht wissen Sie, wo wir ein wenig plaudern könnten.
We should discuss this matter in more detail. Have you got time now?	Wir sollten uns näher über die Einzelheiten unterhalten. Haben Sie jetzt Zeit?
I'm glad you brought the subject up. We should/must get together and talk it over. What are you doing at the moment?	Ich freue mich, dass Sie das Thema zur Sprache gebracht haben. Wir sollten/müssen uns zusammensetzen und die Angelegenheit durchsprechen. Was haben Sie gerade vor?
I'm afraid I don't agree with you on that point.	Hier sind wir geteilter Meinung.
I understand your point of view.	Ich verstehe Ihren Standpunkt.

By the way, my name is …
Mine's … /I'm …

Ich heiße übrigens …
Mein Name ist …

In einer Unterhaltung mit einem Unbekannten stellt man sich oft erst relativ spät vor. Es ist nicht üblich, sofort seinen Namen zu nennen. Meist wird das während des Gesprächs ganz nebenbei nachgeholt, beispielsweise mit der Formulierung "By the way, my name is … ".

A: Excuse me, I don't want to bother you, but don't I know you from somewhere?
B: I don't think so.
A: That's funny. I was sure that you're Helen's friend from Edinburgh.
B: Yes, I am. That's true!
A: How long have you been in Hamburg now?
B: Almost three months.
A: And how do you like it here?
B: Well, I like it very much but I still feel quite homesick at times.

A: Yes, I know how that feels! Look, I know a nice café near here where we could have achat.

B: Oh, yes. That would be lovely!
A: My name's Steven, by the way.
B: Mine's Cathy.
A: OK, Cathy. Let's go!

A: Entschuldigen Sie, ich will Sie nicht stören, aber kennen wir uns nicht von irgendwoher?
B: Ich glaube nicht.
A: Das ist komisch. Ich war sicher, dass Sie Helens Bekannte aus Edinburgh sind.
B: Ja, das bin ich. Das stimmt!
A: Wie lange sind Sie schon in Hamburg?
B: Fast drei Monate.
A: Und wie gefällt es Ihnen hier?
B: Also, es gefällt mir sehr gut, obwohl ich manchmal ziemliches Heimweh habe.
A: Ja, das kenne ich!
Hören Sie, ich kenne ein nettes Café hier in der Nähe, wo wir ein wenig plaudern könnten.
B: Ja, das wäre sehr schön!
A: Mein Name ist übrigens Steven.
B: Ich bin Cathy.
A: OK, Cathy. Gehen wir!

Ending a Conversation

Ein Gespräch beenden

It's been lovely talking to you.

Es war schön, mit Ihnen zu plaudern.

It's been great fun talking to you.

Es hat mir großen Spaß gemacht, mit Ihnen zu sprechen.

We'll have to get together again.	Wir müssen uns unbedingt nochmal treffen.
We must discuss this again.	Wir sollten uns nochmal darüber unterhalten.
I really have to go now.	Ich muss jetzt wirklich gehen.
I hate to interrupt (you) but I have to go now.	Ich will Sie nicht unterbrechen, aber ich muss jetzt gehen.
Oh, goodness! Is it really so/that late?	Du lieber Himmel! Ist es wirklich schon so spät?
A: Well, it's been lovely talking to you but I'm afraid I really have to go now.	A: Es war schön, mit dir zu reden, aber ich muss jetzt wirklich gehen.
B: That's a pity. We'll have to get together again soon.	B: Das ist schade. Wir müssen uns unbedingt bald mal wieder treffen.
A: That would be great. Give me a ring when you're free.	A: Das wäre toll. Ruf mich an, wenn du Zeit hast.
I'm usually home in the evenings.	Ich bin in der Regel abends zu Hause zu erreichen.
B: OK, see you!	B: O.K., bis dann!

Asking the Way / Nach dem Weg fragen

Where is/are …?	Wo ist/sind …?
How do I get to …?	Wie komme ich nach …?
How far is it to the nearest …?	Wie weit ist es bis zum/zur nächsten …?
Is this the road to …?	Ist das die Straße nach …?
Do I have to go …?	Muss ich … fahren/gehen?
I've lost my way.	Ich habe mich verlaufen/verfahren/verirrt.
Oh, I think I got lost.	Ich glaube, ich habe mich verlaufen.
turn right/left	rechts/links abbiegen
on/to the right	rechts
on/to the left	links
a sharp right/left turn	scharf rechts/links abbiegen
straight ahead/straight on	geradeaus
It's back there.	Es ist hinter uns.
It's here.	Es ist hier.

It's in this direction.	Es ist in dieser Richtung.
It's around the corner.	Es ist um die Ecke.
Go as far as …	Gehen Sie bis zu …
It's near …	Es ist in der Nähe von …
It's next to …	Es ist neben …
It's opposite …	Es ist … gegenüber.
Go along …	Gehen Sie … entlang.
For how long?	Wie lange?
Where (to)?	Wo(hin)?
How far is it to …?	Wie weit ist es nach …?
Could you show me on the map, please?	Können Sie mir das bitte auf der Karte zeigen?
on foot	zu Fuß
by car/train/tube/bus	mit dem Auto/Zug/U-Bahn/Bus
Take the bus/tube to …	Fahren Sie mit dem Bus/der U-Bahn bis …
bus number X/the number X bus	Bus Linie X
Get off the bus at Victoria Station.	Steigen Sie an der Victoria Station aus.
You have to change buses at …	Sie müssen/Du musst an/am … umsteigen.
You can't miss it.	Sie können es nicht übersehen/verpassen.
I'm afraid you're in the wrong place.	Ich fürchte, hier sind Sie falsch.
Sorry, I don't know this area.	Es tut mir leid. Ich kenne mich hier nicht aus.
Sorry, I'm new to this area, too.	Tut mir leid, ich bin auch neu in der Gegend.

"The tube" (die Röhre) ist der gebräuchliche Ausdruck für die Londoner U-Bahn. Er ist kürzer als "underground" und spielt auf die Röhrenform des U-Bahnsystems an. Als kurze Warnung bevor die Türen schließen sagen die Underground-Fahrer "Mind the gap", was so viel heißt wie "Achtung, Spalt." (der Spalt zwischen U-Bahn und Bahnsteig) und "Please stand clear at the doors" („Türen bitte freihalten"). In Amerika heißt die U-Bahn "subway".

Im Gegensatz zum Deutschen wird einem Straßennamen niemals ein Artikel vorangestellt. Man sagt also einfach "in Mary Street".

A: Excuse me. Where is the nearest post office?
B: I'm sorry. I don't know this area.

A: Entschuldigen Sie. Wo ist die nächste Post?
B: Es tut mir leid, aber ich kenne mich hier nicht aus.

A: Oh well. Thanks anyway.

A: Na ja. Trotzdem vielen Dank.

A: Excuse me. How do I get to Victoria Station?
B: Go straight ahead and it's on your left. You can't miss it.

A: Entschuldigen Sie. Wie komme ich zur Victoria Station?
B: Gehen Sie geradeaus. Sie ist dort auf der linken Seite. Sie können sie nicht übersehen.

A: Thanks a lot.
B: You're welcome.

A: Vielen Dank!
B: Gern geschehen.

A: Excuse me, please. How do I get to Fleet Street?
B: Take the number 1 bus to Somerset House and walk down the Strand.

A: Entschuldigen Sie, bitte. Wie komme ich zur Fleet Street?
B: Fahren Sie mit dem Bus Nummer 1 bis Somerset House und gehen Sie dann die „Strand“ entlang.

A: Could you show me on the map, please?
B: Of course.

A: Können Sie mir das bitte auf der Karte zeigen?
B: Gern.

A: Excuse me. Is this St. Andrew's Cathedral?
B: No, sorry, I'm afraid you're wrong here. This is St. George's Cathedral. St. Andrew's is around the corner in Mary Street, opposite the park.

A: Entschuldigen Sie. Ist das die St. Andrew's Cathedral?
B: Nein, ich fürchte, da sind Sie hier falsch. Das ist die St. George Cathedral. St. Andrew's ist um die Ecke in der Mary Street, gegenüber dem Park.

A: Is it far?
B: About 5 minutes.
A: Thank you very much!
B: It's my pleasure!

A: Ist das weit von hier?
B: Ungefähr 5 Minuten.
A: Vielen Dank!
B: Keine Ursache!

Asking the Time and Date

Nach Datum und Uhrzeit fragen

What's the time

Wie viel Uhr ist es?/Wie spät ist es?

Do you have the time?	Wie viel Uhr ist es?/Wie spät ist es?
Do you know the exact time?	Haben Sie die genaue Uhrzeit?
It's one o'clock.	Es ist ein Uhr.
It's about two (o'clock).	Es ist ungefähr zwei Uhr.
It's exactly three (o'clock).	Es ist genau drei Uhr.
It's a quarter past four.	Es ist Viertel nach vier.
It's half past six (six thirty).	Es ist halb sieben (6.30 Uhr).
It's a quarter to nine.	Es ist Viertel vor neun.
It's five past four.	Es ist fünf nach vier.
It's ten to five.	Es ist zehn vor fünf.
When?	Wann?
At ten (o'clock).	Um zehn Uhr.
At eight a.m./in the morning.	Um acht Uhr morgens.
At two p.m./in the afternoon.	Um 14 Uhr.
At seven p.m./in the evening.	Um 19 Uhr.
At eleven p.m./at night.	Um 23 Uhr.
At eleven o'clock sharp.	Pünktlich um elf.
In half an hour.	In einer halben Stunde.
In two hours/In two hours' time.	In zwei Stunden.
Is this clock right?	Geht diese Uhr richtig?
It's fast/slow.	Sie geht vor/nach.
What's the date today?	Der Wievielte ist heute?
It's the …	Heute ist der …

Vormittags und nachmittags werden entweder durch "a.m." und "p.m." (im Schriftlichen üblich) oder "in the morning" und "in the afternoon", "in the evening" und "at night" unterschieden. Der 24-Stunden-Uhr begegnet man normalerweise nur auf Bahnhöfen, Flughäfen und Ähnlichem. "A.m." kommt vom lateinischen „ante meridiem" und bedeutet „vor Mittag", "p.m." kommt von „post meridiem" und bedeutet „nach Mittag".
Die Zeit bis zur halben Stunde wird auf die vorhergehende volle Stunde bezogen (halb fünf = half past four), die Zeit danach auf die folgende volle Stunde (fünf nach halb fünf = twenty-five to five). Das in der Umgangssprache verwendete "half five" heißt halb sechs.

A: Excuse me. What's the time?	A: Entschuldigen Sie. Wie viel Uhr ist es?
B: It's half past five.	B: Es ist halb sechs.

A: Thanks very much.
B: You're welcome!

A: Vielen Dank.
B: Bitte!

A: Excuse me. What time do you close?
B: At six in the evening.
A: Is this clock right?
B: No, it's ten minutes slow. It's already twenty past three.
A: Oh no! I'm late!

A: Entschuldigen Sie. Wann machen Sie zu?
B: Um 18 Uhr.
A: Geht diese Uhr richtig?
B: Nein, sie geht zehn Minuten nach. Es ist schon 20 nach drei.
A: Oh nein! Ich komme zu spät!

A: Excuse me. What time does the concert start?
B: It starts at eight p.m. sharp.

A: Entschuldigen Sie. Wann fängt das Konzert an?
B: Es fängt pünktlich um 20 Uhr an.

A: Excuse me, what's the date today?
B: It's the 23rd of June.

A: Entschuldigen Sie. Der Wievielte ist heute?
B: Heute ist der 23. Juni.

Reisen

Going on Holiday

Reisen und Urlaub

I haven't been on holiday (*BE*)/ vacation (*AE*) this year yet.
Ich war dieses Jahr noch nicht im Urlaub.

I will go on holiday in summer.
Ich mache im Sommer Urlaub.

We spent our summer holiday(s) in the USA last year.
Wir haben unsere Sommerferien letztes Jahr in den USA verbracht.

We're usually going skiing in Scotland during the winter holiday(s).
In den Winterferien gehen wir meist in Schottland Skifahren.

The school holidays start next week.
Die Schulferien beginnen nächste Woche.

I'm sorry but I won't be home. I will be away on holiday.
Es tut mir leid, aber ich werde nicht zu Hause sein. Ich werde in den Urlaub fahren.

This time I intend to book our holiday(s) at a travel agency.
Ich beabsichtige dieses Mal unseren Urlaub bei einem Reisebüro zu buchen.

It's always a great experience to spend some time abroad.	Es ist immer eine großartige Erfahrung, einige Zeit im Ausland zu verbringen.
You need to (ex)change money when going to a foreign country.	Sie müssen Geld wechseln, wenn Sie in ein fremdes Land reisen.
Going to a holiday resort is a lot of fun.	Es macht viel Spaß, in eine/n Urlaubsort/-anlage zu fahren.
Our holiday this year is a package deal/package holiday.	Unser diesjähriger Urlaub ist ein Pauschalangebot/eine Pauschalreise.
It's better to book your holiday in advance.	Es ist besser, seinen Urlaub im Voraus zu buchen.
Do I need a visa for Australia?	Brauche ich ein Visum für Australien?
Yes, you need to apply for one at the Australian embassy.	Ja, Sie müssen eines bei der australischen Botschaft beantragen.
I'm sorry but this visa is no longer valid.	Es tut mir leid, aber Ihr Visum ist nicht mehr gültig.
I'm afraid your passport expires next month.	Ich befürchte, Ihr Pass läuft nächsten Monat ab.
Do I need a passport for Great Britain?	Brauche ich einen Pass für Großbritannien?
At customs: Have you got anything to declare?	Am Zoll: Haben Sie etwas zu verzollen?
Prices are much cheaper during the off season and usually really high during the peak season.	Die Preise sind in der Nebensaison viel billiger und in der Hauptsaison normalerweise ziemlich hoch.
Every employee is entitled to 25 days paid holiday a year.	Jeder Arbeitnehmer hat einen Anspruch auf 25 Tage bezahlten Urlaub im Jahr.
I'm sorry but your holiday entitlement is used up.	Es tut mir leid, aber Ihre Urlaubstage sind aufgebraucht.

Eine Besonderheit bilden in Großbritannien die so genannten "bank holidays" – freie Tage, die nicht auf Samstag oder Sonntag fallen und an denen Banken und Geschäfte geschlossen sind.
Im Falle von einzelnen Tagen, an denen man sich frei nimmt, spricht man nicht von "holidays", sondern sagt: "I took two days off" („Ich habe mir zwei Tage frei genommen.").

Der Begriff "resort" wird im Allgemeinen für einen Urlaubsort verwendet, der sich besonders auf Tourismus eingestellt hat und daher viele Möglichkeiten bietet, sich im Urlaub zu amüsieren. "Resort" kann aber auch nur eine Urlaubsanlage sein, die nicht zu einem gewachsenen Ort gehört, sondern nur für Touristen gebaut wurde.

A: Have you been on holiday yet?
B: No, not yet. But I intend to spend some time at the Lake District this year. It will probably be just a short holiday but I need some time to myself. It has been quite hectic and stressful lately.

A: Warst du schon im Urlaub?
B: Noch nicht. Aber ich habe vor, dieses Jahr einige Zeit im Lake District zu verbringen. Es wird wahrscheinlich nur ein Kurzurlaub, aber ich brauche Zeit für mich. In letzter Zeit war es ziemlich hektisch und stressig.

A: Yeah, I guess it's a good idea then to get out of your daily routine. This holiday will take your mind off things.
Relax and have a rest.

A: Ja. Dann ist es sicherlich eine gute Idee, aus der täglichen Routine auszubrechen. Dieser Urlaub wird dich auf andere Gedanken bringen. Entspanne und erhole dich.

B: Thanks. I will. I'll go to the boss straight away and tell him.

B: Danke. Das werde ich.
Ich werde gleich zum Chef gehen und ihm Bescheid geben.

Holidays at the Seaside

Ferien am Meer

Many Germans love holidaying in Mallorca.

Viele Deutsche lieben es, ihren Urlaub auf Mallorca zu verbringen.

They love to spend their holidays at/by the seaside.
Most of them go to a seaside resort/ coastal resort/summer resort.
I love swimming in the sea.

Sie lieben es, ihren Urlaub am Meer zu verbringen.
Die meisten fahren in ein Seebad/ Badeurlaubsort.
Ich liebe es, im Meer zu schwimmen.

Some people go scuba diving.
But most people just go snorkelling in the shallow water.

Einige Leute gehen Sporttauchen.
Aber die meisten Leute gehen bloß im flachen Wasser schnorcheln.

Where can I hire the snorkelling gear?	Wo kann ich die Schnorchel-ausrüstung mieten?
If you're lucky you can see many types of seashells, clams and starfish.	Wenn du Glück hast, kannst du viele Arten von Muscheln, Venusmuscheln und Seesterne sehen.
But beware of sea urchins.	Aber hüte dich vor Seeigeln.
It hurts terribly when you step into one.	Es tut sehr weh, wenn du in einen hineintrittst.
It doesn't look very nice if there is too much seaweed in the water.	Es sieht nicht sehr schön aus, wenn zu viel Seetang im Wasser ist.
At our hotel on the coast we could hear the seagulls cry out most of the time.	In unserem Hotel an der Küste konnten wir die meiste Zeit die Möwen schreien hören.
May I go sailing tomorrow?	Darf ich morgen Segeln gehen?
We would like to hire a boat.	Wir würden gerne ein Boot mieten.
I usually go to Hawaii surfing. The surf is just great there.	Ich gehe normalerweise nach Hawaii zum Surfen. Die Brandung dort ist wirklich großartig.
In the evening you can go out and eat fresh seafood like fish, mussels or squid.	Am Abend kannst du/können Sie ausgehen und frische Meeres-früchte wie z. B. Fische, Muscheln oder Tintenfisch essen.
We found a lonely beach behind some sand dunes.	Wir haben einen einsamen Strand hinter einigen Sanddünen gefunden.
There was very fine and white sand.	Dort gab es sehr feinen und weißen Sand.
There weren't many people around.	Es waren nicht viele Menschen da.
It was a nudist beach.	Es war ein FKK-Strand.
We have been sunbathing on the beach.	Wir waren am Strand Sonnenbaden.
We lay in the sun for hours because we wanted to get a nice (sun)tan.	Wir lagen stundenlang in der Sonne, weil wir schön braun werden wollten.
But all we got was a sunburn.	Aber das einzige, was wir bekamen, war ein Sonnenbrand.
You shouldn't forget the protection against a sunburn.	Du solltest den Schutz gegen Sonnenbrand nie vergessen.
Always take some suntan lotion/oil, a pair of sunglasses and a towel with you to the beach.	Nimm immer Sonnenmilch/-öl, eine Sonnenbrille und ein Handtuch mit an den Strand.

You have a touch of the sun.
Don't forget about the dangers.

Du hast einen Sonnenstich.
Vergiß nicht, wie viele Gefahren lauern.

If you're not a very experienced swimmer, don't go swimming when the sea is rough.

Wenn Sie/du kein erfahrene(r) Schwimmer/in sind/bist, gehen Sie/gehe nicht schwimmen, wenn das Meer unruhig ist.

Only go when the sea is calm.

Gehen Sie/Gehe nur, wenn das Meer ruhig ist.

Beware of strong currents.
They can be very dangerous.
Inform yourself when there is low tide or high tide.
Usually there are lifeguards on the beach to help you when you are in trouble.

Hüte dich vor starker Strömung.
Sie kann sehr gefährlich sein.
Informieren Sie sich/Informiere dich, wann Ebbe und wann Flut ist.
Normalerweise sind Rettungsschwimmer am Strand, um Ihnen/dir zu helfen, wenn Sie/du in Schwierigkeiten sind/bist.

A: Hello. I'm Sarah. I arrived yesterday. It's a beautiful hotel and it seems to be a very nice resort. A lot of friendly people.

A: Hallo. Mein Name ist Sarah. Ich kam gestern hier an. Es ist ein schönes Hotel und es scheint eine sehr nette Urlaubsanlage zu sein. Viele freundliche Menschen.

B: Hi. I'm Steve. Welcome at the Waterfront Resort!

B: Hallo. Ich bin Steve. Willkommen in der Waterfront Urlaubsanlage!

A: The weather is just brilliant. No cloud in the sky and a nice breeze coming from the sea. I'm sure I'll get a suntan in no time!

A: Das Wetter ist wirklich toll! Keine Wolke am Himmel und eine schöne Brise, die vom Meer her kommt. Ich bin sicher, ich werde im Handumdrehen braun!

B: We always have this kind of weather in September. If you're interested I can show you a nice beach which isn't so crowded. We have to walk for about twenty minutes but it's really worth it!

B: Wir haben im September immer solches Wetter. Wenn du daran interessiert bist, kann ich dir einen schönen Strand zeigen, der nicht so überfüllt ist. Wir müssen ungefähr zwanzig Minuten dahin laufen, aber das ist es wirklich wert!

A: That's brilliant! It's just what I'm looking for.

A: Das ist großartig! Das ist genau das, wonach ich suche.

B: Don't forget your suntan lotion, your towel and also a hat. The sun is really merciless. You'll have a touch of the sun if you don't pay attention!

B: Vergiss nicht deine Sonnenmilch, dein Handtuch und auch einen Hut mitzunehmen. Die Sonne ist wirklich gnadenlos. Du bekommst einen Sonnenstich, wenn du nicht aufpasst!

A: I'll do that. My skin is already used to the sun but it's always better to take precautions.

A: Das werde ich tun. Meine Haut ist die Sonne schon gewöhnt, aber es ist immer besser vorzusorgen.

Holidays in the Mountains

Ferien im Gebirge

Do you know any good winter sports resorts/ski resorts?

Kennen Sie/Kennst du gute Wintersportorte?

Do you want to do some Alpine skiing?

Möchten Sie/Möchtest du Skifahren?

You can do a lot of cross country skiing near the village.

Man kann in der Nähe des Dorfes viel Langlauf betreiben/langlaufen.

There are many cross country ski tracks.

Es gibt viele Langlaufloipen.

Are you a good skier?

Sind Sie/Bist du ein(e) gute(r) Skifahrer(in)?

I'm a beginner, but my sister is an intermediate skier and my parents are advanced skiers.

Ich bin Anfänger(in), aber meine Schwester fährt ganz ordentlich Ski/ist eine fortgeschrittene Anfängerin und meine Eltern sind sehr gute Skifahrer/gehören zu den fortgeschrittenen Skifahrern.

There's a nursery slope right next to the hotel.

Gleich neben dem Hotel gibt es einen Anfängerhügel/Idiotenhügel.

Are there more difficult (ski) runs around?

Gibt es hier in der Nähe auch schwierigere Abhänge/Abfahrten?

They skied down the slope.

Sie fuhren (auf ihren Skiern) den Hang hinunter.

We have got a chairlift and many ski lifts/ski tows up the mountain.

Wir haben einen Sessellift und viele Skilifte/Schlepplifte am Berg.

Could I hire my skiing equipment in the village?

Kann ich meine Skiausrüstung im Dorf mieten?

I haven't got any (ski) boots but I have skis and ski sticks.	Ich habe keine Skistiefel, aber ich habe Skier und Skistecken.
Do you like my skisuit? I simply love these skitrousers!	Magst du meinen Skianzug? Ich liebe diese Skihosen!
I need a ski instructor. Do you know any ski school you could recommend?	Ich brauche einen Skilehrer. Kennen Sie eine Skischule, die Sie empfehlen können?
The skiing course I attended was really helpful.	Der Skikurs, den ich besuchte, war wirklich hilfreich.
Help! Somebody ran into me! I think I am seriously injured.	Hilfe! Jemand ist in mich hineingefahren! Ich glaube, ich bin ernsthaft verletzt.
My leg is broken.	Mein Bein ist gebrochen.
Please call the mountain rescue service. We will need a helicopter to fly them out.	Bitte rufen Sie den Bergrettungsdienst an. Wir brauchen einen Hubschrauber, um sie auszufliegen.
The snow has been rather unreliable for the past few years.	Der Schneefall war in den letzten Jahren ziemlich unzuverlässig.
Could I borrow your ski-rack? We want to go skiing next weekend.	Kann ich Ihren/Deinen Skiträger leihen? Wir wollen nächstes Wochenende Skifahren gehen.
In winter snow chains must be carried in the car unless you want to pay a heavy fine.	Im Winter müssen Schneeketten mitgeführt werden, ansonsten muss man ein hohes Bußgeld bezahlen.
A: I'm really looking forward to the next weekend! We have planned it all out. We will spend our first anniversary on a ski hut somewhere in the Swiss Alps. It will be very romantic.	A: Ich freue mich so auf das nächste Wochenende! Wir haben alles geplant. Wir werden unseren Hochzeitstag auf einer Skihütte in den Schweizer Alpen verbringen. Es wird sehr romantisch!
B: This sounds great. I really envy you!	B: Das klingt toll. Ich beneide dich!
I am not allowed to ski any more. I broke my leg in a skiing accident last winter and the doctor forbid me to ski ever again.	Ich darf nicht mehr Ski fahren. Ich habe mir letzten Winter bei einem Skiunfall das Bein gebrochen und der Arzt hat mir verboten, jemals wieder Ski zu fahren.
A: That's really a pity!	A: Das ist wirklich schade!

B: I'll survive! Be careful but have a lot of fun as well! It's just wonderful skiing down the slopes when the sun is shining and there is plenty of powder snow.

B: Ich werde es überleben! Sei vorsichtig, aber amüsier dich auch gut. Es ist einfach wundervoll, die Hänge runterzufahren, wenn die Sonne scheint und es viel Pulverschnee gibt.

Mountains are great for summer activities, too.
You can go hiking and mountain climbing/mountaineering.
It's great to climb the summit.

Die Berge eignen sich auch gut für Sommerunternehmungen.
Man kann Wandern und Bergklettern gehen.
Es ist großartig, den Gipfel zu besteigen.

Are there many walking tracks close by?
Are you a keen hiker?

Gibt es viele Wanderwege in der Umgebung?
Sind Sie/Bist du ein passionierter Wanderer?

You will be able to see some spectacular scenery and many interesting rock formations on your walk.
There are high peaks and deep valleys.
One of the gorges is especially impressive.
We will visit a cave.
Is it open to the public?

Sie werden auf Ihrer Wandertour eine sensationelle Landschaft und viele interessante Felsformationen sehen können.
Es gibt hohe Gipfel und tiefe Täler.
Eine der Schluchten ist besonders beeindruckend.
Wir werden eine Höhle besuchen.
Ist sie für die Öffentlichkeit zugänglich?

Yes, it is. There are guided tours every thirty minutes.
Are there any waterfalls in the area?
Go to this lookout (point).
You'll have a wonderful view from there.

Ja. Es gibt alle halbe Stunde Führungen.
Gibt es Wasserfälle in der Gegend?
Gehen Sie/Gehe zu diesem Aussichtspunkt. Von dort aus werden Sie/wirst du eine wundervolle Aussicht haben.

We've got a lot of national parks with many fine walks.
You will see some interesting wildlife and wildflowers when walking through the forest.

Wir haben viele Nationalparks mit vielen schönen Wanderwegen.
Sie werden eine interessante Flora und Fauna sehen, wenn Sie durch den Wald wandern.

wildlife sanctuary	Wildschutzgebiet/-reservat
You will need a guide for this national park.	Sie werden für diesen Nationalpark einen Führer benötigen.
I'm afraid to get lost if I go all by myself.	Ich habe Angst, dass ich mich verlaufe, wenn ich ganz alleine loslaufe.
Which is the way to the next village?	Wo geht es bitte zum nächsten Dorf?
It's advisable not to go alone and tell someone where you're going.	Es ist ratsam, nicht alleine zu gehen und jemandem zu sagen, wohin Sie gehen.
It's always good to know someone native to the area. He knows his way about the mountains.	Es ist immer gut, einen Einheimischen zu kennen. Er kennt sich in den Bergen aus.
Be prepared for sudden weather changes/changes in weather.	Seien Sie auf plötzliche Wetteränderungen vorbereitet.
Don't worry. I've got weatherproof clothing.	Keine Sorge. Ich habe wetterfeste Kleidung.
You'll need sturdy shoes/climbing boots because the path is steep and rocky.	Sie werden/Du wirst feste Schuhe/ Bergschuhe/Wanderstiefel brauchen, weil der Weg/Pfad steil und steinig ist.
This will be a strenuous climb.	Dies wird ein anstrengender Aufstieg.
We had to go out of our way.	Wir mussten einen Umweg machen.
It took us out of our way.	Es war ein Umweg für uns.
In the end I had blisters on the soles of my feet and my whole body was aching.	Letztendlich hatte ich Blasen an den Fußsohlen und mein ganzer Körper schmerzte.
A: I am lost. Could you help me, please? Can you show me the way to the village of Lockley?	A: Ich habe mich verlaufen. Könnten Sie mir bitte helfen? Können Sie mir den Weg zu dem Dorf Lockley zeigen?
B: Oh my goodness! You really lost your way! You're totally wrong here. You have to turn around, go back this path for about three miles, then turn right at this lookout you'll see and climb up the mountain	B: Oh mein Gott! Sie haben sich ja furchtbar verlaufen. Sie sind hier völlig falsch. Sie müssen umkehren und etwa drei Meilen auf diesem Weg zurückgehen. Sie erreichen dann einen Aussichtspunkt, an dem

you see in front of you. When you get to the end of the forest, follow the road for another mile and then you'll see Lockley right in front of you.
I hope you have got sturdy shoes and waterproof clothing.
It looks like it will rain any minute.

Sie rechts abbiegen und auf den vor Ihnen liegenden Berg steigen. Wenn Sie das Ende des Waldes erreicht haben, gehen Sie noch eine Meile die Straße entlang und dann liegt Lockley direkt vor Ihnen.
Ich hoffe, Sie haben festes Schuhwerk und wasserfeste Kleidung.
Es sieht aus, als ob es jede Minute regnen würde.

A: Are you sure this is the only way to the village? I'm already dead tired and I've got a few blisters that ache terribly.
B: I could take you in my car.
It's just about ten minutes from here.
But it sure isn't that much fun.

A: Sind Sie sicher, dass das der einzige Weg zum Dorf ist? Ich bin schon todmüde und habe einige Blasen, die schrecklich weh tun.
B: Ich könnte Sie in meinem Wagen mitnehmen. Es ist nur zehn Minuten (Fahrzeit) von hier aus.
Aber es macht sicherlich nicht so viel Spaß.

A: I think today I'll choose the easy way out and come with you.

A: Ich glaube, heute werde ich es mir leicht machen und mit Ihnen kommen.

Travelling by Car

Unterwegs mit dem Auto

No, I'm not driving on the wrong side!
Yes, I've got my driving licence (BE)/driver's license (AE) with me.
I passed my driving test the first time.
I need car/motor insurance.

Nein, ich fahre nicht auf der falschen Seite!
Ja, ich habe meinen Führerschein dabei.
Ich habe die Führerscheinprüfung beim ersten Mal bestanden.
Ich brauche eine Autoversicherung.

We've got a huge traffic jam here.
The traffic is very heavy this morning.
The rush-hour is terrible today.
I want to go for a drive along the coast.

Hier ist ein riesiger Stau.
Wir haben heute morgen sehr starken Verkehr.
Die Stoßzeit ist heute grauenvoll.
Ich möchte eine Fahrt entlang der Küste machen.

Could you take us to …?	Können Sie uns nach … mitnehmen?
We hitched a ride/a lift in a car.	Wir sind in einem Auto per Anhalter gefahren.
We tried to get a ride (in a car) but nobody stopped.	Wir versuchten per Anhalter zu fahren, aber keiner hielt an.
There is a hitchhiker standing by the road.	Dort steht ein Anhalter am Straßenrand.
motorway (BE)/expressway (AE)	Autobahn
highway (AE)	Landstraße
motorway exit	Autobahnausfahrt
motorway services/service area	Autobahnraststätte
This is my own car. I bought it ten years ago. But it's still in a very good condition.	Das ist mein eigener Wagen. Ich habe ihn vor zehn Jahren gekauft. Aber er ist immer noch in einem sehr guten Zustand.
I've had some minor problems but there hasn't been any huge repair work necessary yet.	Es gab einige kleinere Probleme, aber es waren noch keine großen Reparaturen notwendig.
The engine runs smoothly.	Der Motor läuft ruhig.
I have to go to a garage to have my car serviced.	Ich muss meinen Wagen in eine Werkstatt zur Inspektion bringen.
Please check the oil	Bitte überprüfen Sie den Ölstand
the brakes	die Bremsen
the tyre pressure	den Reifendruck
the clutch	die Kupplung
the (steering) wheel	das Lenkrad
The battery has to be replaced.	Die Batterie muss ersetzt werden.
The car starts to rust.	Der Wagen fängt an zu rosten.
One of my tyres is flat.	Ich habe einen Platten/Ich habe eine Reifenpanne.
front tyres/rear tyres	Vorderreifen/Hinterreifen
spare tyre	Ersatzreifen
petrol (BE)/gas(oline) (AE)	Benzin
the petrol tank	Benzintank
Fill it up, please!	Volltanken bitte!
My car had a breakdown down the road.	Ich hatte eine Panne nicht weit von hier.
a jack	ein Wagenheber
Could I call the breakdown service please?	Kann ich bitte den Abschleppdienst anrufen?

Stop! The traffic light/traffic signal is still red!	Halt! Die Ampel ist noch immer rot!
I had a (car) accident/a car crash.	Ich hatte einen Autounfall.
I crashed my car into a tree yesterday.	Ich bin gestern mit meinem Wagen gegen einen Baum geknallt.
I totally wrecked my car.	Ich habe meinen Wagen völlig zu Schrott gefahren/habe einen Totalschaden.
There was a lot of damage to my car.	Der Schaden an meinem Auto war sehr hoch.
How much will the repair work cost?	Wie viel wird die Reparatur kosten?
My car is an automatic.	Mein Auto ist ein Automatikwagen.
My car has got five (forward) gears.	Mein Auto hat fünf Gänge.
reverse gear	Rückwärtsgang
The car is not in gear.	Das Auto ist im Leerlauf.
She changed gears.	Sie wechselte die Gänge./Sie schaltete um/in einen anderen Gang.
You can park your car in the car park/parking lot (AE) which belongs to the university.	Sie können Ihren Wagen auf dem Parkplatz, der zur Universität gehört, parken.
There are good parking facilities there.	Dort gibt es gute Parkmöglichkeiten.
Sign: "Parking for 100 cars"	Schild: „100 Parkplätze"
You're not allowed to park (the car) in this street.	Sie dürfen Ihr Auto in dieser Straße nicht parken.
There is plenty of parking behind the theatre.	Hinter dem Theater gibt es genügend Parkplätze.
I had problems parking the car. There was nowhere to park.	Ich hatte Probleme, das Auto zu parken. Es gab nirgendwo einen Parkplatz.
There is a real shortage of parking space.	Es gibt wirklich eine Parkplatznot.
It was difficult to find a place to park.	Es war schwierig, einen Parkplatz/eine Parklücke zu finden.
a car park with/without an attendant	ein bewachter/unbewachter Parkplatz
Women are usually good at parking.	Frauen können normalerweise gut einparken.

He was very badly parked.
Er hatte miserabel geparkt.

Look at the signs: Parking/No parking
Schau dir die Schilder an: Parken erlaubt/Parken verboten

I got a parking fine/parking ticket last week.
Ich bekam letzte Woche ein Bußgeld (wegen Falschparkens)/einen Strafzettel (Knöllchen).

Now I am officially a parking offender.
Jetzt bin ich ganz offiziell ein Parksünder.

I got clamped yesterday.
Ich bekam gestern eine Parkkralle.

Touristen, die mit dem Auto in Großbritannien unterwegs sind, sollten die folgende Warnung ernst nehmen: Die britische Polizei verfolgt Parksünder mit allen ihr zur Verfügung stehenden Mitteln, z. B. indem sie an regelwidrig parkenden Autos Parkkrallen ("wheel clamps") anbringt, die erst nach Zahlung eines hohen Bußgeldes wieder entfernt werden. Eine dementsprechende Warnung auf Straßenschildern sollte man also nicht ignorieren!

Da Traditionen in Großbritannien nur sehr schwer abzuschaffen sind, werden dort trotz einheitlicher EU-Richtlinien auch heute noch die Entfernungen in Meilen (m) angegeben. Eine englische Meile entspricht 1,609 km.

A: How far is it? We have been driving for ages! I'm tired and I'm starving! And I need to go to the toilet, too!
A: Wie weit ist es noch? Wir fahren schon seit einer Ewigkeit! Ich bin müde und ich sterbe vor Hunger! Und ich muss auf die Toilette!

B: Stop complaining and play one of your games! We'll stop at the next service area. There you can have a coke and one of the sandwiches I made.
B: Hör auf dich zu beschweren und mach eines deiner Spiele! Wir halten bei der nächsten Raststätte an. Dort kannst du eine Cola trinken und eines der Sandwiches essen, die ich gemacht habe.

A: I'm terribly bored! And there are still so many miles to go!
A: Ich langeweile mich schrecklich! Und es liegen noch so viele Meilen vor uns.

B: Here we are. Go to the toilet while I'm filling up the car. I guess I'd better check the tyre pressure, too, so that we'll have a safe journey home.

B: Wir sind angekommen. Geh auf die Toilette, während ich tanke. Ich glaube, ich sollte sicherheitshalber den Reifendruck überprüfen, so dass wir eine sichere Rückreise haben.

A: Sorry, but I need your help. Quickly! I've just witnessed an accident. A car crashed into a tree.

A: Entschuldigen Sie, aber ich brauche Ihre Hilfe. Ich war gerade Zeuge eines Unfalls. Ein Auto ist gegen einen Baum geknallt.

B: How many injured?
A: Just the driver but the car is a write-off! It has been totally wrecked!

B: Wie viele Verletzte?
A: Nur der Fahrer, aber das Auto ist ein Totalschaden. Es wurde vollkommen zerstört!/Es ist nur noch Schrott!

B: I'll call an ambulance, the police and the breakdown service at once. Let's just hope nothing serious has happened to the driver.

B: Ich rufe sofort einen Krankenwagen, die Polizei und den Abschleppdienst. Lassen Sie uns bloß hoffen, dass dem Fahrer nichts Ernsthaftes passiert ist.

A: What do you think, how long will it take for the breakdown vehicle to arrive?
B: Certainly not more than fifteen minutes. But you'll have to wait for the police to tell them what happened.
A: All right, I'll wait.

A: Was denken Sie, wie lange der Abschleppwagen braucht, bis er hier ist?
B: Sicherlich nicht länger als fünfzehn Minuten. Aber Sie müssen auf die Polizei warten, um ihnen zu erzählen, was passiert ist.
A: Gut, ich warte.

Hiring a Car

Einen Wagen mieten

a rental car/hire car/hired car
a car hire company/rental company
I'd like to hire a car for the weekend.

Mietwagen
eine Mietwagenfirma
Ich würde gerne ein Auto für das Wochenende mieten.

Why don't we share a car? It's more fun.
I need your driving licence (BE)/ driver's license (AE).

Warum teilen wir uns nicht ein Auto? So macht es mehr Spaß.
Ich brauche Ihren Führerschein.

You must pay a bond of 100 $ which you get back if you don't damage the vehicle.
Sie müssen 100 $ als Sicherheit hinterlegen, die Sie zurückbekommen, wenn der Wagen nicht beschädigt ist.

Is the car insurance included in the price?
Ist die Autoversicherung im Preis inbegriffen?

The roads are quite bad, I guess it's better to hire a 4WD (Four-Wheel Drive).
Die Straßen sind ziemlich schlecht, ich glaube, es wäre besser, ein Auto mit Vierradantrieb zu mieten.

We are interested in hiring a caravan.
Wir sind daran interessiert, einen Wohnwagen zu mieten.

A: I'd like to see more of the island. I think we should hire a car.
A: Ich würde gerne mehr von der Insel sehen. Ich glaube, wir sollten ein Auto mieten.

B: But I'm afraid that's rather expensive!
B: Aber ich befürchte, dass das ziemlich teuer ist!

A: No problem. We could cut costs by sharing a car with this other couple from our hotel.
A: Kein Problem. Wir könnten die Kosten niedrig halten, indem wir uns mit dem anderen Pärchen aus unserem Hotel ein Auto teilen.

B: Great idea! They seem to be very nice. I've got my driving license with me so there shouldn't be a problem with the car hire company.
B: Großartige Idee! Sie scheinen sehr nett zu sein. Ich habe meinen Führerschein mit, so dass es kein Problem mit der Mietwagenfirma geben sollte.

A: Let's go and ask them!
A: Komm, wir fragen sie!

Travelling by Train
Unterwegs mit dem Zug

I'd like a ticket to …, please.
Ich hätte gern eine Fahrkarte nach …

Two and two halves to …, please.
Zwei Erwachsene und zwei Kinder nach … bitte.

Single or return?
Einfach oder hin und zurück?

Smoking or non-smoking?
Raucher oder Nichtraucher?

A window or an aisle seat?
Einen Fensterplatz oder einen Platz am Gang?

A non-smoking compartment, please.
Ein Nichtraucherabteil, bitte.

I'd like to reserve a sleeper for the night train to…	Ich möchte einen Schlafwagenplatz für den Nachtzug nach … reservieren.
I'd like to book a seat on the twelve o'clock train to …, please.	Ich möchte bitte eine Platzkarte für den 12-Uhr-Zug nach …
How long is the ticket valid?	Wie lange ist die Karte gültig?
Do I have to pay a supplement?	Muss ich einen Zuschlag zahlen?
How much is a ticket to …?	Was kostet eine Fahrkarte nach …?
I'd like the reduced rate, please.	Eine ermäßigte Fahrt bitte.
I'd like a monthly ticket, please.	Ich hätte gerne eine Monatskarte.
Do you have some form of identification with you?	Haben Sie einen Ausweis dabei?
Which platform does it leave from?	Von welchem Bahnsteig fährt er ab?
Where do I have to change?	Wo muss ich umsteigen?
Is the train delayed?	Hat der Zug Verspätung?
It will arrive 15 minutes late.	Er kommt 15 Minuten später an/ hat 15 Minuten Verspätung.

A: I'd like a return ticket to Edinburgh, please.	A: Ich hätte gerne eine Rückfahrkarte nach Edinburgh, bitte.
B: For what time?	B: Für wieviel Uhr?
A: 4.35 this afternoon.	A: 16.35 Uhr heute Nachmittag.
B: Smoking or non-smoking?	B: Raucher oder Nichtraucher?
A: Non-smoking, please.	A: Nichtraucher, bitte.
B: I'm afraid we don't have any non-smoking seats left on that train.	B: In diesem Zug haben wir leider keine Nichtraucherplätze mehr.
A: And in first class?	A: Und in der ersten Klasse?
B: Yes, there are two seats left.	B: Ja, da sind noch zwei Plätze frei.
A: How much does a seat in first class cost?	A: Was kostet ein Sitzplatz in der ersten Klasse?
B: £100.	B: 100 £.
A: And do I have to pay a supplement?	A: Muss ich einen Zuschlag zahlen?
B: Yes, that's four pounds extra.	B: Ja, das macht vier Pfund extra.
A: Which platform does the train leave from?	A: Von welchem Bahnsteig fährt der Zug ab?
B: From platform twelve. That'll be £104 altogether please.	B: Von Bahnsteig zwölf. Das macht insgesamt 104 £.
A: Here you are.	A: Bitte schön.
B: Thank you. Enjoy your trip.	B: Danke schön. Gute Reise.

Is this seat taken?	Ist dieser Platz frei?
I'm sorry but I think you're sitting in my seat.	Es tut mir leid, aber ich glaube Sie sitzen auf meinem Platz.
May I open/shut the window?	Darf ich das Fenster öffnen/ schließen?
I can't travel with my back to the engine.	Ich kann nicht entgegengesetzt der Fahrtrichtung fahren.
Tickets, please.	Die Fahrkarten bitte.
Can I pay the supplement now?	Kann ich den Zuschlag jetzt zahlen?
How many more stops are there before we get to …?	Wie viele Stationen sind es noch bis …?
Where are we now?	Wo sind wir jetzt?
How long do we stop for?	Wie lange haben wir Aufenthalt?
A: Excuse me, is this seat taken?	A: Ist dieser Platz frei?
B: No, it's free.	B: Ja, bitte.
A: It's very warm in here. May I open a window?	A: Es ist sehr warm hier drinnen. Darf ich ein Fenster öffnen?
B: Please do.	B: Bitte schön.
A: Do you know how many stops there are till Charing Cross?	A: Wissen Sie, wie viele Haltestellen es bis Charing Cross sind?
B: I'm not quite sure. Five, I think.	B: Ich bin nicht ganz sicher. Ich glaube fünf.

Travelling by Bus	**Unterwegs mit dem Bus**
Could you tell me where the nearest bus stop is?	Können Sie mir bitte sagen, wo die nächste Bushaltestelle ist?
Does this bus go to …?	Fährt dieser Bus nach/zu …?
Is this the number 45 bus?	Ist dies der Bus Nummer 45?
Which bus do I take to …?	Welchen Bus muss ich nach … nehmen?
Is this the right bus for …?	Ist dies der richtige Bus nach …?
No, you'll have to get off at … and change.	Nein, Sie müssen am … aussteigen und dann umsteigen.
No, you should have caught a 15.	Nein, Sie hätten mit der Nummer 15 fahren sollen.

No, you're going in the wrong direction.	Nein, Sie fahren in die falsche Richtung/hier sind Sie leider falsch.
Get off at the next stop and take the next bus going south.	Steigen Sie an der nächsten Haltestelle aus, und nehmen Sie den nächsten Bus in Richtung Süden.
Do I have to pay the driver when boarding?	Muss ich beim Fahrer bezahlen, wenn ich einsteige?
Could you tell me where to get off, please?	Können Sie mir bitte sagen, wo ich aussteigen muss?
Could you tell me when we get there, please?	Können Sie mir bitte sagen, wann wir da sind?
How much further is it?	Wie weit ist es noch?
It's the next stop.	Es ist die nächste Haltestelle.
A single ticket to …, please.	Eine Einzelfahrkarte nach … bitte.
A return ticket to…, please.	Eine Hin-und Rückfahrkarte nach … bitte.
I'd like a seat at the aisle.	Ich hätte gerne einen Platz am Gang.
I'd like a seat at the window.	Ich hätte gerne einen Platz am Fenster.
Buses run from here every fifteen minutes.	Die Busse fahren von hier aus alle fünfzehn Minuten.
The bus is running ten minutes late.	Der Bus hat zehn Minuten Verspätung.

Busnummern wie „15" und „94" werden "fifteen" und "ninety-four" ausgesprochen. Längere Nummern wie „137" sprechen Sie "one-three-seven" aus.

Die Fahrkarten müssen nicht immer vorher gekauft werden, sondern können besonders auf dem Land sehr häufig auch direkt beim Fahrer erworben werden. Dann sollten Sie jedoch das Geld möglichst passend bereit halten. Häufig bedanken sich die Fahrgäste mit einem kurzen "Thank you"/"Thanks", wenn der Bus an ihrer Haltestelle anhält, um sie herauszulassen, auch wenn es in einer Großstadt wie London eher unüblich ist.

A: Excuse me, please. Which bus do I take to the park?

A: Entschuldigen Sie bitte. Welchen Bus muss ich zum Park nehmen?

B: You'll need the number 34. It should be here in two or three minutes.

B: Die Nummer 34. Er sollte in zwei bis drei Minuten hier sein.

A: Could you tell me when we get there, please?
B: It's the next stop.

A: Können Sie mir bitte Bescheid sagen, wenn wir da sind?
B: Es ist die nächste Haltestelle.

Travelling by Taxi

Unterwegs mit dem Taxi

I'd better go by taxi. I'm in a hurry.
Are you free?
Could you take me to …, please?
The American Embassy, please.

Ich fahre lieber mit dem Taxi, ich habe es eilig.
Sind Sie frei?
Können Sie mich nach … fahren?
Zur amerikanischen Botschaft, bitte.

I have to be there by 11.10.
Do you think you can get me to … by half past four?
The station, please. I want to catch the 11.15 train.
I can't promise, but I'll do my best.

Ich muss bis 11.10 Uhr da sein.
Können Sie mich bis halb fünf nach … bringen?
Zum Bahnhof, bitte. Ich will mit dem Zug um 11.15 Uhr fahren.
Ich kann nichts versprechen, aber ich tue mein Bestes.

We'll be all right as long as the traffic isn't too heavy.
Could you take the next street on the left?
It's here on the right.
It's the house on the corner.
You're just in time.
This is it. £7.50, please.
Keep the change.

Es müsste schon gehen, solange der Verkehr nicht zu dicht ist.
Können Sie an der nächsten Ecke links abbiegen?
Es ist hier rechts.
Es ist das Haus an der Ecke.
Gerade noch geschafft.
Wir sind da. 7,50 £, bitte.
Stimmt so.

A: Are you free?
B: Yes, where do you want to go?
A: The American Embassy, please. I have to be there by 11.10.

A: Sind Sie frei?
B: Ja, wo wollen Sie hin?
A: Zur amerikanischen Botschaft, bitte. Ich muss um 11.10 Uhr da sein.

B: We'll be all right as long as the traffic isn't too heavy.
… This is it. Seven pounds 50, please.
A: Here you are. Keep the change.

B: Das müsste schon gehen, solange der Verkehr nicht zu dicht ist.
… Wir sind da. Sieben Pfund 50, bitte.
A: Bitte schön. Stimmt so, danke.

Travelling by Plane

Your tickets are ready at the ticket-counter.
What time do we have to check-in?
You have to check-in one hour before your flight is scheduled.
I would like a window seat, if possible.
I'm sorry but I only have a seat at the aisle.
Do you have any hand-luggage?
Please put your hand-luggage in the bins above your seats.

We advise you to keep your seatbelts fastened during the whole flight.
Smoking in the lavatories is prohibited.
If you need any help, please call the flight attendant.

All your luggage has to be stowed savely during take-off and landing.
What kind of food is served during the flight?
You will be served a hot meal and drinks.
You can get everything you need in the terminal.
Passengers to … please proceed to gate 24.

Unterwegs mit dem Flugzeug

Ihre Flugtickets sind am Schalter hinterlegt.
Wann sollten wir einchecken?
Sie müssen eine Stunde vor Abflug einchecken.
Wenn möglich, hätte ich gerne einen Fensterplatz.
Tut mir leid, aber ich habe nur noch einen Platz am Gang.
Haben Sie Handgepäck?
Bitte bewahren Sie Ihr Handgepäck in den Staufächern über Ihrem Sitz auf.
Wir raten Ihnen, die Sicherheitsgurte während des gesamten Fluges geschlossen zu halten.
Das Rauchen auf der Toilette ist verboten.
Wenn Sie Hilfe benötigen, wenden Sie sich bitte an die Flugbegleiter.
Bei Start und Landung muss Ihr Gepäck sicher verstaut sein.
Welches Essen servieren Sie auf dem Flug?
Sie bekommen eine warme Mahlzeit und Getränke.
Sie können alles, was sie brauchen, im Flughafengebäude kaufen.
Fluggäste nach … begeben sich bitte zum Flugsteig 24.

Please keep your boarding-pass ready.	Bitte halten Sie Ihre Bordkarte bereit.
The plane to … is now ready for boarding.	Das Flugzeug nach … ist/ steht jetzt zum Einsteigen bereit.
I would like to sit in the non-smoker's section.	Ich möchte bitte im Nichtraucher-bereich sitzen.
At what altitude will we be flying?	In welcher Höhe werden wir fliegen?
Is it possible to visit the cockpit?	Ist es möglich, das Cockpit zu besichtigen?
Is this the first time you have been on a plane?	Ist dies Ihr erster Flug?
I am afraid of flying.	Ich habe Flugangst.
I always carry a lot of luggage.	Ich habe immer viel Gepäck dabei.
I always travel light.	Ich reise immer mit leichtem Gepäck.
Please put your seats to an upright position.	Stellen Sie bitte Ihre Rückenlehnen senkrecht.
We are now ready for take-off.	Wir sind jetzt zum Start bereit.
This is a very reliable airline.	Dies ist eine sehr zuverlässige Fluggesellschaft.
I am a frequent flyer.	Ich bin ein Vielflieger.
Please pay attention to our safety-instructions.	Bitte beachten Sie unsere Sicherheitshinweise.
You will find a life-vest under your seat.	Schwimmwesten befinden sich unter Ihrem Sitz.
In case of emergency, please pay attention to the instructions of the crew.	Bei Notfällen leisten Sie bitte den Anweisungen des Personals Folge.
We wish you a pleasant flight!	Wir wünschen Ihnen einen angenehmen Flug.
Welcome on board of our Boeing 747.	Willkommen an Bord unserer Boeing 747.
We will keep you informed on all weather-conditions.	Wir werden Sie über das Wetter auf dem Laufenden halten.
After my flight to America I was completely jet-lagged.	Nach meinem Flug nach Amerika war ich völlig übermüdet.
Can I get you a coffee as an eye-opener?	Kann ich Ihnen zum Wachhalten einen Kaffee bringen?

How many cigarettes can I buy tax-free?	Wie viele Zigaretten darf ich zollfrei einkaufen?
Where is the duty-free shop?	Wo kann man zollfreie Ware einkaufen?
Please keep your passports ready for inspection.	Halten Sie bitte Ihren Pass zur Kontrolle bereit.
Have you got anything to declare?	Haben Sie etwas zu verzollen?
Please open your suitcase!	Bitte öffnen Sie Ihren Koffer!
Where is the luggage reclaim?	Wo ist das Förderband für das Gepäck?
I'm afraid I lost one of my suitcases.	Ich fürchte, ich habe einen meiner Koffer verloren.
The airline will provide you with an overnight-bag.	Die Fluggesellschaft stellt Ihnen eine Tasche mit allem Notwendigen für eine Übernachtung zur Verfügung.
You should try the lost and found.	Versuchen Sie es beim Fundbüro.
Please identify your luggage.	Bitte identifizieren Sie Ihr Gepäck.
Your flight will be delayed by one hour.	Ihr Flug hat eine Stunde Verspätung.
Due to the weather conditions, the flight has been cancelled.	Aufgrund der Wetterlage ist der Flug annulliert worden.
Your flight has been re-scheduled for 10.45.	Ihr Flug ist auf 10.45 Uhr verlegt worden.
A: I'm booked on flight number 321 to …	A: Ich bin auf den Flug Nummer 321 nach … gebucht.
Where do I have to check in?	Wo muss ich einchecken?
B: Please proceed to counter number 27!	B: Bitte begeben Sie sich zum Schalter Nummer 27!
A: I would like a seat in the smoker's section.	A: Ich möchte bitte im Raucherbereich sitzen.
B: Seat number 12f, then. Please keep your passport and boarding pass ready.	B: Sie haben Sitz Nummer 12f. Bitte halten Sie Ihren Pass und Ihre Boardkarte bereit.
A: Can I take this small bag as hand-luggage?	A: Kann ich diese kleine Tasche als Handgepäck nehmen?
B: Of course. You can stowe it in the bin above your seat.	B: Selbstverständlich. Sie können sie im Gepäckfach über Ihrem Sitz verstauen.

A: May I smoke in the terminal?

B: Only in the smoking areas.

A: Where do I have to go now?
B: Please proceed to gate 31. Your plane will be ready for boarding in 30 minutes.
A: Thank you very much.
B: Have a pleasant flight!

A: I'm sorry to inform you that your flight has been delayed by two hours.
B: This means I will miss my connecting flight to … !
A: We are sorry for any inconvenience caused, but the weather conditions in … are very bad.
B: Is there another flight to … ?

A: There is a plane at 7:45, but this has a stoppover at … .

B: That doesn't matter, as long as I am able to catch my connecting flight.
A: I'll book you on this flight, then.

B: Thank you very much for your time and consideration.
A: You are very welcome. Next time you fly, book … again!

A: Darf ich im Flughafengebäude rauchen?
B: Nur in den vorgesehenen Raucherbereichen.
A: Wohin muss ich jetzt gehen?
B: Bitte begeben Sie sich zu Flugsteig 31. Ihr Flugzeug ist in 30 Minuten zum Einsteigen bereit.
A: Vielen Dank.
B: Ich wünsche Ihnen einen angenehmen Flug.

A: Ich bedaure Ihnen mitteilen zu müssen, dass Ihr Flug zwei Stunden Verspätung hat.
B: Das bedeutet, dass ich meinen Anschlussflug nach … verpasse!
A: Wir bedauern die Ihnen entstandenen Unannehmlichkeiten, aber das Wetter in … ist sehr schlecht.
B: Gibt es noch einen anderen Flug nach … ?
A: Es geht ein Flug um 7.45 Uhr, aber dieser hat einen Zwischenstopp in … .
B: Das spielt keine Rolle, so lange ich meinen Anschlussflug erreiche!
A: Dann buche ich Sie auf diesen Flug um!
B: Vielen Dank für Ihre Mühe!

A: Gern geschehen. Fliegen Sie auch beim nächsten Mal wieder mit … !

Travelling by Ship or Ferry	**Unterwegs mit dem Schiff oder der Fähre**
We should take the ferry from Calais to Dover.	Wir sollten die Fähre von Calais nach Dover nehmen.
It would be faster if we took the hovercraft.	Mit dem Luftkissenfahrzeug ginge es schneller.
I'd like four tickets for the ferry to …	Ich möchte vier Fahrkarten für die Fähre nach …
When does the ship/ferry/boat leave the port?	Wann läuft das Schiff/die Fähre/ aus dem Hafen aus?
The ferry runs/operates daily.	Die Fähre fährt täglich.
How long will the crossing take?	Wie lange wird die Überfahrt dauern?
This time I want to cross the Atlantic by ship/by boat.	Dieses Mal will ich den Atlantik mit dem Schiff überqueren.
I'd like to go on/for a cruise on board of this ocean liner.	Ich würde gern eine Kreuzfahrt an Bord dieses Ozeandampfers machen.
How long will the voyage take?	Wie lange wird die Fahrt dauern?
There are many passengers on the ship/on board.	Es sind viele Passagiere auf dem Schiff/an Bord.
I'd like to book a cabin on the …	Ich möchte eine Kabine auf der … buchen.
I'd like to make a reservation for …	Ich möchte gerne … reservieren.
inside/outside cabin	Innenkabine/Außenkabine
the captain (of the ship)	der Kapitän (des Schiffes)
the crew	die Besatzung
a rough/pleasant crossing	eine stürmische/angenehme Überfahrt
I'm afraid I'm going to be sick/ to throw up/to feed the fish.	Ich befürchte, mir wird gleich schlecht/ich werde mich gleich übergeben/ich werde gleich „die Fische füttern".
I get seasick quite easily.	Ich werde sehr leicht seekrank.
Can you give me any information about the safety regulations on board of this ship?	Können Sie mich über die Sicherheitsbestimmungen an Bord dieses Schiffes informieren?
How many lifeboats are there?	Wie viele Rettungsboote gibt es?
lifejacket	Schwimmweste
"Women and children first."	„Frauen und Kinder zuerst."

to take part in a boat drill — an einer Rettungsübung teilnehmen

Where should we go first in case of emergency? — Wo sollen wir im Notfall hingehen?

We will dock in five minutes. — Wir werden in fünf Minuten anlegen.

The gangway will be lowered soon. — Der Landungssteg wird bald heruntergelassen.

Please keep your landing cards and passports ready. — Bitte halten Sie Ihre Einreisekarten und ihre Pässe bereit.

Es ist zu beachten, dass im Englischen Schiffe immer weiblich sind: "The Titanic is the most famous ship in the world. Everybody thought that she was unsinkable."
Umgangssprachlich kann ein größeres Passagierschiff sowohl als "ship" als auch "boat" bezeichnet werden. Die Wendung "to go by boat" steht generell für eine Reise auf einem wie auch immer gearteten Schiff. Im Allgemeinen ist jedoch ein "boat" ein einfaches kleines Boot.

A: Have you got the tickets?
B: Yes, don't worry. I've got them in my bag. I also have our reservation vouchers there. I just hope the ship will leave the port on time.

A: Hast du die Fahrkarten?
B: Ja, keine Sorge. Ich habe sie in meiner Tasche. Dort habe ich auch unsere Reservierung(sgutscheine). Ich kann nur hoffen, dass das Schiff den Hafen pünktlich verlässt.

A: The weather doesn't look very promising. The sky is cloudy, the wind gets stronger every minute and the sea looks really rough.

A: Das Wetter sieht nicht sehr viel versprechend aus. Der Himmel ist bedeckt, der Wind wird mit jeder Minute stärker und das Meer sieht wirklich stürmisch aus.

B: Just look at the ship. It is rolling from side to side. I just hope I won't get seasick!
A: The best thing to do in case of seasickness is going up on deck and holding on to the railing.

B: Sieh dir nur das Schiff an. Es wankt. Ich hoffe nur, dass ich nicht seekrank werde.
A: Das Beste, was man bei Seekrankheit machen kann, ist auf Deck zu gehen und sich an der Reling (Geländer) festzuhalten.

B: Thanks for the advice. Let's go and hope for the best.

B: Danke für den Ratschlag. Lass uns gehen und das Beste hoffen.

The Channel Tunnel

Der Kanaltunnel

The Channel Tunnel is an undersea link between Britain and France.

Der Kanaltunnel ist eine unterseeische Verbindung zwischen Großbritannien und Frankreich.

How often do the trains leave the terminals?

Wie oft fahren die Züge von den Endstationen ab?

Can we stay in our car all the time?

Können wir die ganze Zeit in unserem Wagen bleiben?

You have to drive your car on the shuttle (train).

Das Auto muss auf den Pendelzug gefahren werden.

The train through the Channel Tunnel arrives at King's Cross.

Der Zug durch den Kanaltunnel kommt am King's Cross Bahnhof an.

How can we get out of the tunnel if there is a fire?

Wie können wir aus dem Tunnel gelangen, wenn ein Feuer ausbricht?

You must try to reach the service tunnel in case of emergency.

Sie müssen versuchen, im Notfall den Versorgungstunnel zu erreichen.

Die Briten waren schon immer stolz auf ihre Insellage, so dass es trotz erster Pläne im 19. Jahrhundert erst 1994 gelang, die britische Insel mit dem europäischen Festland durch einen Tunnel unterhalb des Ärmelkanals (English Channel) zu verbinden. Dieses britisch-französische Projekt führte dazu, dass heute ein Großteil des Verkehrs nach Großbritannien auch unterhalb des Ärmelkanals verläuft.

A: I've always got problems when I go to England by ferry.

A: Ich habe immer Probleme, wenn ich mit der Fähre nach England fahre.

B: Maybe it's a good idea then to use the Channel Tunnel this time.

B: Vielleicht ist es dann eine gute Idee, dieses Mal den Kanaltunnel zu benutzen.

A: Yes, why not. But I think it's a little bit frightening to be somewhere deep under the sea but I guess it's better than being seasick for three hours.

A: Ja, warum auch nicht. Aber es macht mir etwas Angst, irgendwo tief unterhalb des Meeres zu sein, aber wahrscheinlich ist es besser, als drei Stunden lang seekrank zu sein.

B: I don't think that it's dangerous. It's quite safe to use the Tunnel.

B: Ich glaube nicht, dass es gefährlich ist. Es ist ziemlich sicher, den Tunnel zu benutzen.

A: True. I'm sure they took every precaution to make the trip safe for the passengers.

A: Stimmt. Ich bin sicher, dass sie jede Vorsichtsmaßnahme getroffen haben, um die Reise für die Passagiere sicher zu gestalten.

Hitch-Hiking

Trampen

Excuse me, do you happen do drive in the direction of …?
Could you give me a lift?
Can I give you a lift?
I could easily drop you off at …

Entschuldigung, fahren Sie zufällig in Richtung …?
Können Sie mich mitnehmen?
Kann ich Sie mitnehmen?
Ich kann Sie einfach bei … absetzen.

to thump a car down
to hitch-hike
to pick up a hitch-hiker
to give someone a ride
to ask for a ride

ein Auto anhalten
trampen
einen Tramper mitnehmen
jemanden im Auto mitnehmen
nach einer Mitfahrgelegenheit fragen

Thank you for giving me a lift!
That suits me fine.
Could you take me to the next bus station?
I'm only going as far as …

Danke fürs Mitnehmen!
Das passt mir gut!
Können Sie mich zur nächsten Bushaltestelle mitnehmen?
Ich fahre bloß bis nach …

A: Excuse me, I just missed my bus. Could you give me a lift to the next village?

A: Entschuldigen Sie. Ich habe gerade meinen Bus verpasst. Können Sie mich in den nächsten Ort mitnehmen?

B: Sure. Get in. I'm driving in the direction of Bath.

B: Klar. Steigen Sie ein. Ich fahre in Richtung Bath.

A: That suits me fine. Could you drop me off at the central station?
B: No problem. Do you often hitchhike?
A: Oh no, I usually don't thump down cars.
B: Here we are.
A: Thank you very much for giving me a lift!
B: My pleasure!

A: Das passt mir gut. Können Sie mich am Bahnhof absetzen?
B: Kein Problem. Trampen Sie häufig?
A: Oh nein. Normalerweise halte ich keine Autos an.
B: Da wären wir.
A: Vielen Dank, dass Sie mich mitgenommen haben!
B: Es war mir ein Vergnügen!

Staying in a Hotel

Where is the … hotel/bed and breakfast?
Could you recommend a good/cheap hotel?
It's better to book in advance.
I would like to reserve a single/double room from … to …
We'd like a single/double room with shower.
We'd prefer a room which isn't too noisy.
We'd like a room which doesn't look out onto the main street.
Could we have a room with a view of the …?
When will you be arriving?
We'll be arriving on …
Would you mind filling out the registration form?
Would you mind signing here, please?
Would you like some help with your bags/luggage?
Room service is available.
How many nights will you be staying?

Unterkunft in einem Hotel

Wo ist das Hotel …/die Pension …?
Können Sie mir ein gutes/günstiges Hotel empfehlen?
Es ist besser, im Voraus zu buchen.
Ich möchte ein Einzel-/Doppelzimmer vom … bis … reservieren.
Wir möchten ein Einzel-/Doppelzimmer mit Dusche.
Wir bevorzugen ein Zimmer, das nicht zu laut ist.
Wir möchten ein Zimmer, das nicht zur Hauptstraße hinausgeht.
Könnten wir ein Zimmer mit Blick auf … haben?
Wann kommen Sie an?
Wir kommen am … an.
Würden Sie bitte das Anmeldeformular ausfüllen?
Würden Sie bitte hier unterschreiben?
Brauchen Sie Hilfe mit Ihrem Gepäck?
Zimmerservice ist vorhanden.
Wie viele Nächte möchten Sie bleiben?

We'll be leaving/checking out on …	Wir fahren am … ab.
How much does it cost per night?	Was kostet das pro Nacht?
Which meals are included?	Welche Mahlzeiten sind enthalten?
Do you have any vacancies?	Haben Sie ein Zimmer frei?
Do you have a double room?	Haben Sie ein Doppelzimmer?
Do you have a single room?	Haben Sie ein Einzelzimmer?
Do you have a twin room?	Haben Sie ein Zweibettzimmer?
Do you have a cot?	Haben Sie ein Kinderbett?
Is that with or without bathroom?	Ist das mit oder ohne Bad?
Is the room en suit?	Hat das Zimmer ein Bad?
Could we have a wake-up call?	Können wir einen Weckruf bestellen?
Yes, we have some vacancies.	Ja, wir haben Zimmer frei.
No, I'm afraid not. We're fully booked.	Nein, wir sind leider ausgebucht.
Yes, but only on the top floor.	Ja, aber nur im obersten Stock.
Could I see the room, please?	Kann ich bitte das Zimmer sehen?
It's very nice.	Es gefällt mir sehr gut.
Do you have any identification with you?	Haben Sie einen Ausweis dabei?
Here's your key.	Hier ist Ihr Schlüssel.
Your room number is …	Ihre Zimmernummer ist …
Your room's on the second floor.	Ihr Zimmer ist im zweiten Stock.
The porter will help you with your bags.	Der Portier hilft Ihnen mit Ihrem Gepäck.
Please do not disturb!	Bitte nicht stören!

Es ist wichtig, die Wörter "bath" and "Bathroom" nicht zu verwechseln. "Bath" heißt einfach „Badewanne" und "bathroom" „Badezimmer".

Das "English Breakfast" ist ein sehr reichhaltiges warmes Frühstück mit Spiegelei, Champignons und Frühstücksspeck (Bacon) sowie Toast mit Butter und Marmelade, Tee, Kaffee oder Kakao. Manchmal bekommt man allerdings auch nur ein "Continental Breakfast", das aus Brötchen, Butter, Marmelade, eventuell Käse und Tee oder Kaffee besteht.

Das englische "jam" entspricht der deutschen „Marmelade". Das englische "marmalade" ist Marmelade aus Zitrusfrüchten wie Zitronen, Apfelsinen oder Grapefruits.

A: Excuse me. Where is the Grand Hotel?	A: Entschuldigen Sie. Wo ist das Grand Hotel?
B: It's straight ahead, next to the post office.	B: Geradeaus neben der Post.
A: Thanks for your help.	A: Danke für die Auskunft.
A: Good morning. Could you recommend a good hotel near here?	A: Guten Morgen. Können Sie mir ein gutes Hotel hier in der Nähe empfehlen?
B: Yes, of course. The Royal Hotel is very nice, and it's just around the corner.	B: Selbstverständlich. Das Royal Hotel ist sehr schön, und es ist gleich um die Ecke.
A: That sounds good. How much does it cost per night?	A: Das hört sich gut an. Was kostet das pro Nacht?
B: £50 for a room with bathroom.	B: 50 £ für ein Zimmer mit Bad.
A: And which meals are included?	A: Und welche Mahlzeiten sind enthalten?
B: Only breakfast. Lunch and dinner are extra.	B: Nur das Frühstück. Mittag- und Abendessen sind extra zu bezahlen.
A: Do you have any vacancies for tonight?	A: Haben Sie für heute Nacht ein Zimmer frei?
B: No, I'm afraid we're fully booked.	B: Nein, wir sind leider ausgebucht.
Oh, just a moment …We have a room, but only on the top floor.	Warten Sie einen Augenblick … Wir haben doch noch ein Zimmer, allerdings liegt es im obersten Stockwerk.
A: What does it cost per night?	A: Was kostet das für eine Nacht?
B: £60 with English breakfast.	B: 60 £ inklusive englischem Frühstück.
A: Is there a lift?	A: Gibt es einen Fahrstuhl?
B: No, unfortunately not.	B: Nein, leider nicht.
A: Could I see the room, please?	A: Kann ich das Zimmer sehen?
B: Certainly!	B: Selbstverständlich!
A: I'll take the room for one night.	A: Ich nehme das Zimmer für eine Nacht.
B: Do you have any identification with you?	B: Haben Sie einen Ausweis dabei?
A: Yes, here's my passport.	A: Ja, hier ist mein Pass.

B: Fine. Here's your key. The porter will help you with your bags. If you need anything, the number for room service is 34.

B: In Ordnung. Hier ist Ihr Schlüssel. Der Portier hilft Ihnen mit Ihrem Gepäck. Sollten Sie etwas brauchen, die Nummer für den Zimmerservice ist 34.

A: When can I have breakfast?
B: Breakfast is served in the dining-room from 7 a.m.
A: Thank you. Good night!

A: Ab wann kann ich frühstücken?
B: Das Frühstück steht ab sieben Uhr im Speisesaal für Sie bereit.
A: Vielen Dank. Gute Nacht.

"Identification" ist das allgemeine Wort für „Ausweis". Manchmal benutzt man auch die Abkürzung "I.D." dafür. Weil die Briten keinen Personalausweis haben, wird normalerweise ein gültiger Pass oder Führerschein erwartet.

This room is too noisy/small/ dark.	Dieses Zimmer ist zu laut/klein/ dunkel.
I can give you a nice room overlooking the park.	Ich habe für Sie ein schönes Zimmer mit Blick auf den Park.
The view is lovely.	Die Aussicht ist wunderschön.
The room is very quiet.	Das Zimmer ist sehr ruhig.
I'll call reception.	Ich rufe die Rezeption an.
Could I speak to the manager please?	Kann ich bitte mit dem Geschäftsführer sprechen?
Do you have another room available?	Haben Sie noch ein anderes Zimmer?
There are no towels in the bathroom.	Es gibt keine Handtücher im Badezimmer.
I'll have some brought to you immediately.	Ich lasse sofort welche kommen.
Our towels haven't been changed today.	Man hat heute unsere Handtücher nicht ausgewechselt.
Could we have another pillow/ blanket?	Können wir noch ein Kopfkissen/ eine Bettdecke haben?
The TV isn't working.	Der Fernseher funktioniert nicht.
The telephone seems to be out of order.	Das Telefon scheint nicht zu funktionieren.

A: I don't like this room. It's too noisy. Do you think we could ask for a different one?
B: I'll call reception.
C: Hallo. Can I help you?
B: This is room 24. I'm afraid this room is too noisy for us. Do you have another room available?
C: Just a moment, I'll have a look. Yes, sir. Room 38 is free. It's very quiet and has a lovely view of the garden.
B: That sounds wonderful.

A: Ich mag dieses Zimmer nicht. Es ist zu laut. Fragen wir, ob wir ein anderes bekommen?
B: Ich rufe die Rezeption.
C: Hallo. Kann ich Ihnen helfen?
B: Zimmer 24 hier. Dieses Zimmer ist uns zu laut. Wäre noch ein anderes Zimmer frei?
C: Moment, ich schaue mal nach. Ja, Zimmer 38 ist frei. Es ist sehr ruhig und hat einen wunderschönen Blick auf den Garten.
B: Das klingt wunderbar.

A: Hallo, reception. This is room 24.
B: Yes, sir. Can I help you?
A: I'm afraid there are no towels in the bathroom.
B: I'm terribly sorry, sir. I'll have some brought to your room immediately. Is everything else all right?
A: Yes, thank you. If I want to make an outside call, do I have to dial 0 first?
B: That's correct, sir.
A: Thank you.

A: Hallo, Rezeption. Hier ist Zimmer 24.
B: Ja, kann ich Ihnen helfen?
A: Es sind keine Handtücher im Badezimmer.
B: Das tut mir sehr leid. Ich lasse sofort welche kommen. Ist sonst alles in Ordnung?
A: Ja, danke. Wenn ich eine Amtsleitung möchte, muss ich dann zuerst die 0 vorwählen?
B: Richtig.
A: Danke.

Breakfast is served at …
Das Frühstück wird um … serviert.

Lunch is served in the hotel restaurant from … till …
Das Mittagessen wird im Hotelrestaurant von … bis … serviert.

Dinner is served from …
Das Abendessen wird ab … serviert.

The bar is open from …
Die Bar ist ab … offen.

The rooms are cleaned every day.
Die Zimmer werden jeden Tag sauber gemacht.

All the rooms have air conditioning.
Alle Zimmer haben eine Klimaanlage.

There's a TV in every room.
In jedem Zimmer ist ein Fernseher.

There's a telephone in every room. Dial 0 for an outside line.

In jedem Zimmer ist ein Telefon. Wählen Sie die Vorwahl 0, um eine Amtsleitung zu bekommen.

If you have any problems, please call reception.

Wenn Sie Probleme haben, rufen Sie bitte die Rezeption an.

A: We're going to London next month.
Can you recommend a good hotel?

A: Wir fahren nächsten Monat nach London.
Können Sie uns ein gutes Hotel empfehlen?

B: The hotel we stayed at last year was very good. I'll give you the address.
A: Were the rooms clean?
B: Yes, the rooms were cleaned every morning and they changed the bed linen and towels every day, too.
A: Did you have a phone and TV in your room?
B: Yes, we did.
A: What was the food like?
B: Breakfast was served between 8 and 10 and you could choose between an English or continental breakfast.

B: Das Hotel, in dem wir letztes Jahr übernachtet haben, war sehr gut. Ich gebe Ihnen die Adresse.
A: Waren die Zimmer sauber?
B: Ja, die Zimmer wurden jeden Tag sauber gemacht und die Bettwäsche und die Handtücher wurden auch jeden Tag ausgewechselt.
A: Gab es in Ihrem Zimmer Fernseher und Telefon?
B: Ja.
A: Wie war das Essen?
B: Das Frühstück wurde zwischen 8 und 10 Uhr serviert und man konnte zwischen einem englischen und einem ‚kontinentalen' Frühstück wählen.

A: Did you eat dinner there, too?

A: Haben Sie auch dort zu Abend gegessen?

B: Not always.

B: Nicht jeden Abend.

Staying at a Bed and Breakfast

Unterkunft in einer Pension

Do you have a double/single room free?
Where's the bathroom?
Could we have dinner as well?

Haben Sie ein Doppel-/Einzelzimmer frei?
Wo ist das Bad?
Wäre es möglich, auch Abendessen zu bekommen?

Could we have full-board?

Können wir Vollpension haben?

What kind of breakfast do you offer?
Welche Art Frühstück bieten Sie an?

You can come and go whenever you like.
Sie können kommen und gehen wann Sie wollen.

Here are the keys to your room and the front door.
Hier sind die Schlüssel für Ihr Zimmer und die Eingangstür.

You need to be out by 10.30 and I open again at 5 in the afternoon.
Sie müssen bis 10.30 Uhr raus sein und können erst um 17.00 Uhr wiederkommen.

Das englische "Bed and Breakfast" wird oft auch einfach "B&B" abgekürzt. Diese Form der Übernachtung wird von vielen Privathaushalten, die freistehende Zimmer nutzen wollen, zu einem vergleichsweise günstigen Preis angeboten. Das enthaltene Frühstück kann variieren: von einem vollen English Breakfast mit Cornflakes oder verschiedenen Sorten Frühstückscerealien, Eiern, Würstchen, Toast mit Marmelade und natürlich Tee oder Kaffee bis zu einer sehr abgespeckten Version mit Cornflakes, Toast und Tee.

A: Do you have a double room free for a week?
B: Only until Friday.
A: How much would it cost?
B: £50 per person for five nights that would be 100 pounds altogether.
A: Could we have dinner as well?

B: I only do a snack in the evening. Bread and cold-cuts and tea. That's £3 extra per night per person.

A: OK, fine. We'll take it.
B: You can come and go whenever you want to, and the bathroom's at the end of the corridor.

A: Haben Sie für eine Woche ein Doppelzimmer frei?
B: Nur bis Freitag.
A: Wie viel würde das kosten?
B: 50 £ pro Person für fünf Nächte das wären insgesamt 100 Pfund.
A: Wäre es möglich, hier auch zu Abend zu essen?
B: Ich mache abends nur eine Kleinigkeit. Brot, Aufschnitt und Tee. Das kostet pro Person 3 £ extra pro Nacht.
A: Ist gut. Wir nehmen es.
B: Sie können kommen und gehen, wann Sie wollen, und das Bad ist am Ende des Flurs.

Staying at a (Youth) Hostel	Unterkunft in einer Jugendherberge
Youth Hostel Association	Jugendherbergswerk
youth hostelling card/YHA card	Jugendherbergsausweis
youth hostel warden	Herbergsmutter/-vater
I'd like to know if you have sleeping space for three people.	Ich würde gerne wissen, ob Sie Schlafplätze für drei Personen haben.
We would like to stay for six nights from tomorrow onwards.	Wir würden gerne sechs Nächte bleiben, von morgen an gerechnet.
Do I have to book in advance?	Muss ich im Voraus buchen?
Nightly rates are …	Pro Nacht kostet es …
We have got dorms (dormitories) with four or six beds.	Wir haben Schlafsäle/Zimmer mit vier oder sechs Betten.
Yes, we've got bunk-beds.	Ja, wir haben Etagenbetten.
The Youth Hostel is closed/closes between 10 a.m. and 6 p.m.	Die Jugendherberge ist zwischen 10 morgens und sechs Uhr abends geschlossen.
Our office is open all day.	Unser Büro ist den ganzen Tag geöffnet.
Backpackers welcome.	Rucksacktouristen sind willkommen.
You have to use the bed linen which the hostel provides.	Sie müssen/Du musst die Bettwäsche benutzen, die die Jugendherberge stellt.
Sheet rental is necessary.	Das Leihen von Bettwäsche ist notwendig.
Could I use my own sleeping bag?	Kann ich meinen eigenen Schlafsack benutzen?
The toilets and showers are at the end of the corridor/one floor up.	Die Toiletten und die Duschen sind am Ende des Ganges/einen Stock höher.
Could you tell me where the laundry and the drying room are?	Kannst du/können Sie mir sagen, wo die Waschküche und der Trockenraum sind?
The cooking facilities in the last hostel were dreadful.	Die Kochgelegenheiten in der letzten Jugendherberge waren grauenvoll.
Everybody is responsible for their own food.	Jeder ist für sein eigenes Essen verantwortlich.

The shared kitchen is a meeting place for all people.
Die Gemeinschaftsküche ist ein Ort, an dem sich alle treffen und kennen lernen.

Could I have the frying pan you're using at the moment when you're finished with it?
Könnte ich die Pfanne, die du gerade benutzt, bekommen, wenn du damit fertig bist?

I can't find a (suitable) pot/saucepan.
Ich kann keinen (passenden) Topf finden.

There were cases of theft in the hostel. Please lock up all your money and valuables or put them in our safe.
Es gab Fälle von Diebstahl in der Jugendherberge. Bitte schließen Sie/schließt Geld und Wertgegenstände ein oder geben Sie/gebt sie in unseren Safe.

Everybody has got duties in a youth hostel.
In einer Jugendherberge hat jeder Pflichten zu erledigen.

You must sweep the floor.
Du musst den Boden kehren.

You must vacuum the floor.
Du musst staubsaugen.

You must clean parts of the hostel.
Du musst Teile der Jugendherberge sauber machen.

You have kitchen duty. It's your turn.
Du hast Küchendienst. Du bist an der Reihe.

Die Übernachtung in einer Jugendherberge ist eine der preisgünstigsten Möglichkeiten, im Ausland zu übernachten. Es gibt jedoch nicht nur die Jugendherbergen, die dem offiziellen Jugendherbergswerk unterstehen, sondern auch private Unterkünfte, die ganz allgemein (Independent) Hostels oder Backpackers genannt werden und die im Allgemeinen noch billiger sind. Dort gibt es manchmal keine Herbergsleitung im Haus, sondern nur einen Verantwortlichen, der von Zeit zu Zeit vorbeikommt, um nach dem Rechten zu sehen und die Miete zu kassieren. Diese Hostels sind teilweise sehr einfach eingerichtet und bieten noch weniger Privatsphäre als die offiziellen Youth Hostels, sind jedoch eine gute Möglichkeit, schnell und problemlos junge Leute kennenzulernen.

A: I need a cheap accomodation. I'm broke. Could you recommend me a nice hostel?
A: Ich brauche eine billige Unterkunft. Ich bin pleite. Kannst du mir eine schöne Jugendherberge empfehlen?

B: Yes, I can. I stayed at a very clean and pleasant place two nights ago. But phone the warden to see if they aren't full.	B: Ja, kann ich. Vor zwei Nächten habe ich in einer Jugendherberge gewohnt, die sehr sauber und nett war. Aber rufe den Herbergsvater an, um zu sehen, ob sie nicht ausgebucht sind.
A: Yes, I will. It's always better to check.	A: Ja, das tu ich. Es ist immer besser, auf Nummer sicher zu gehen.
B: You will meet a lot of wonderful people there. And it's a great place to go on day trips. The area around the hostel is historically very interesting.	B: Du wirst dort viele wundervolle Menschen treffen. Und es ist ein großartiger Ort, um Tagesausflüge zu machen. Das Gebiet um die Jugendherberge herum ist historisch sehr interessant.
A: Thanks a lot for your help.	A: Vielen Dank für deine Hilfe.
B: Here's the address and the telephone number.	B: Hier ist die Adresse und die Telefonnummer.

Camping	**Zelten/Camping**
camping site/campground/campsite	Zeltplatz/Campingplatz
No camping!	Zelten verboten!
We would like to camp here. Have you got a nice pitch for us?	Wir würden hier gerne zelten. Haben Sie einen schönen Zeltplatz für uns?
How much is the daily camping rate?	Wie hoch ist die Tagesgebühr für das Zelten?
It's great sleeping outdoors!	Es ist großartig, draußen zu schlafen.
It's a way to get in touch with nature.	Es ist eine Möglichkeit, eine Verbindung zur Natur zu schaffen.
Do I need a permit to camp on the beach?	Brauche ich eine Genehmigung, um am Strand zu zelten?
Let's put up the tent.	Lasst uns das Zelt aufstellen.
Have you got our camping gear?	Hast du unsere Campingausrüstung?
Have you found the poles for our tent?	Hast du die Stangen zu unserem Zelt gefunden?

Have you by any chance got any spare tent pegs? I've lost two of mine.

Hast du eventuell Heringe, die du nicht brauchst, übrig? Ich habe zwei von meinen Heringen verloren.

Have you packed the mosquito repellent?

Hast du das Mückenspray eingepackt?

My backpack is really heavy. I have to carry all our food, my clothes and part of the tent.

Mein Rucksack ist wahnsinnig schwer. Ich muss unser Essen, meine Kleidung und einen Teil des Zeltes tragen.

Next time we'll hire a caravan. It's much more comfortable.

Nächstes Mal mieten wir einen Wohnwagen. Der ist viel bequemer.

Our pitch should have electricity for our caravan.

Unser Stellplatz sollte Elektrizität für unseren Wohnwagen haben.

A: Hello. We are the Burtons. That's our tent over there. We are almost neighbours!

A: Hallo. Wir sind die Burtons. Dort drüben das ist unser Zelt. Wir sind fast Nachbarn.

B: Hi. My name's Tom and that's my wife Caroline. We're just having dinner. Would you like to join us?

B: Hallo. Mein Name ist Tom und das ist meine Frau Caroline. Wir sind gerade beim Abendessen. Wollen Sie mitessen?

A: We'd love to. That looks really fabulous.

A: Sehr gerne. Das sieht wirklich lecker aus.

B: Caroline had no problems fixing a little dinner for us. Our caravan is fully equipped with a small kitchen and a nice little toilet and shower.

B: Caroline hatte keine Schwierigkeiten, ein kleines Abendessen für uns herzurichten. Unser Wohnwagen ist voll ausgestattet mit einer kleinen Küche und einer schönen kleinen Toilette und Dusche.

A: Later we could make a campfire and sing songs. And maybe we could roast some marshmallows over the open fire.

A: Später könnten wir ein Lagerfeuer machen und Lieder singen. Und vielleicht könnten wir auch einige Marshmallows über dem offenen Feuer rösten.

B: That sounds great!

B: Das hört sich großartig an!

Complaints	Beschwerden
I want to make a complaint.	Ich möchte mich beschweren.
Can I speak to the manager, please?	Ich möchte den Geschäftsführer sprechen.
I really must lodge a complaint about …	Ich muss mich über … beschweren.
It's very annoying.	Das ist sehr ärgerlich.
… is/are missing.	Es fehlt/fehlen …
… doesn't work.	… funktioniert nicht.
… is out of order.	… ist kaputt./… ist außer Betrieb.
… is faulty.	… ist defekt.
It's really not good enough.	Das ist einfach nicht ausreichend.
I'm just not satisfied with it.	Ich bin damit einfach nicht zufrieden.
I can't accept that.	Das kann ich nicht hinnehmen.
Would you mind …?	Würde es Ihnen etwas ausmachen …?
Could you possibly …?	Könnten Sie vielleicht …?

Auch wenn eine Beschwerde berechtigt ist, ist es üblich, sich höflich zu entschuldigen, bevor man sie vorträgt.

A: I'm very sorry, but I want to make a complaint. Can I speak to the manager, please?	A: Es tut mir leid, aber ich möchte mich beschweren. Kann ich bitte die Geschäftsführerin sprechen?
B: Yes, certainly. I'll get her for you.	B: Selbstverständlich. Ich hole sie.
A: I'm afraid that I really have to make a complaint. It's very annoying, but the heating doesn't work.	A: Ich möchte mich beschweren. Es ist sehr ärgerlich, dass die Heizung nicht funktioniert.
B: Oh, I'm terribly sorry. I'll see to it immediately!	B: Das tut mir schrecklich leid. Ich kümmere mich sofort darum.
A: I'm sorry, but could you possibly turn the music down a bit?	A: Entschuldige, aber würde es dir etwas ausmachen, die Musik ein bisschen leiser zu drehen?
B: Sorry! Have I been keeping you awake?	B: Tut mir leid! Habe ich dich wach gehalten?

A: Yes, and another thing – would you mind not using my toothpaste?

A: Ja, und noch etwas. Würdest du bitte nicht mehr meine Zahnpasta benutzen?

B: Oh, sorry.

B: Verzeihung!

Essen und Trinken

In a Café	Im Café
Do you have a table for two?	Haben Sie einen Tisch für zwei Personen?
Would you like to order?	Möchten Sie schon bestellen?
Could you bring me the menu, please?	Könnten Sie mir bitte die Karte bringen?
Anything else?	Möchten Sie sonst noch etwas?
We're out of soup.	Die Suppe ist leider aus.
Would you mind paying now?	Kann ich gleich kassieren?
Could I pay, please?	Kann ich bitte bezahlen?
I would like to pay please.	Ich würde bitte gerne zahlen.
Keep the change.	Stimmt so.
What would you like to drink?	Was möchtest du trinken?
Can I get you a tea?	Kann ich dir einen Tee holen?
How about something to eat?	Wie wär's mit etwas zu essen?
I wouldn't mind some cake.	Etwas Kuchen wäre nicht schlecht.

In England ist es nicht üblich, sich einfach zu anderen an den Tisch zu setzen. Besonders in Restaurants der gehobenen Klasse befindet sich im Eingangsbereich oft ein Schild mit der Aufschrift "Please Wait to be Seated" im Eingangsbereich. Man sucht sich dann nicht selber einen Platz, sondern wartet, bis man von einem Angestellten des Hauses an einen Tisch geführt wird. In preiswerteren Restaurants und Pubs sucht man sich dagegen selber einen freien Tisch.
Trinkgeld gibt man nur dann, wenn die Bedienung besonders freundlich war.
"Tea" heißt normalerweise „Tee mit Milch". Wenn Sie nur schwarzen Tee möchten, oder Tee mit Zitrone, müssen Sie das ausdrücklich bestellen.
Viele Cafes in Großbritannien haben Selbstbedienung.

A: Would you like to order?	A: Möchten Sie schon bestellen?
B: Could you bring me the menu, please?	B: Können Sie mir bitte die Karte bringen?
A: Here you are.	A: Bitte sehr!
B: I'd like a cheese roll and a cup of tea, please.	B: Ich möchte bitte ein Käsebrötchen und eine Tasse Tee.
A: Sorry, we're out of cheese rolls.	A: Tut mir leid, aber die Käsebrötchen sind aus.
B: I see. Then I'll have some toast and jam, please.	B: Ach so, dann hätte ich gerne etwas Toast mit Marmelade.
A: Here you are. Would you mind paying now, please, I'm on my lunch break now.	A: Bitte schön. Könnte ich bitte gleich kassieren? Ich mache jetzt Mittagspause.
B: Of course. How much is that altogether?	B: Natürlich. Was macht das alles zusammen?
A: £2.10.	A: 2,10 £.
B: Keep the change.	B: Stimmt so.
A: Thanks!	A: Danke!
A pot of tea for two, please.	Ein Kännchen Tee für zwei Personen, bitte.
Where is the cutlery?	Wo ist das Besteck?
Where are the napkins?	Wo sind die Servietten?
A roll and butter, please.	Ein Brötchen mit Butter, bitte.
I'd like a jacket potato.	Ich möchte eine Pellkartoffel.
I think I'll have a toasted sandwich.	Ich nehme ein getoastetes Sandwich.
What kind of toasted sandwiches have you got?	Was für getoastete Sandwiches gibt es?
I'll bring it to your table when it's ready.	Ich bringe es an Ihren Tisch, wenn es fertig ist.
I'll call you when it's ready.	Ich rufe Sie, wenn es fertig ist.
I think I'll have a cold drink.	Ich glaube, ich trinke etwas Kaltes.
I'd like an orange juice/an apple juice/a mineral water/a coke.	Ich möchte einen Orangensaft/einen Apfelsaft/ein Mineralwasser/eine Cola.
Would you like a cup of coffee or a pot?	Möchten Sie eine Tasse oder ein Kännchen Kaffee?
Shall we order a pot of coffee for two?	Lass uns ein Kännchen Kaffee für zwei Personen bestellen.
It's self-service here.	Hier ist Selbstbedienung.

Please take a tray.	Bitte nehmen Sie sich ein Tablett.
The trays are over there.	Die Tabletts sind dort drüben.
You can choose your own food.	Sie können Ihr Essen selbst aussuchen.
The assistant will give you your drinks.	Unsere Mitarbeiterin gibt Ihnen die Getränke.
Ask the assistant if you need any help.	Fragen Sie unsere Mitarbeiterin, wenn Sie Hilfe brauchen.
You have to pay at the cash desk.	Sie müssen an der Kasse bezahlen.
A: It's self-service here.	A: Hier ist Selbstbedienung.
B: OK. Let's take a tray.	B: In Ordnung. Nehmen wir ein Tablett.
A: Shall we have a jacket potato?	A: Wollen wir eine Pellkartoffel essen?
B: Yes, that's a good idea.	B: Gute Idee.
A: Can we have two jacket potatoes with cheese, please?	A: Zwei Pellkartoffeln mit Käse, bitte.
C: Certainly. I'll bring them to your table when they're ready.	C: Gerne. Ich bringe sie an Ihren Tisch, wenn sie fertig sind.
A: Thank you.	A: Danke.
C: Would you like anything to drink?	C: Möchten Sie etwas trinken?
A: Two mineral waters, please.	A: Zwei Mineralwasser, bitte.
C: There you are. You have to pay at the cash desk.	C: Bitte schön. Sie müssen an der Kasse bezahlen.
B: Where are the knives and forks?	B: Wo sind die Messer und Gabeln?
C: They're over there, madam.	C: Sie sind dort drüben, gnädige Frau.

In a Restaurant / **Im Restaurant**

I'd like to book a table, please.	Ich möchte bitte einen Tisch reservieren.
I've booked a table in the name of Smith.	Ich habe einen Tisch auf den Namen Smith reserviert.
Here's the menu.	Hier ist die Karte.
I would recommend …	Ich würde Ihnen … empfehlen.
Are you ready to order?	Haben Sie schon gewählt?

We haven't decided yet.	Wir haben uns noch nicht entschieden.
May I take your order now?	Möchten Sie jetzt bestellen?
What would you like to start with?	Was möchten Sie als Vorspeise?
I'll have the … please.	Ich nehme …
And for my wife/husband, the …	Und für meine Frau/meinen Mann …
And as a main course?	Und als Hauptgericht?
And as a side-dish?	Und als Beilage?
And for dessert?	Und als Nachtisch?
What would you like to drink?	Was möchten Sie trinken?
Could you bring us a bottle of …	Können Sie uns eine Flasche … bringen?
Could we have the bill, please?	Die Rechnung, bitte!
Could we pay please?	Können wir bitte bezahlen?
Did you enjoy your meal?	Hat es Ihnen geschmeckt?
Please keep the change.	Stimmt so, danke.
Have you been here before?	Waren Sie schon einmal hier?
It's one of my favourite restaurants.	Das ist eines meiner Lieblingsrestaurants.
What would you recommend?	Was würden Sie mir empfehlen?
It's a wonderful restaurant!	Das ist ein wundervolles Restaurant!
Allow me to pay.	Erlauben Sie mir zu bezahlen.
Thanks very much for inviting me.	Vielen Dank für die Einladung.

> *Auf Englisch heißt "thank you for inviting me" nicht „vielen Dank, dass Sie bezahlt haben", sondern schlicht und einfach „vielen Dank, dass Sie mit mir essen waren".*

A: Hello, I'd like to book a table for this evening, please.	A: Guten Tag, ich möchte bitte einen Tisch für heute Abend reservieren.
B: For what time?	B: Für wie viel Uhr?
A: Eight o'clock, for four people.	A: Für 20 Uhr, 4 Personen.
B: What name, please?	B: Auf welchen Namen, bitte?
A: Jones.	A: Jones.
B: That'll be fine. Goodbye.	B: Geht in Ordnung. Auf Wiederhören.

A: Good evening. I've booked a table in the name of Smith.	A: Guten Abend. Ich habe einen Tisch auf den Namen Smith reserviert.
B: Just one minute …Table No. four.	B: Einen Augenblick bitte …Tisch Nummer vier.
Would you come this way, please.	Kommen Sie bitte mit!
B: Here's the menu. I would recommend the duck.	B: Hier ist die Karte. Ich würde Ihnen die Ente empfehlen.
A: Are you ready to order?	A: Haben Sie schon gewählt?
B: No, we haven't decided yet.	B: Nein, wir haben uns noch nicht entschieden.
A: May I take your order now?	A: Möchten Sie jetzt bestellen?
B: Yes, please.	B: Ja bitte.
A: What would you like to start with?	A: Was möchten Sie als Vorspeise?
B: We'll have the soup of the day.	B: Wir hätten gerne die Tagessuppe.
A: And as a main course?	A: Und als Hauptgericht?
B: I'll have the fish, and my husband will have the beef.	B: Ich nehme den Fisch und mein Mann das Rindfleisch.
A: And as a side-dish?	A: Und als Beilage?
B: Potatoes for both of us, please.	B: Kartoffeln für uns beide, bitte.
A: And for dessert?	A: Und als Nachtisch?
B: Just fruit, please.	B: Nur etwas Obst, bitte.
A: Fine. And what would you like to drink?	A: Sehr wohl. Und was möchten Sie trinken?
B: We'll take a bottle of Burgundy, thanks.	B: Wir nehmen eine Flasche Burgunder.
A: Which vintage?	A: Welchen Jahrgang?
B: 1987, please.	B: Den 1987er, bitte.
A: Have you been here before?	A: Waren Sie schon mal hier?
B: Oh yes, often! It's one of my favourite restaurants.	B: Ja, schon oft! Das ist eines meiner Lieblingsrestaurants.
A: What would you recommend?	A: Was würden Sie mir empfehlen?
B: Well, I normally take the chicken but the vegetarian food is also very good.	B: Also ich nehme normalerweise das Huhn, aber die vegetarischen Gerichte sind auch sehr gut.
A: The chicken sounds good.	A: Das Huhn hört sich gut an.
B: Let me order for you.	B: Lassen Sie mich bestellen!

A: Could we have the bill, please? B: Of course. Did you enjoy your meal? A: Yes, it was delicious!	A: Die Rechnung, bitte! B: Natürlich. Hat es Ihnen geschmeckt? A: Ja, es hat uns sehr gut geschmeckt.
B: That will be £28.54 altogether, please. A: Here's £30. Please keep the change. B: Thank you very much! Enjoy your evening. A: Good bye.	B: Das macht dann zusammen 28,54 £. A: Hier sind 30 £. Stimmt so, danke. B: Vielen Dank. Einen schönen Abend noch. A: Auf Wiedersehen.
B: Please allow me to pay! A: Thank you. And thank you very much for inviting me. I've had a lovely evening. B: It was my pleasure!	B: Erlauben Sie mir zu bezahlen! A: Danke. Und vielen Dank für die Einladung. Der Abend hat mir sehr gefallen. B: Es war mir ein Vergnügen.
I think there must be some mistake.	Ich glaube, hier stimmt etwas nicht.
I ordered … not …	Ich habe … bestellt, nicht …
The service here is very good/bad/ really terrible.	Der Service hier ist sehr gut/ schlecht/wirklich schrecklich.
Would you mind taking our order?	Können wir bitte bestellen?
We've already been waiting …	Wir warten schon seit …
I'm sure you're doing your best but we've already been waiting twenty minutes for our meal.	Ich bin sicher, dass Sie Ihr Bestes tun, aber wir warten schon seit zwanzig Minuten auf unser Essen.
Just a moment. I'm afraid we're very busy today.	Einen Moment, bitte. Bei uns ist heute sehr viel los.
I'll be right there.	Ich komme gleich zu Ihnen.
I'll check your order.	Ich überprüfe noch einmal Ihre Bestellung.
Are you going to give him/her a tip?	Gibst du ihm/ihr ein Trinkgeld?
A: Waiter! Could you take our order, please? B: Just a moment. I'm afraid we're very busy today.	A: Herr Ober! Können wir bitte bestellen? B: Einen Moment bitte. Bei uns ist heute sehr viel los.

A: I'm sure it's not your fault but we've already been waiting twenty minutes.
B: I'll be right there.

A: Ich bin sicher, es ist nicht Ihre Schuld, aber wir warten schon seit zwanzig Minuten.
B: Ich komme gleich.

B: There you are.
A: I'm afraid there must be some mistake. We ordered steaks, not lamb chops.
B: Really! I'll go and check your order.

B: Bitte schön.
A: Hier stimmt etwas nicht. Wir haben Steaks und nicht Lammkoteletts bestellt.
B: Ich überprüfe noch mal Ihre Bestellung.

A: The service here is really terrible.

A: Der Service hier ist wirklich schrecklich.

C: Are you going to give him a tip?
A: Certainly not.

C: Gibst du ihm ein Trinkgeld?
A: Bestimmt nicht.

In manchen Restaurants gibt es einige neue Trends:
Freundliche Kellner und Kellnerinnen: Seien Sie nicht überrascht, wenn Sie mit einem freundlichen "Hi, I'm Nick. I'll be your waiter this evening" begrüßt werden.
Salad bars: Ihr freundliche(r) Kellnerin/Kellner wird Sie vielleicht mit den Worten "Visit the salad bar" auf die Salatbar hinweisen, an der Sie zwischen vielerlei Gemüse, Obst, Käse und ähnlichem wählen können.
Smoking sections: Wenn man im Restaurant ankommt oder telefonisch einen Tisch reserviert, wird man heútzutage gefragt, ob man in einem 'smoking' (Raucher) oder 'non-smoking' (Nichtraucher) Bereich sitzen möchte.

Do help yourself to fruit, salad and bread from our salad bar.
Would you like a starter?
Would you like some soup?
There's a choice of …
Would you like to look at the menu again to choose a dessert?

Would you like a coffee?

Bedienen Sie sich bitte an unserer Salatbar.
Möchten Sie eine Vorspeise?
Möchten Sie eine Suppe?
Es gibt eine Auswahl von …
Möchten Sie noch mal die Speisekarte haben, um einen Nachtisch auszusuchen?
Möchten Sie einen Kaffee?

Would you like a refill?

Kann ich Ihnen noch einmal nachschenken?

A: Hi, I'm Nick. I'll be your waiter this evening. What would you like to drink?
B: Two lagers, please.
A: Here's the menu. I'll be back in a moment with your drinks and to take your order.

A: Hallo, ich heiße Nick. Ich werde Sie heute Abend bedienen. Was möchten Sie trinken?
B: Zwei Bier, bitte.
A: Hier ist die Speisekarte. Ich komme gleich mit Ihren Getränken und nehme Ihre Bestellung auf.

A: Would you like to order now?
B: Yes, please. We'll have the grilled lamb chops.
A: What kind of potatoes would you like? There's a choice of jacket potatoes, new potatoes or chips.

A: Möchten Sie jetzt bestellen?
B: Ja, bitte. Wir nehmen die gegrillten Lammkoteletts.
A: Was für Kartoffeln möchten Sie dazu? Sie können zwischen Pellkartoffeln, Salzkartoffeln oder Pommes Frites wählen.

B: Jacket potatoes, please.
A: Fine. Please help yourself to salad, fruit or bread from our salad bar while you're waiting.

B: Pellkartoffeln, bitte.
A: Sehr wohl. Während Sie warten, können Sie sich gerne an unserer Salatbar bedienen.

A: I hope you enjoyed your meal?
B: Very much! Can we have the menu again to choose a dessert?

A: Hat es Ihnen geschmeckt?
B: Sehr gut! Können wir noch mal die Speisekarte haben, um einen Nachtisch auszusuchen?

A: Would you like some coffee?
B: Yes, please. Two coffees with cream.
A: Would you like a refill?

B: Yes, that would be nice.

A: Möchten Sie Kaffee?
B: Ja. Zwei Kaffee mit Sahne, bitte.
A: Kann ich Ihnen noch einmal Kaffee nachschenken?
B: Ja, das wäre sehr nett.

Eating at Home

Zu Hause essen

Can I set the table?
Where are the plates and the cutlery?

Kann ich den Tisch decken?
Wo sind die Teller und das Besteck?

Where is a tablecloth?	Wo ist eine Tischdecke?
Do we need any wine glasses?	Brauchen wir Weingläser?
Don't eat any sweets before the meal!	Iss keine Süßigkeiten vor dem Essen!
Dinner's ready!	Es ist angerichtet/Das Essen ist fertig!
It looks/smells delicious.	Es sieht lecker aus/Es riecht lecker.
It tastes delicious!	Es schmeckt wunderbar.
Another piece of …?	Noch ein Stück …?
You must have some more …	Du muss noch etwas … nehmen!
Can't I tempt you?	Kann ich dich überreden?
Well, OK. If you insist!	Na gut. Wenn du darauf bestehst!
I really can't. I'm so full!	Ich kann wirklich nicht mehr. Ich bin so satt!
I'd love to, but I'm on a diet.	Ich würde gerne, aber ich mache gerade Diät.
You'll eat what you're given.	Es wird gegessen, was auf den Tisch kommt.
I'll clear the table.	Ich räume den Tisch ab.
Let me help with the dishes.	Lass mich beim Abwasch helfen.
Please do the washing-up/do the dishes tonight. It's your turn.	Mach du bitte heute Abend den Abwasch. Du bist an der Reihe.
The dishcloth and the washing-up liquid are near the sink.	Das Spültuch und das Spülmittel sind neben der Spüle.
You wash and I dry.	Du spülst und ich trockne ab.
Where is a tea towel/dish towel?	Wo ist ein Abtrockentuch?
I think a dishwasher is very practical.	Ich finde eine Spülmaschine sehr praktisch.

In englischen Familien wartet man fast immer, bis allen serviert worden ist, bevor man selber zu essen beginnt. In manchen Familien wird vor dem Essen "Grace" (das Tischgebet) gesagt.
Im Englischen gibt es keine Entsprechung des deutschen „Guten Appetit". Manchmal hört man "Dig in" (wortwörtlich „Grabt rein"), was aber sehr umgangssprachlich ist oder ein kurzes "Enjoy your meal" („Genießen Sie Ihr/Genießt das Essen").

Die Namen für die verschiedenen britischen Mahlzeiten sind manchmal etwas verwirrend. Frühstück heißt immer "breakfast", aber Mittagessen kann entweder "lunch" oder "dinner" heißen. Weil die Kinder in England später von der Schule nach Hause kommen, gibt es in manchen Familien einen "afternoon tea" gegen 16 Uhr. Das Abendessen, normalerweise die Hauptmahlzeit des Tages, heißt dann "dinner" oder in manchen Familien sogar "tea". Manchmal wird gegen 21 Uhr ein "supper" eingenommen, ein kleiner Imbiss, der oft von warmer Milch oder Kakao begleitet wird.

A: Can I set the table?	A: Kann ich den Tisch decken?
B: No, I'll have it done in no time.	B: Nein, ich mach das schon.
A: Dinner's ready!	A: Es ist angerichtet!
B: Oh, it smells wonderful!	B: Das riecht aber lecker!
A: Another piece of meat?	A: Noch ein Stück Fleisch?
B: No, thank you. I just couldn't eat anymore!	B: Nein, danke. Ich kann wirklich nicht mehr.
A: Can't I tempt you?	A: Kann ich dich wirklich nicht überreden?
B: Well, OK. For you.	B: Na gut. Dir zuliebe!
A: I'll clear the table.	A: Ich räume den Tisch ab.
B: No, no, I'll do that.	B: Nein, nein, ich mach das schon.
A: Let me help with the dishes, then.	A: Lass mich aber beim Abwasch helfen!
B: OK, then. If you insist.	B: O.K., wenn du darauf bestehst!

Cooking	**Kochen**
Do you use cook books for your cooking or do you improvise?	Benutzen Sie/Benutzt du Kochbücher oder improvisieren Sie/improvisierst du?
I only use fresh ingredients.	Ich benutze nur frische Zutaten.
All dishes should be nutritionally well balanced and healthy.	Alle Gerichte sollen von ihrem Nährwert her ausgewogen und gesund sein.
In my garden I grow my own vegetables and herbs.	Ich baue mein eigenes Gemüse und meine eigenen Kräuter in meinem Garten an.

I grow potatoes, onions, tomatoes, capsicum/pepper, cucumber and cauliflower.
I buy the mushrooms and the garlic at the greengrocer's.
I use a lot of spices in my dishes. My favourites are pepper, chilli powder, ground ginger, cinnamon and cloves.

Ich baue Kartoffeln, Zwiebeln, Tomaten, Paprika, Gurken und Blumenkohl an.
Ich kaufe die Pilze und den Knoblauch beim Gemüsehändler.
Ich benutze in meinen Speisen viele Gewürze. Meine Lieblingsgewürze sind Pfeffer, Chilipulver, gemahlener Ingwer, Zimt und Gewürznelken.

Sometimes the food is too hot even for my taste.

Manchmal ist das Essen sogar für meinen Geschmack etwas zu scharf.

I buy my eggs and meat like poultry and pork from a farmer in the neighbourhood.

Ich kaufe meine Eier und Fleisch wie Geflügel oder Schweinefleisch von einem Bauern in der Nachbarschaft.

The starter/First course is always a soup. Sometimes it is chicken/beef broth and sometimes I make vegetable soups.
We always eat a salad with our dinner. Usually I put in some lettuce, tomatoes and cucumber.

Die Vorspeise ist immer eine Suppe. Manchmal ist es Hühner-/Rinderbrühe und manchmal mache ich Gemüsesuppe.
Wir essen immer einen (gemischten) Salat zu unserem Abendessen. Normalerweise tue ich etwas grünen/Kopfsalat, Tomaten und Gurken hinein.

Meat pies are an English speciality but some foreigners don't like them.
A traditional Sunday roast consists of a roast beef, jacket potatoes and mixed vegetables like peas, carrots and green beans.

Fleischpasteten sind eine englische Spezialität, aber einige Ausländer mögen sie nicht.
Der traditionelle Sonntagsbraten besteht aus Rinderbraten, (im Ofen in der Schale) gebackenen Kartoffeln und verschiedenen Gemüsesorten wie Erbsen, Karotten und grünen Bohnen.

Making the gravy is the job of my husband. He thickens it with some flour and cream and seasons it to his own taste.

Die Bratensoße zu machen ist die Aufgabe meines Mannes.
Er bindet sie mit etwas Mehl und Sahne und schmeckt sie nach seinem Geschmack ab.

Sometimes I even bake my own bread in the oven.
Manchmal backe ich sogar mein eigenes Brot im Ofen.

You should use up the minced meat/ mince on the day of purchase.
Man sollte Hackfleisch am Tag des Kaufs aufbrauchen.

Today pasta dishes are very popular with young people.
Heutzutage sind Nudelgerichte sehr beliebt bei jungen Leuten.

Could you let me have the recipe for this dish? It was marvellous!
Würden Sie mir das Rezept für dieses Gericht verraten? Es war fabelhaft!

Je nachdem, ob von den Tieren oder von dem jeweiligen Fleisch die Rede ist, werden im Englischen unterschiedliche Begriffe gebraucht: "pig" (Schwein), aber "pork" (Schweinefleisch), "calf" (Kalb), aber "veal" (Kalbfleisch) und "cow" (Rind), aber "beef" (Rindfleisch). Anders verhält es sich bei Geflügel wie dem Huhn ("chicken") oder dem Truthahn ("turkey").

A: Thank you for the invitation. Your husband said that you will do the cooking.
A: Danke für die Einladung. Ihr Ehemann sagte, dass Sie kochen werden.

B: Yes, I do. I love to cook for guests. It's more challenging than just cooking pasta and tomato sauce day in and day out for the children.
B: Ja, so ist es. Ich liebe es, für Gäste zu kochen. Es eine größere Herausforderung als tagein, tagaus immer nur Nudeln mit Tomatensoße für die Kinder zu kochen.

A: Is it still a secret or will you reveal what we'll have for dinner tonight now?
A: Ist es noch ein Geheimnis oder werden Sie jetzt verraten, was wir heute Abend essen werden?

B: It's no secret at all. I love mediterranean cooking, so I've chosen a fish soup as a starter, then chicken and avocado salad, spinach lasagne and stuffed peaches for dessert.
B: Es ist kein Geheimnis. Ich liebe die Mittelmeerküche, also habe ich eine Fischsuppe als Vorspeise und dann einen Salat mit Huhn und Avocado, Spinatlasagne und gefüllte Pfirsiche als Nachspeise ausgesucht.

A: This sounds mouth-watering. I'm really looking forward to eating all this.
A: Mir läuft das Wasser im Mund zusammen. Ich freue mich sehr darauf, all das zu essen.

B: You don't have to wait any longer. It's ready.
B: Sie müssen nicht länger warten. Es ist fertig.

Tea-time	Nachmittagstee
Would you like a cup of tea?	Möchtest du eine Tasse Tee?
Could you get the tea bags and the teapot, please?	Würdest du bitte die Teebeutel und die Teekanne holen?
Please, put on the kettle. I'd like some tea.	Bitte schalte den Wasserkocher/ Teekessel an. Ich hätte gerne einen Tee.
How do you like your tea?	Wie trinkst du deinen Tee?
With milk/White?	Mit Milch?
Without milk/Black?	Ohne Milch/Schwarz?
With/Without sugar?	Mit/Ohne Zucker?
Strong and milky, please.	Stark mit viel Milch, bitte.
How many sugars?	Wie viel Zucker?
With one/two sugars.	Mit einem/zwei Löffeln Zucker.
I've even got some (sweet) biscuits to go with our tea.	Ich habe sogar etwas Teegebäck zum Tee.
How about going to a tea-room for tea?	Ich würde vorschlagen, auf einen Tee in eine Teestube zu gehen.

Tee ist nach wie vor das Getränk Nummer eins in Großbritannien. Der Durchschnittsbürger trinkt etwa vier Tassen am Tag. Tee wird generell mit Milch und oft auch mit Zucker getrunken. "Tea" heißt immer „schwarzer Tee"; jede andere Teesorte wird ausdrücklich benannt, z. B. "herbal tea" (Kräutertee) oder "Chinese Tea" (Grüner Tee). Will man fragen, ob jemand einen Tee möchte, sagt man normalerweise "Would you like a tea/some tea/a cup of tea?" und niemals "Do you like tea?", denn das hieße „Mögen Sie überhaupt Tee?".

Man sollte sich auch merken, dass es "a cup of tea" und nicht "a cup tea" heißt. Eine Besonderheit bildet der sogenannte "cream tea". Es ist keine besondere Teesorte, sondern eine bestimmte Form des nachmittäglichen Teegenusses. Der Tee wird dabei mit einem englischen Gebäck gegessen. Diese "scones", einfache kleine süße Küchlein, werden traditionellerweise wie ein Brötchen aufgeschnitten und mit Erdbeermarmelade und geschlagener Sahne (in einigen ländlichen Gebieten im Südwesten Englands bekommt man "clotted cream", eine besonders fette Sahne) bestrichen.

A: Would you like a cup of tea?
B: Yes, I'd love one!
A: How do you like your tea?
B: With milk and two sugars, please.

A: Here you are!
B: Oh, lovely. Thanks!

A: Möchtest du eine Tasse Tee?
B: Ja, gerne!
A: Wie trinkst du deinen Tee?
B: Mit Milch und zwei Löffeln Zucker, bitte.
A: Bitte schön!
B: Wunderbar. Danke!

In a Pub

What would you like?
What's it to be?
What'll you have?
I'd like a beer, please.
I'll have a pint of bitter/lager.
I'll have a half pint of cider.

I'd like a gin and tonic, please.
I'd like a glass of red/white wine, please.
Do you have anything to eat?
We've got crisps and peanuts.
I'll have two packets, please.
Here's to you!
Do you serve snacks?
We've got a variety of sandwiches and pies.
Do you serve hot meals, too?
No, I'm afraid we don't.
Yes, of course. Today we've got …

In einer Kneipe

Was möchten Sie?
Was möchten Sie?
Was möchten Sie?
Ein Bier, bitte.
Ich hätte gern ein Bier.
Ich hätte gerne ein halbes Pint Apfelwein.
Einen Gin-Tonic, bitte.
Ein Glas Rotwein/Weißwein, bitte.

Haben Sie auch etwas zu essen?
Wir haben Chips und Erdnüsse.
Ich nehme zwei Tüten.
Auf Ihr/dein Wohl!
Verkaufen Sie Snacks?
Wir haben eine große Auswahl von Sandwiches und Pasteten.
Kann man hier auch warm essen?
Nein, leider nicht.
Ja, natürlich. Heute gibt es …

In den englischen Kneipen, den "Pubs" (public houses), gibt es seit November 2005 keine offizielle Sperrstunde mehr.
Mit "Last orders, please!" kündigt der Wirt an, dass er zum letzten Mal an diesem Abend Bestellungen entgegen nimmt.
Mit "Time, please!" erinnert er daran, dass der Pub bald geschlossen wird, und man deshalb austrinken und nach Hause gehen soll.

Getränke wie Bier oder Cider (Apfelwein) werden normalerweise in "pint"-Gläsern ausgeschenkt. Ein pint entspricht dabei 0,57 Liter. Für Damen gibt es jedoch auch "halfpint"-Gläser, da teilweise noch die Auffassung herrscht, dass es für Frauen „undamenhaft" sei, das Getränk in pint-Maßen zu trinken. Die junge Generation hält sich heutzutage nicht mehr an diese Tradition. "A half pint of …" wird normalerweise dann bestellt, wenn man nicht so viel trinken will, wobei es viele englische Männer gegen ihre Ehre ansehen würden, ein "half pint" zu trinken.

Zum Bier, Cider oder Wein gibt es in einem Pub viele Knabbereien. Es ist zu beachten, dass die „deutschen" Chips in Großbritannien "crisps" heißen und in vielen Variationen zu haben sind. In den letzten Jahren sind einige der britischen Geschmacksrichtungen auch auf den deutschen Markt gekommen, in Großbritannien gibt es jedoch eine weit größere Vielfalt. Einige sind jedoch für unverdorbene europäische Gaumen eher unschmackhaft. Erdnüsse ("peanuts") gibt es in den Pubs normalerweise in zwei Versionen: "salted" und "dry roasted", wobei letztere nicht gesalzen sind und daher den Durst nicht ständig noch weiter in die Höhe treiben.

A: What would you like?	A: Was möchten Sie?
B: I'd like a beer and a glass of red wine, please.	B: Ein Bier und einen Rotwein, bitte.
A: That's £2.50, please.	A: Das macht 2,50 £.
B: Have you got anything to eat?	B: Haben Sie auch etwas zu essen?
A: Only crisps and peanuts.	A: Nur Chips und Erdnüsse.
B: I'll have a packet of crisps, please.	B: Ich nehme eine Tüte Chips.
A: Which flavour?	A: Welche Sorte/Geschmacksrichtung?
B: Salt and vinegar, please.	B: Salz und Essig, bitte.
A: That's £3 altogether.	A: Das macht alles zusammen 3 £.

Ein britischer "pub" hat normalerweise eine "saloon bar", die bequem und schön eingerichtet ist, und eine rustikalere "public bar". In der "public bar" ist die Einrichtung einfacher, und oft wird "a game of darts" gespielt.

What kind of pubs do you like?	Was für Pubs gefallen Ihnen?
I prefer old country pubs.	Ich ziehe die alten Pubs auf dem Land vor.
I like big, modern pubs where there's plenty of loud music.	Mir gefallen große, moderne Pubs mit viel lauter Musik.
Do you fancy a game of darts?	Hast du Lust auf eine Runde Darts?
Shall we go in the public bar?	Gehen wir in die 'public bar'?
There's a game of darts going on in the public bar.	In der Bar wird gerade eine Runde Darts gespielt.
Let's have our drinks in the saloon bar.	Lass uns etwas in der 'saloon bar' trinken.
What about going on a pub-crawl?	Wie wäre es mit einer Kneipentour?
I'll buy the first round.	Die erste Runde geht auf mich.
You're on!	Ich nehme dich beim Wort.

Ein "pub-crawl" ist eine Kneipentour, bei der man ein Pub nach dem anderen besucht und in jedem etwas trinkt.

A: Shall we go for a drink this evening?	A: Gehen wir heute Abend etwas trinken?
B: Good idea. Which pub shall we go to?	B: Gute Idee. In welchen Pub wollen wir gehen?
A: Would you like to go to that new one in High Street?	A: Möchten Sie in den neuen Pub in der High Street?
B: No, the music is always too loud there. I'd prefer to drive out to a country pub.	B: Nein, dort ist die Musik immer zu laut. Ich würde lieber zu einem Pub auf dem Land fahren.
A: Where shall we have our drinks – in the saloon bar or in the public bar?	A: Wo sollen wir etwas trinken – in der 'saloon bar' oder in der 'public bar'?
B: Let's go in the saloon bar. There's always a game of darts going on in the public bar.	B: Lass uns in die 'saloon bar' gehen. In der 'public bar' läuft immer eine Runde Darts.
A: Don't you fancy a game of darts, then?	A: Hast du keine Lust, Darts zu spielen?

B: No, I just want a quiet drink.	B: Nein, ich möchte nur in Ruhe etwas trinken.
A: What about going on a pub-crawl with the lads this Saturday?	A: Wie wäre es, wenn wir diesen Samstag mit ein paar Kumpeln eine Kneipentour machen würden?
B: I haven't been on a Saturday night pub-crawl for ages.	B: Ich bin seit Ewigkeiten nicht mehr samstagsabends um die Häuser gezogen.
A: Let's start at the Red Lion.	A: Fangen wir beim 'Red Lion' an.
B: O.K., I'll buy the first round.	B: In Ordnung. Die erste Runde geht auf meine Kosten.
A: You're on!	A: Ich nehme dich beim Wort!

Post, Bank und Geld

At the Post-Office	**Auf der Post**
Is there a post-office near here?	Gibt es hier in der Nähe eine Post?
I'd like to send these letters to … please.	Ich möchte diese Briefe nach … schicken.
How much does it cost to send a letter/parcel to …?	Wie viel kostet ein Brief/ ein Paket nach …?
I'll have to weigh it.	Ich muss es erst einmal wiegen.
airmail	Luftpost
I'd like two 40 pence stamps, please.	Ich hätte gern zwei Briefmarken zu 40 Pence.
Do you have any special-issue stamps?	Haben Sie auch Sondermarken?
I'd like to register this letter/ send this letter express.	Diesen Brief bitte per Einschreiben/als Eilbrief.
A postal/money order, please.	Eine Postanweisung/Zahlkarte, bitte.
Can I withdraw money from my post-office savings book?	Kann ich Geld von meinem Postsparbuch abheben?
Are there any letters for me?	Ist Post für mich da?
You'll have to fill in this customs declaration form.	Sie müssen diese Zollbescheinigung ausfüllen.

I would like to have my mail forwarded.	Ich möchte meine Post nachsenden lassen.
I'd like to send a telegram, please.	Ich möchte bitte ein Telegramm aufgeben.
What do ten words cost?	Was kosten zehn Wörter?

"Postal orders" sind Postanweisungen mit Vordruck über bestimmte Beträge, die man bei jedem Postamt in Großbritannien kaufen kann. Sie werden vom Empfänger bei seinem Postamt eingelöst. Größere Beträge werden mit so genannten "money-orders" überwiesen.
Im Englischen kürzt man "Post-Office" nie mit „Post" ab. Die übliche Abkürzung ist "the PO".

A: What does a parcel to New York cost?	A: Was kostet ein Paket nach New York?
B: It depends. Airmail or surface mail?	B: Es kommt darauf an. Mit Luftpost oder normaler Post?
A: Airmail, please.	A: Mit Luftpost, bitte.
B: I'll have to weigh it first. That will be £4.50, please. And you'll have to fill out this customs form.	B: Ich muss es erst einmal wiegen. Das macht 4,50 £, bitte. Und Sie müssen diese Zollbescheinigung ausfüllen.
A: And I'd like three 50 pence stamps, too, please.	A: Und ich hätte gerne noch drei Briefmarken zu 50 Pence.
B: Here you are. That's £6 exactly.	B: Bitte schön. Das macht genau 6 £.
A: How long does a parcel to New York take?	A: Wie lange braucht ein Paket nach New York?
B: About four days.	B: Ungefähr vier Tage.
A: How much is this registered letter to Germany, please?	A: Was kostet dieses Einschreiben nach Deutschland, bitte?
B: I'll check … that's £2. Anything else?	B: Ich sehe nach … das macht 2 £. Noch etwas?
A: Yes, please. Half a dozen airmail labels and a book of stamps.	A: Ja. Bitte sechs Luftpostetiketten und ein Briefmarkenheft.
B: That's £8.25, please.	B: Das macht dann bitte 8,25 £.

Changing Money	**Geldumtausch**
Where can I change money?	Wo kann ich Geld umtauschen/ wechseln?
Is there a bank near here?	Gibt es eine Bank hier in der Nähe?
Is there a Bureau de Change near here?	Gibt es eine Wechselstube hier in der Nähe?
I'd like to change 100 euros into … please.	Ich möchte bitte 100 Euro in … wechseln.
How much do I get for …	Wie viel bekomme ich für …
How would you like it?	Wie möchten Sie das Geld haben?
What's the rate of exchange?	Wie ist der Wechselkurs?
Some small change too, please.	Bitte auch etwas Kleingeld.
I'd like to cash this cheque/ traveller's check, please.	Ich möchte diesen Scheck/ Reisescheck einlösen.
I'd like a receipt, please.	Ich hätte gern eine Quittung.
The rate of exchange is …	Der Wechselkurs ist …
We charge 3% commission.	Wir verlangen 3% Provision.
… less 3% commission.	… minus 3% Provision.
Sign here, please.	Bitte unterschreiben Sie hier.
Could I have your signature, please?	Bitte unterschreiben Sie.
Is there a cash dispenser near here?	Gibt es einen Geldautomaten hier in der Nähe?
Could you tell me where the nearest cash dispenser/ATM is?	Können Sie mir sagen, wo der nächste Geldautomat ist?

In Großbritannien ist es nicht üblich, in Geschäften oder auf der Bank beim Betreten und Verlassen automatisch zu grüßen oder sich zu verabschieden.
Man sagt "Hello" oder "Goodbye" nur in kleineren Läden, oder wenn man den Verkäufer oder Bankangestellten schon ziemlich gut kennt.

A: Excuse me, could you tell me where I can change some money?	A: Entschuldigen Sie, können Sie mir sagen, wo ich Geld umtauschen kann?

B. There's a Bureau de Change around the corner.
A: Thanks very much.
A: I'd like to change 100 euro into pounds, please.
What's the rate of exchange?
B: The rate of exchange is … to the pound less three per cent commission.
How would you like it?
A: Two twenties and some small change, please.
And could you give me a receipt?
B: Of course. Here you are.

B: Es gibt eine Wechselstube um die Ecke.
A: Vielen Dank!
A: Ich möchte bitte 100 Euro in Pfund wechseln. Wie steht der Wechselkurs?
B: Der Wechselkurs steht bei … minus drei Prozent Provision.
Wie möchten Sie es haben?
A: Zwei Zwanzig-Pfund-Scheine und den Rest in Kleingeld, bitte.
Und ich hätte gern eine Quittung.
B: Natürlich. Bitte schön!

A: I'd like to cash this traveller's cheque, please.
B: Do you have identification on you?
A: Sorry?
B: Your passport, for example.
A: Oh, yes. Here you are.
B: Sign here, please … Here's your money.

A: Ich möchte bitte diesen Reisescheck einlösen.
B: Haben Sie einen Ausweis dabei?
A: Wie bitte?
B: Ihren Pass zum Beispiel.
A: Ach so, ja. Bitte schön!
Bitte unterschreiben Sie hier …
Und hier ist Ihr Geld.

Opening an Account

I'd like to open an account, please.
I'd like to pay in 100 euros, please.
Certainly.
Of course.
Please fill in this form.

We'll need some form of identification.
Please sign here.
We'll send your bank-book by post.

You can pick up your bank-book here.

Ein Konto eröffnen

Ich möchte ein Konto eröffnen.
Ich möchte 100 Euro einzahlen.
Gerne.
Natürlich.
Bitte füllen Sie dieses Formular aus.
Wir benötigen einen Ausweis von Ihnen.
Bitte unterschreiben Sie hier.
Wir schicken Ihnen Ihr Sparbuch zu.
Sie können Ihr Sparbuch hier abholen.

It should take around a week.	Es wird etwa eine Woche dauern.
to withdraw money	Geld abheben
to deposit money/pay money in	Geld einzahlen
Banking hours are …	Die Banköffnungszeiten sind …
to pay by banker's order	einen Dauerauftrag einrichten
to pay by direct debit	abbuchen lassen
amount	Betrag
to receive cash	Bargeld erhalten
bank note	Geldschein
interest	Zinsen
rate of interest/interest rate	Zinssatz

A: I'd like to open an account, please.	A: Ich möchte bitte ein Konto eröffnen.
B: Certainly! How much would you like to pay in?	B: Gerne. Wie viel möchten Sie einzahlen?
A: 100 euros, please.	A: 100 Euro.
B: Please fill in this form . . . and we'll need some form of identification. Do you have your passport with you?	B: Bitte füllen Sie dieses Formular aus … und wir bräuchten einen Ausweis. Haben Sie Ihren Pass dabei?
A: Yes, here you are.	A: Ja, bitte sehr.
B: Fine. Please sign here.	B: In Ordnung. Bitte unterschreiben Sie hier.
We'll send you your bank-book by post. It should take about a week.	Wir schicken Ihnen Ihr Sparbuch zu. Es wird ungefähr eine Woche dauern.
A: When can I withdraw or deposit money?	A: Wann kann ich Geld abheben oder einzahlen?
B: Banking hours are from 9.30 in the morning to 3.30 in the afternoon, Monday to Friday.	B: Unsere Banköffnungszeiten sind von 9.30 bis 15.30 Uhr, Montag bis Freitag.
A: I have another question. How much interest do I receive?	A: Ich hätte noch eine Frage. Wie viel Zinsen erhalte ich?
B: Three per cent, paid monthly.	B: Drei Prozent monatlich.
A: OK. Thanks a lot.	A: O.K. Vielen Dank.

Transferring Money

I'd like to transfer some money.

To which account?
To what name?
To which bank?

A: I'd like to transfer some money, please.
B: Of course.
To what name, please?
A: The company is called Jones plc. Their Bank is Lloyds, and their account number is 33 44 55.
I want to transfer £200.
B: That'll be fine. Sign here, please.

A: How long will it take?
B: It should take about three days.

Geld überweisen

Ich möchte gern Geld überweisen.
Auf welches Konto?
Auf welchen Namen?
Zu welcher Bank?

A: Ich möchte gern Geld überweisen.
B: Selbstverständlich.
Auf welchen Namen bitte?
A: Die Firma heißt Jones AG.
Ihre Bank ist Lloyds, und ihre Kontonummer lautet 33 44 55.
Ich will 200 £ überweisen.
B: Aber gerne. Bitte unterschreiben Sie hier.
A: Wie lange wird es dauern?
B: Es wird etwa drei Tage dauern.

Further Dealings with a Bank

Please send me a bank statement once a month.

Could you tell me my balance, please?
You've overdrawn your account.
I think the amount shown on this bank statement is incorrect.

Your telephone bill has already been deducted from your account.
Has money been paid into my account?
We have no record that money has been paid in.

Andere Bankangelegenheiten

Schicken Sie mir bitte einmal im Monat/monatlich meine Kontoauszüge.
Wie ist mein Kontostand, bitte?

Sie haben Ihr Konto überzogen.
Ich glaube, dass der neue Kontostand auf diesem Auszug nicht stimmt.
Ihre Telefonrechnung ist schon abgebucht worden.
Ist schon Geld auf meinem Konto eingegangen?
Wir haben keinen Nachweis darüber, dass Geld eingegangen ist.

Our cash dispensers make it possible to withdraw cash or make deposits after hours.	Unsere Geldautomaten machen es möglich auch nach Schalterschluss noch Geld abzuheben oder einzuzahlen.
I have a joint account with …	Ich habe ein gemeinsames Konto mit ...
I need a new savings-book.	Ich brauche ein neues Sparbuch.
I'd like to apply for a short-term loan.	Ich möchte einen Antrag auf ein kurzfristiges Darlehen stellen.
How much do you need to borrow?	Wie hoch soll der Kredit sein?
I have my account at the … bank.	Ich habe mein Konto bei der … Bank.
Would it be possible for me to receive a cheque-book as well?	Wäre es Ihnen möglich mir ein Scheckheft auszustellen?
With this account you are automatically issued a cheque-book.	Mit diesem Konto bekommen Sie automatisch ein Scheckheft.
The bank charges a small fee for every cheque you write.	Für jeden Scheck, den Sie ausstellen, erhebt die Bank eine geringfügige Gebühr.
Which bank services will I be charged for?	Für welche Bankleistungen werden Gebühren berechnet?
A: Could you tell me my balance, please?	A: Wie ist bitte mein Kontostand?
B: I'll need your name and account number.	B: Ich bräuchte Ihren Namen und Ihre Kontonummer.
A: My name is Don Lane and my account number is 12345.	A: Mein Name ist Don Lane und meine Kontonummer lautet 12345.
B: You have £450 in your account.	B: Sie haben 450 £ auf Ihrem Konto.

Borrowing and Lending Money Privately — **Privat Geld leihen und verleihen**

to borrow money	Geld borgen
to ask someone for a loan	jemanden um ein Darlehen bitten
to lend money	Geld leihen

to give someone a loan	Geld verleihen
I'm flat/stony broke.	Ich bin total pleite.

Der Ausdruck "to be broke" wird vor allem in der Umgangssprache gebraucht. Er entspricht in etwa dem deutschen „völlig abgebrannt sein".

A: I was wondering if you could lend me £20? You see, I'm flat broke, and …	A: Ich wollte fragen, ob du mir vielleicht 20 £ borgen könntest. Ich bin nämlich total pleite und …
B: OK, but I can only lend you £15.	B: OK, aber ich kann dir nur 15 £ borgen.
A: That would be great. I'll give it back to you by Friday.	A: Das wäre toll! Ich gebe es dir bis Freitag wieder.

The Stock Market	**Die Börse**
He is a Wall Street expert.	Er ist ein (amerikanischer) Börsenspezialist.
to beat the stock market	sich an der Börse auskennen
I need some advice regarding the stock market.	Ich brauche einen Rat bezüglich der Börse.
He gave me some investment tips.	Er gab mir einige Anlagetipps.
I am a member of an investment club.	Ich bin Mitglied in einem Börsenclub.
I have been investing in mutual funds (US) for some years now.	Schon seit einigen Jahren investiere ich in offene Investmentfonds.
I only have a hand-picked portfolio.	Ich habe nur einen selbst zusammengestellten Wertpapierbestand.
This company has earned an average annual return of …	Dieser Konzern macht eine durchschnittliche jährliche Rendite von …
to pick stocks	Aktien erwerben
You have to stay alert.	Man muss auf dem Laufenden bleiben.

to pick a spectacular performer	eine besonders gut laufende Aktie erwerben
I can only chip in about … a month.	Ich kann mich nur mit … monatlich beteiligen.
My club invests the pooled funds mainly in …	Mein Club investiert den gemeinsamen Fonds hauptsächlich in …
to be a small investor	ein Kleinanleger sein
to become a shareholder	Aktionär werden
At the moment, the market lags.	Im Augenblick geht der Markt zurück.
Investment during a bearish market reaps great rewards when it rebounds.	Anlagen während einer Baisse bringen große Gewinne, sobald sich der Kurs wieder erholt.
This was sound advice.	Das war ein guter Rat.
The key to financial success is observation and alertness.	Der Schlüssel zum finanziellen Erfolg sind Beobachtungsgabe und schnelles Handeln.
That was a judicious choice.	Das war eine überlegte Wahl.
Before purchasing a stock, it must be carefully evaluated.	Bevor man Aktien erwirbt, sollte man sie sorgfältig prüfen.
He works as a broker.	Er ist Börsenmakler.
Shares are traded in the stock exchange.	Aktien werden an der Börse gehandelt.
What level of return is expected?	Welche Gewinne werden erwartet?
The price per share is …	Der Preis pro Aktie liegt bei …
The total assets of the company are …	Die Vermögenswerte der Firma liegen bei …
This offers an incentive for many investors.	Dies bietet einen Anreiz für zahlreiche Anleger.
A: Lately I have developed an interest in the stock exchange. But as an absolute beginner, I need some expert advice.	A: Ich habe seit einiger Zeit ein Interesse für die Börse entwickelt. Aber als absoluter Anfänger brauche ich den Rat von Experten.
B: To become an expert investor is also a matter of alertness and observation.	B: Um ein erfolgreicher Anleger zu werden, muss man sowohl wachsam sein als auch gut beobachten können.

A: I have been observing the stock market for quite a while but I still don't know how to pick shares.
B: Maybe you should try mutual funds.

I have a portfolio of fewer than 20 companies myself.

A: What about those investment clubs you keep hearing about all the time?
B: I think this is good advice, too. They observe the average annual returns of the companies and hand-pick their shares.

A: But I could only chip in about 50 Pounds a month.
B: Then you should make a judicious choice as to the shares you purchase.
A: Maybe I had better talk to a broker.
B: I think he will probably tell you that you should invest during a bearish market.
A: Do you mean shares reap great rewards when it rebounds?

B: Exactly. You will see, you'll become an expert broker yourself in no time!

A: Ich beobachte die Börse schon seit einiger Zeit, weiß aber immer noch nicht, wie man Aktien auswählt.
B: Vielleicht solltest du es mal mit offenen Investmentfonds versuchen.
Ich selbst habe einen Wertpapierbestand von knapp 20 Firmen.
A: Was ist mit den Börsen-Clubs, von denen man die ganze Zeit hört?
B: Das halte ich auch für eine gute Idee. Sie beobachten die durchschnittliche jährliche Rendite der Firmen und wählen ihre Aktien gezielt aus.
A: Aber ich könnte mich nur mit 50 Pfund im Monat beteiligen.
B: Dann solltest du überlegte Entscheidungen treffen, welche Aktien du erwirbst.
A: Vielleicht sollte ich lieber mal mit einem Börsenmakler sprechen.
B: Er würde dir wahrscheinlich raten zu investieren, solange der Markt schwach ist.
A: Meinst du damit, die Aktien liefern dann größere Gewinne, wenn er sich wieder erholt?
B: Genau. Du wirst schon sehen, ehe du dich versiehst, bist du selbst ein perfekter Börsenspezialist!

Currencies

Not all EU countries have joined the European monetary union and adopted the euro

Währungen

Nicht alle europäischen Länder haben sich der europäischen Währungunion angeschlossen

as their national currency.

und den Euro als gemeinsame Währung eingeführt.

In Great Britain and Northern Ireland the pound sterling continues to be the legal tender. Within the United Kingdom there are various kinds of banknotes in circulation because each bank in Scotland and Northern Ireland has the right to issue its own banknotes.

In Großbritannien und Nordirland ist weiterhin das britische Pfund gesetzliches Zahlungsmittel. Innerhalb des Vereinigten Königreichs sind unterschiedliche Geldscheine im Umlauf, da in Schottland und Nordirland die einzelnen Geldinstitute das Recht besitzen, ihre eigenen Banknoten zu entwerfen.

In the Republic of Ireland the euro was introduced in 2002. Accordingly, Ireland is, in contrast to the United Kingdom, part of the euro zone.

In der Republik Irland wurde 2002 der Euro eingeführt. Irland ist damit, im Gegensatz zum Vereinigten Königreich, Teil der Euro-Zone.

A: Before we set off for our holiday in France we should get an up-to-date conversion table.

A: Bevor wir nach Frankreich in den Urlaub fahren, müssen wir uns noch eine aktuelle Umrechnungstabelle besorgen.

B: Hmm, or we check on the Internet. … Hold on, I'll have it in a jiffy! Here we are: one pound equals 1.48326 euro.
A: That's handy! Converting should be easy if we round up to 1.5.

B: Hmm, oder wir schauen im Internet nach. … Moment, ich habe es gleich! Ein Pfund entspricht 1,48326 Euro.
A: Wie praktisch! Aufgerundet auf 1,5 wird uns das Umrechnen dann ja nicht schwer fallen.

Behörden und Ärzte

Dealing with Authorities

Umgang mit Behörden

Could you spell your surname, please?
What's your marital status, please?
I'm married.
I'm single.
I'm divorced.

Könnten Sie bitte Ihren Nachnamen buchstabieren?
Wie ist bitte Ihr Familienstand?
Ich bin verheiratet.
Ich bin ledig.
Ich bin geschieden.

I'm separated. Ich bin geschieden.
I'm a widow. Ich bin Witwe.
I'm a widower. Ich bin Witwer.
Do you have any children? Haben Sie Kinder?
Yes, two girls and a boy. Ja, zwei Mädchen und einen Jungen.
What is your citizenship? Welche Staatsangehörigkeit haben Sie?
I have dual citizenship. Ich habe die doppelte Staatsbürgerschaft.
Please fill in this form. Bitte füllen Sie dieses Formular aus.

A: What's your name, please? A: Wie ist Ihr Name, bitte?
B: Ian McGregor. B: Ian McGregor.
A: Could you spell your surname? A: Können Sie Ihren Nachnamen buchstabieren?
B: M-C-G-R-E-G-O-R. B: M-C-G-R-E-G-O-R.
A: What's your marital status, Mr McGregor? A: Wie ist Ihr Familienstand, Herr McGregor?
B: I'm married with one child. B: Ich bin verheiratet und habe ein Kind.
A: Is your wife here with you? A: Ist Ihre Frau auch hier?
B: No, she isn't. B: Nein.
A: What is your citizenship? A: Welche Staatsbürgerschaft haben Sie?
B: I have dual citizenship. I have a British and a German passport. B: Ich habe die doppelte Staatsbürgerschaft. Ich habe einen britischen und einen deutschen Pass.
A: Please fill in this form, Mr McGregor. A: Bitte füllen Sie dieses Formular aus, Herr McGregor.

At the Police Station **Auf der Polizei**

How can I help you? Wie kann ich Ihnen behilflich sein?
I would like to report a theft. Ich möchte einen Diebstahl anzeigen.
My … has been stolen. Man hat mir den/die/das … gestohlen.

I would like to report a loss. — Ich möchte einen Verlust melden.
I've lost my … — Ich habe mein/e/n … verloren.
Has anyone reported finding a … ? — Hat jemand den Fund eines/er … gemeldet?
When did this happen? — Wann ist das passiert?
An hour ago. — Vor einer Stunde.
Yesterday. — Gestern.
I'll just check for you. — Ich sehe mal für Sie nach.
Please go to the lost-property department. — Bitte gehen Sie zum Fundbüro.
We'll contact you as soon as we hear anything. — Wir setzen uns mit Ihnen in Verbindung, sobald wir etwas erfahren.

A: Yes, how can I help you? — A: Wie kann ich Ihnen behilflich sein?
B: I want to report a loss. — B: Ich habe etwas verloren.
A: What have you lost? — A: Was haben Sie verloren?
B: My handbag. — B: Meine Handtasche.
A: What valuables were in it? — A: Welche Wertsachen befanden sich darin?
B: My passport and £100. — B: Mein Pass und 100 £.
A: When did this happen? — A: Wann ist das passiert?
B: About an hour ago. — B: Vor ungefähr einer Stunde.
A: And what does the bag look like? — A: Und wie sieht die Tasche aus?
B: It's leather and quite small. It's brown with black handles. — B: Sie ist aus Leder und relativ klein. Sie ist braun mit schwarzen Griffen.
A: And where did you lose it exactly? — A: Und wo genau haben Sie sie verloren?
B: In the park across the road. — B: Im Park hier gegenüber.
A: I'll check for you in our lost-property department. — A: Ich sehe für Sie in unserem Fundbüro nach. …
… Yes, you're in luck/lucky. Here's your bag, with your passport and money! — Ah, Sie haben Glück. Hier ist Ihre Tasche mit Ihrem Pass und dem Geld!
B: That's wonderful. Thank you very much indeed! — B: Das ist wunderbar. Vielen herzlichen Dank!
A: Don't mention it. — A: Nichts zu danken.

Registration with the Authorities	**Anmeldung in der Meldebehörde**
Do I have to register with the authorities during my stay in this country?	Muss ich mich für die Dauer meines Aufenthaltes in diesem Land anmelden?
Which authority is responsible for registration?	Welche Behörde ist für die Anmeldung zuständig?
You have to go to the municipal office for registration.	Für die Anmeldung müssen Sie zum Einwohnermeldeamt.
I've come to apply for a residence permit.	Ich möchte eine Aufenthaltserlaubnis beantragen.
Citizens belonging to a country in the European Union	Bürger eines Mitgliedstaates der Europäischen Union
Please report to room …	Bitte melden Sie sich im Zimmer …
What is the purpose of your stay?	Was ist der Zweck Ihres Aufenthaltes?
May I see your passport, please?	Darf ich bitte Ihren Pass sehen?
I need three recent photos of you.	Ich benötige drei aktuelle Lichtbilder von Ihnen.
How long will you be keeping my passport?	Wie lange werden Sie meinen Pass behalten?
It will take about a week to process your application.	Die Bearbeitung Ihres Antrags wird ca. eine Woche dauern.
Could you please explain what is meant by question three on the form?	Können Sie mir bitte erklären, was die Frage drei auf dem Formular bedeutet?
Have you got a leaflet which explains the immigration laws in more detail?	Haben Sie eine Broschüre, die die Einwanderungsgesetzlichkeiten näher erklärt?
I've come to give you my new address.	Ich möchte Ihnen meine neue Adresse angeben.
You must be able to prove that you have enough money to support yourself.	Sie müssen nachweisen, dass Sie genug Geld zur Bestreitung Ihres Lebensunterhaltes haben.
How high is the fee for a residence permit?	Wir hoch ist die Gebühr für eine Aufenthaltserlaubnis?

A: I've come to apply for a residence permit.
B: Citizens belonging to a country in the European Union should report to room 123.
C: What is the purpose of your stay?
A: I would like to work as an au pair.
C: And how long are you planning/intending to stay?
A: One year.
C: May I see your passport?

A: Here you are.
C: Fill in this form, please. It will take about a week to process your application. We'll contact you by post.

A: Thank you. Goodbye.

A: Ich möchte eine Aufenthaltserlaubnis beantragen.
B: Bürger eines Mitgliedstaates der Europäischen Union müssen sich im Zimmer 123 melden.
C: Was ist der Zweck Ihres Aufenthaltes?
A: Ich möchte als Au-Pair-Mädchen arbeiten.
C: Und wie lange möchten Sie bleiben?
A: Ein Jahr.
C: Darf ich bitte Ihren Pass sehen?
A: Bitte schön!
C: Bitte füllen Sie dieses Formular aus.
Die Bearbeitung Ihres Antrages wird ca. eine Woche dauern.
Wir setzen uns dann schriftlich/per Post mit Ihnen in Verbindung.
A: Vielen Dank.
Auf Wiedersehen.

At the Doctor's | **Beim Arzt**

How are you feeling? – Wie geht es Ihnen?
Not too good. – Nicht so gut.
What's the matter? – Was ist Ihr Problem?
I feel … – Ich fühle mich …
Why don't you go to the doctor's? – Warum gehen Sie nicht zum Arzt?

Could I see the doctor, please? – Könnte ich den Arzt sehen?
When will the doctor be in again? – Wann kommt der Arzt zurück?
Please get a doctor quickly! – Rufen Sie bitte schnell einen Arzt.

Please fetch a doctor. – Holen Sie bitte einen Arzt.
Where is the nearest hospital? – Wo ist das nächste Krankenhaus?

What time does the doctor have his/her consulting hours?	Wann hat der Arzt/die Ärztin seine/ihre Sprechstunde?
When is the doctor's surgery?	Wann hat der Arzt/die Ärztin Sprechstunde?
Please wait in the waiting-room.	Bitte warten Sie im Wartezimmer.
I'd like to make an appointment, please.	Ich hätte gern einen Arzttermin.
Will I have to wait long?	Werde ich lange warten müssen?
What seems to be the trouble?	Was kann ich für Sie tun?
I just came for my yearly check-up.	Ich komme bloß für meine jährliche Kontrolluntersuchung.
You look rather pale.	Sie sehen ziemlich blass aus.
You look flushed. I think you've got a temperature.	Ihr Gesicht glüht. Ich denke, Sie haben Fieber.
You look exhausted.	Sie sehen erschöpft aus.
Can you describe your symptoms?	Können Sie die Krankheitssymptome beschreiben?
I am ill/sick.	Ich bin krank.
I haven't felt well for some days.	Seit einigen Tagen fühle ich mich nicht wohl.
I think I'm going down with something.	Ich glaube, ich werde krank.
My throat/head/stomach aches.	Der Hals/Kopf/Magen tut mir weh.
It hurts here.	Hier tut es weh.
I have a severe pain here.	Ich habe hier starke Schmerzen.
I have a (high) temperature.	Ich habe (hohes) Fieber.
I've caught a cold.	Ich habe mich erkältet.
I have a sore throat.	Mein Hals tut weh.
I've got the flu (influenza).	Ich bin erkältet./Ich habe die Grippe.
The heat/food doesn't agree with me.	Ich vertrage die Hitze/das Essen nicht.
I ate …	Ich habe … gegessen.
I have been sick.	Ich habe mich übergeben.
I feel sick.	Mir ist übel.
I think I'm coming to be sick/vomit.	Ich glaube, ich muss mich übergeben.
I have no appetite.	Ich habe keinen Appetit.
I have diarrhoea.	Ich habe Durchfall.
I'm constipated.	Ich habe Verstopfung.
I can't sleep.	Ich kann nicht schlafen.

I'm pregnant.	Ich bin schwanger.
I fell.	Ich bin gestürzt.
I fainted./I lost consciousness.	Ich bin ohnmächtig geworden.
I regained consciousness quickly.	Ich habe schnell das Bewusstsein wiedererlangt.
I feel faint.	Ich fühle mich schwach.
I feel dizzy.	Mir ist schwindlig.
I have low/high blood pressure.	Ich habe niedrigen/hohen Blutdruck.
Could it be the chickenpox? I've got these strange blisters everywhere.	Könnten es die Windpocken sein? Ich habe überall diese komischen Blasen.
Maybe it is mumps. My neck is swollen.	Vielleicht ist es Mumps. Mein Hals ist geschwollen.
It could be the appendix.	Es könnte der Blinddarm sein.
My stomach hurts.	Mein Bauch tut weh.
My tonsils need to be taken out.	Meine Mandeln müssen herausgenommen werden.
My throat hurts terribly.	Mein Hals tut schrecklich weh.
I think it's a heart attack.	Ich glaube, es ist ein Herzanfall.
Would you get undressed, please?	Machen Sie sich bitte frei.
I need to examine you now.	Ich muss Sie jetzt untersuchen.
Breathe in deeply.	Atmen Sie tief ein.
Does that hurt?	Tut es hier weh?
Open your mouth and say "Ah"!	Öffnen Sie den Mund und sagen Sie „Ah“!
I'll take your temperature.	Ich werde bei Ihnen Fieber messen.
I'll have a look at your blood pressure.	Ich sehe mir mal Ihren Blutdruck an.
Put out your tongue.	Zeigen Sie mir Ihre Zunge.
What have you been eating?	Was haben Sie gegessen?
How long have you been ill?	Wie lange sind Sie schon krank?
We'll have to do a blood/urine test.	Wir müssen das Blut/den Urin untersuchen.
Is it serious?	Ist es schlimm?
I hope it's nothing serious.	Ich hoffe, es ist nichts Ernstes.
I hope everything is OK.	Ich hoffe, alles ist in Ordnung.
I'm going to send you to …	Ich werde Sie an … überweisen.
You'll have to stay in bed.	Ich muss Ihnen Bettruhe verordnen.

Take two tablets three times a day.	Nehmen Sie davon dreimal täglich zwei Tabletten.
It's nothing serious.	Es ist nichts Ernstes!
Be careful! It is highly infectious.	Seien Sie vorsichtig! Es ist hochgradig ansteckend.
You've got the measles. It is highly contagious. It can be passed on to others by touch.	Sie haben die Masern. Es ist sehr ansteckend. Es kann (bereits) durch eine Berührung weitergegeben werden.
The risk of infection is especially high during the next three days.	Die Ansteckungsgefahr ist in den nächsten drei Tagen besonders hoch.
I don't want to give it to my familiy.	Ich will meine Familie nicht anstecken.
Could you prescribe … for me, please?	Können Sie mir bitte … verschreiben?
I'll make you out a prescription.	Ich stelle Ihnen ein Rezept aus.
Could you make up this prescription, please?	Könnten Sie mir bitte dieses Rezept ausstellen?
The medicine I prescribed is available only at a pharmacy/ chemist's (shop).	Die Medizin/Medikamente, die ich Ihnen verschrieben habe, sind apothekenpflichtig.
Could you give me a doctor's certificate?	Können Sie mir ein Attest ausstellen?
Get well soon!	Gute Besserung!

Der Arzt/die Ärztin wird generell als "Doctor" angesprochen.
"What seems to be the trouble?" ist die Standardfrage, die der Doktor gewöhnlich seinen Patienten stellt, und heißt einfach „Was kann ich für Sie tun?"
Ein Rezept für Medikamente heißt "prescription" und nicht "recipe" oder "receipt". "Recipe" ist ein Kochrezept und "receipt" eine Quittung.

A: Could I see the doctor, please?	A: Könnte ich bitte den Arzt sehen?
B: Yes. I can give you an appointment this evening at six o'clock. Could you fill in this	B: Ja, ich kann Ihnen einen Termin um 18 Uhr geben. Bitte füllen Sie dieses Formular

form and bring it with you when you come?
A: Thank you.

A: I've come for my appointment with Dr. Smart.
B: What is your name, please?
A: Dean Reed.
B: Fine. Could you wait in the waiting-room, please?
A: Will I have to wait long?

B: About 15 minutes.
A: Thank you.

A: What seems to be the trouble?
B: I've caught a bad cold. I think I've got a temperature, and I feel quite ill.
A: Please open your mouth and say "Ah".
Yes, I can see that you've got a bad throat infection. I'll give you a prescription for some antibiotics. Take one three times a day, and you'll have to stay in bed for a few days.
B: Thanks very much, doctor.
A: You're welcome. Come back and see me again in five days if you don't feel better.

A: How are you feeling?
B: Not too good. I think I'm coming down with something.
A: Yes, you don't look too good.

Why don't you go to the doctor's?
B: I think I'll do that. I'll try to get an appointment for this afternoon.

aus, und bringen Sie es heute Abend mit.
A: Danke schön.

A: Ich habe einen Termin bei Doktor Smart.
B: Wie war Ihr Name?
A: Dean Reed.
B: In Ordnung. Warten Sie bitte im Wartezimmer.
A: Werde ich lange warten müssen?
B: Circa 15 Minuten.
A: Danke.

A: Was kann ich für Sie tun?
B: Ich habe mich schwer erkältet. Ich glaube, ich habe Fieber, und ich fühle mich nicht gut.
A: Bitte öffnen Sie den Mund und sagen Sie „Ah".
Ja, Sie haben eine schwere Halsentzündung. Ich verschreibe Ihnen Antibiotika. Nehmen Sie dreimal täglich eine Tablette, und bleiben Sie für ein paar Tage im Bett.
B: Vielen Dank, Herr Doktor.
A: Bitte schön. Kommen Sie in fünf Tagen zurück, wenn es Ihnen noch nicht besser geht.

A: Wie geht's dir?
B: Nicht so gut. Ich glaube, ich werde krank.
A: Ja, du siehst nicht besonders gut aus.
Warum gehst du nicht zum Arzt?
B: Ich glaube, das mache ich auch. Ich versuche, einen Termin für heute Nachmittag zu bekommen.

At the Dentist's	Beim Zahnarzt
I've got a terrible toothache.	Ich habe schreckliche Zahnschmerzen.
Could you give me something for the pain?	Würden Sie mir bitte ein Schmerzmittel geben?
I have broken a tooth.	Mir ist ein Zahn abgebrochen.
My gums are very sensitive.	Mein Zahnfleisch ist sehr empfindlich.
I've got a loose filling.	Eine meiner Plomben ist locker.
Please open your mouth wide.	Machen Sie bitte den Mund weit auf.
Which tooth is causing you pain?	Welcher Zahn bereitet Ihnen Schmerzen?
This tooth will have to be filled.	Dieser Zahn muss plombiert werden.
Would you prefer a gold or porcelain crown?	Möchten Sie lieber eine Gold- oder eine Porzellankrone?
This is only a temporary filling.	Das ist nur eine provisorische Füllung.
I'll put the real filling in next week.	Nächste Woche werde ich die richtige Füllung einsetzen.
An X-ray will show if the root is all right.	Eine Röntgenaufnahme wird zeigen, ob die Zahnwurzel noch in Ordnung ist.
This tooth will have to come out.	Dieser Zahn muss gezogen werden.
The root has decayed.	Die Wurzel ist verfault.
This local anaesthetic will numb the whole area.	Diese örtliche Betäubung wird den ganzen Bereich unempfindlich machen.
Don't eat or drink anything for the next four hours.	Sie dürfen in den nächsten vier Stunden nichts essen oder trinken.
You must take better care of your teeth.	Sie müssen Ihre Zähne besser pflegen.
You have very healthy teeth.	Sie haben sehr gesunde Zähne.
I must go to the dentist's.	Ich muss zum Zahnarzt gehen.
Can you recommend a good dentist?	Können Sie mir einen guten Zahnarzt empfehlen?
My dentist works in a dental hospital.	Mein Zahnarzt arbeitet in einer Zahnklinik.

I'm very happy with my dentist.

Ich bin mit meinem Zahnarzt sehr zufrieden.

A: I've got a terrible toothache.

A: Ich habe schreckliche Zahnschmerzen.

B: Please open your mouth wide and I'll have a look … ah yes, your wisdom teeth will have to come out.
This local anaesthetic will numb the whole area.

B: Machen Sie den Mund weit auf, und ich sehe mal nach.
Ja, Ihre Weisheitszähne müssen gezogen werden.
Diese örtliche Betäubung wird den ganzen Bereich unempfindlich machen.

… So, now I'm finished. Please don't eat or drink anything for the next four hours.
A: Can you give me something for the pain?
B: I'll give you a prescription for some strong pain-killers but the pain should be much less severe by the end of today.

… So, jetzt bin ich fertig. Bitte in den nächsten vier Stunden nichts essen oder trinken.
A: Würden Sie mir bitte ein Schmerzmittel geben?
B: Ich verschreibe Ihnen ein starkes Schmerzmittel, doch die Schmerzen sollten heute Abend stark abgeklungen sein.

A: I have to go to the dentist's. Can you recommend a good one?

A: Ich muss zum Zahnarzt. Kannst du mir einen guten empfehlen?

B: Well, I'm very happy with my dentist. She works in the local dental hospital.
She's very good, and you might have to wait a while until you get an appointment.
A: Give me her number, and I'll see if she can fit me in this week.

B: Also, ich bin mit meiner Zahnärztin sehr zufrieden.
Sie arbeitet in der örtlichen Zahnklinik. Sie ist sehr gut, und es kann sein, dass du eine Weile auf einen Termin warten musst.
A: Gib mir ihre Nummer, und ich versuche, diese Woche einen Termin zu bekommen.

In the Hospital

Im Krankenhaus

This is an emergency. Call the emergency doctor.

Dies ist ein Notfall. Rufen Sie den Notarzt.

I'm the doctor on call. How can I help you?	Ich habe Notdienst. Wie kann ich Ihnen helfen?
We will take her to the casualty unit/emergency room.	Wir werden sie in die Notaufnahme bringen.
How serious is it? Do I have to go to hospital?	Wie ernst ist es? Muss ich ins Krankenhaus?
I'm afraid I have to admit you to hospital straight away.	Ich befürchte, ich muss Sie sofort ins Krankenhaus einweisen.
I hope they don't keep me there for long.	Ich hoffe, sie behalten mich nicht lange dort.
The nurses will take care of you.	Die Krankenschwestern werden sich um Sie kümmern.
I've got (breast) cancer.	Ich habe (Brust-)Krebs.
I've got leukaemia.	Ich habe Blutkrebs/Leukämie.
I've broken my leg.	Ich habe mir das Bein gebrochen.
I had a heart attack.	Ich hatte einen Herzanfall.
I had a stroke.	Ich hatte einen Schlaganfall.
I needed open-heart surgery.	Ich brauchte eine Operation am offenen Herzen.
I got three units/pints of stored blood.	Ich bekam drei Blutkonserven.
I had to have my appendix removed.	Ich musste mir den Blinddarm herausnehmen lassen.
The operation will be tomorrow.	Die Operation wird morgen sein.
It will last about three hours.	Es wird ungefähr drei Stunden dauern.
Dr. Benton will perform the operation.	Dr. Benton wird die Operation durchführen.
Who was the surgeon who performed the operation on my mother?	Welcher Chirurg hat meine Mutter operiert?
How is she, doctor?	Wie geht es ihr, Herr Doktor?
Visiting hours are from 5 to 6 p.m.	Die Besuchszeit ist von 17 bis 18 Uhr.
I'd like to visit my brother. Can you tell his room number and which ward he is in?	Ich würde gerne meinen Bruder besuchen. Können Sie mir seine Zimmernummer und die Station sagen?
Can I bring him flowers and sweets?	Kann ich ihm Blumen und Süßigkeiten mitbringen?
Visitors are not allowed in here.	Besucher sind hier drin nicht erlaubt.

He is still unconscious and in intensive care.	Er ist noch immer bewusstlos und liegt auf der Intensivstation.
Don't stay too long. He is still very weak and vistors are tiring him.	Bleiben Sie nicht zu lange. Er ist noch immer sehr schwach und Besuche ermüden ihn.
Stay as long as you want.	Bleiben Sie so lange Sie wollen.
We are not so strict about the visiting hours.	Wir sind in Bezug auf die Besuchszeiten nicht sehr streng.
His condition is stable and he will recover soon.	Sein Zustand ist stabil und er wird sich bald erholt haben.
I'll come back tomorrow.	Ich komme morgen wieder.
You'll be feeling better by then.	Dann wirst du dich besser fühlen.
Do you already know when you will be discharged?	Weißt du schon, wann du entlassen wirst?
Would you like to donate blood?	Würden Sie gerne Blut spenden?
Blood donors are always welcome here. Especially if their blood group is rare.	Blutspender sind hier immer willkommen. Besonders wenn sie eine seltene Blutgruppe haben.
I would like to visit my sister in the maternity ward/unit.	Ich würde gerne meine Schwester auf der Entbindungsstation besuchen.
She gave birth to a son/daughter.	Sie hat einen Sohn/eine Tochter bekommen.
It lasted about ten hours.	Es dauerte ungefähr zehn Stunden.
It really took some doing!	Es war wirklich eine schwere Geburt!
The obstetrician and a midwife helped her.	Der Geburtshelfer und die Hebamme halfen ihr.
The father was present at the birth.	Der Vater war bei der Geburt dabei.
The baby is healthy and weighs ten pounds.	Das Baby ist gesund und wiegt zehn Pfund.
The baby was premature/was born prematurely.	Das Baby war eine Frühgeburt.
She had to stay in the incubator for six weeks.	Sie musste sechs Wochen im Brutkasten bleiben.
Nowadays hardly any woman is dying in childbirth.	Heutzutage stirbt kaum eine Frau mehr bei der Geburt.

A: How serious is it? Do I have to go to hospital?	A: Wie ernst ist es? Muss ich ins Krankenhaus?
B: I think it's better to have a check-up in hospital. The tests will show then how long they need to keep you.	B: Ich denke, es ist besser, eine Untersuchung im Krankenhaus zu machen. Die Untersuchungen werden zeigen, wie lange sie Sie dabehalten müssen.
A: This doesn't sound very promising. Could you recommend a surgeon?	A: Das hört sich nicht sehr viel versprechend an. Können Sie einen Chirurgen empfehlen?
B: I think Dr. John is the best.	B: Ich denke, Dr. John ist der beste.
A: Thanks for your advice.	A: Danke für Ihren Rat.

Telekommunikation

Telephone Conversation	Telefongespräche
Where's the nearest phone box/ phone booth?	Wo ist die nächste Telefonzelle?
Where can I make a telephone call?	Wo kann ich telefonieren?
May I use your telephone?	Darf ich bei Ihnen telefonieren?
What is the dialling code for …?	Wie ist die Vorwahl von …?
A long-distance call to …, please.	Bitte ein Ferngespräch nach …
What does a local call cost?	Was kostet ein Ortsgespräch?
What does a call to … cost?	Was kostet ein Gespräch nach …?
What time does the cheap rate start?	Ab wie viel Uhr gilt der Nacht-/ Wochenendtarif?
What's your number?	Welche Nummer haben Sie?
I'll call you back.	Ich rufe Sie zurück.
Just a minute.	Einen Augenblick.
Could you connect me with …?	Verbinden Sie mich bitte mit …
Directory Enquiries	Telefonauskunft
Could I speak to …, please?	Kann ich bitte … sprechen?
Is … in/there, please?	Ist … da?
This is … speaking.	Hier ist …
Who's speaking?	Wer ist dort?
Speaking!	Am Apparat!
Hold the line, please.	Bitte bleiben Sie am Apparat.
Just a moment, please.	Einen Augenblick, bitte.

Hold on, please.	Warten Sie bitte einen Moment.
I'll connect you.	Ich verbinde Sie.
I'll put you through/Putting you through.	Ich verbinde Sie./Ich stelle durch.
to hang up	auflegen
dialing/dial (AE) tone	Amtszeichen
international access code	Ländervorwahl
The line's engaged/busy.	Die Leitung ist besetzt./Es wird gesprochen.
The line's out of order.	Die Leitung ist gestört.
It's a bad line.	Die Verbindung ist schlecht.
There's no reply.	Der Teilnehmer meldet sich nicht.
You've got the wrong number!	Sie sind falsch verbunden.
I'll try again later.	Ich versuch es später noch einmal.
Can you take a message, please?	Könnten Sie bitte etwas ausrichten?
My direct number is ….	Meine Durchwahl lautet …
In 1995 Britain adopted the same dialling code as the other European countries.	1995 hat England das gleiche Vorwahlverfahren angenommen wie die anderen europäischen Länder.
You have to dial 00 –from the UK.	Von England aus muss 00 – vorgewählt werden.
What is the area code for London?	Wie lautet die Vorwahl für London?
In 2000, it was changed from 0171 or 0181 to 020.	Aus 0171 oder 0181 wurde im Jahr 2000 020.
When phoning from abroad, the 0 at the beginning of the area code is not dialled.	Wenn man vom Ausland aus anruft, muss die 0 der Vorwahl nicht mitgewählt werden.
Not all subscribers are automatically listed in the telephone directory.	Nicht alle Fernsprechteilnehmer werden automatisch im Telefonbuch aufgelistet.
You can even ask for an unlisted number.	Man kann sogar eine geheime Nummer beantragen.
When you move, you can leave a message on the old number, saying that it has been changed.	Wenn man umzieht, kann man unter der alten Nummer eine Nachricht hinterlassen, die mitteilt, dass sich die Nummer geändert hat.

Beim Telefonieren sind in Großbritannien einige sehr wichtige Punkte zu beachten: Ruft man jemanden an, stellt man sich meist nicht mit seinem Namen vor. "Hello. Could I speak to ... please?", reicht völlig aus. Ihr Gesprächspartner wird sich normalerweise mit "Who's calling/speaking, please?" erkundigen, wer spricht. Wird man angerufen, meldet man sich entweder einfach mit "Hello?" oder mit der Telefonnummer. Sich mit dem Nachnamen zu melden klingt für einen Briten äußerst schroff. Beim Nennen der Telefonnummer werden die Zahlen hintereinander in einer Dreiergruppe und in einer Vierergruppe angegeben. Eine „Null" wird dabei entweder als "zero" oder als "oh" gesagt.

A: Where's the nearest phone box?
B: It's in King St. That's the second street on the left.
A: Thanks a lot.

A: Wo ist die nächste Telefonzelle?
B: Sie ist in der King Street. Das ist die zweite Straße links.
A: Vielen Dank!

A: Directory Enquiries. Which town, please?
B: Bristol.
A: What name?
B: Williams.
A: Do you have a street name, please?
B: Yes. That's Clifton Street.
A: Just a minute … I've got a James Williams and a Mary Williams.

A: Auskunft. Welche Stadt, bitte?
B: Bristol.
A: Welcher Name?
B: Williams.
A: Haben Sie den Namen der Straße?
B: Ja. Das ist die Clifton Street.
A: Augenblick … Ich habe einen James Williams und eine Mary Williams.

B: The number for Mary Williams, please.
A: The area code is …, and the number is 324 1584.

B: Die Nummer von Mary Williams, bitte.
A: Die Vorwahl lautet …, und die Nummer ist 3241584.

A: Hello. What does a call to Germany cost, please?
B: £1 a minute.
A: That's expensive! When does the cheap rate start?

A: GutenTag. Was kostet ein Gespräch nach Deutschland bitte?
B: 1 £ pro Minute.
A: Das ist aber teuer!
Ab wie viel Uhr gilt der Nachttarif?

B: From nine p.m. Then it costs 60 p per minute.

B: Ab 21 Uhr. Dann kostet es 60 Pence pro Minute.

A: Hello. I'd like to make a long-distance call to New York, please.
B: What's the phonenumber, please?
A: It's New York 345 6785.
B: And what's your number, please?

A: Guten Tag. Ich hätte gern ein Ferngespräch nach New York.
B: Wie lautet die Nummer bitte?
A: Das ist New York 3456785.
B: Und welche Nummer haben Sie bitte?

A: It's 245 4657.
B: Good. I'll call you back in five minutes.

A: Die 2454657.
B: In Ordnung. Ich rufe Sie in fünf Minuten zurück.

A: Hello. Could I speak to Michael, please?
B: Michael? I think you've got the wrong number!
A: Oh sorry. I wanted 235 5768.

A: Kann ich bitte Michael sprechen?
B: Michael? Ich glaube, Sie sind falsch verbunden!
A: Tut mir leid. Ich wollte die 2355768.

A: Hello. I'd like to speak to Mr Jones, please.
B: Who's speaking, please?
A: It's Beth Taylor speaking.
B: I'll put you through.
I'm sorry but the line's engaged.

A: Guten Tag. Ich hätte gern Herrn Jones gesprochen.
B: Wer ist am Apparat?
A: Beth Taylor.
B: Ich verbinde Sie.
Tut mir leid, aber es wird gesprochen.

A: Oh! Could you take a message, please?
B: Of course.
A: Could you tell him that Beth Taylor rang and that he can reach me after four o'clock this afternoon on 568 3741.
B: Fine. I'll tell him.
A: Thanks a lot. Bye!

A: Ach so! Könnten Sie bitte etwas ausrichten?
B: Selbstverständlich.
A: Könnten Sie ihm bitte sagen, dass Beth Taylor angerufen hat und dass ich ab 16.00 Uhr unter 5683741 erreichbar bin.
B: Gut, ich richte es aus.
A: Danke schön. Tschüss!

A: Eastern Electronics.
Can I help you?
B: Could I speak to the sales manager, please?

A: Eastern Electronics. Kann ich Ihnen helfen?
B: Kann ich bitte den Vertriebsleiter sprechen?

A: Hold the line, please.
C: Sales department.
B: Hello. Am I speaking to the sales manager?
C: Yes, speaking.
B: Could you speak a bit louder, please. This is a bad line.

C: True. Why don't you try again in two minutes? My direct number is 456 5432.

B: OK. Bye!

A: Bleiben Sie bitte am Apparat.
C: Vertriebsabteilung.
B: Guten Tag. Spreche ich mit dem Vertriebsleiter?
C: Ja, am Apparat.
B: Könnten Sie bitte etwas lauter sprechen. Die Verbindung ist schlecht.
C: Stimmt. Vielleicht können Sie's in zwei Minuten nochmal versuchen? Meine Durchwahl lautet 4565432.
B: In Ordnung. Auf Wiederhören!

Mobile Phones

Mobiltelefone

Obwohl es so klingen mag, als wäre „Handy" ein englisches Wort, ist das nicht der Fall. „Handy" ist also im Englischen ein echter "false friend"! Benutzen Sie daher im Englischen die korrekten Ausdrücke "mobile phone", "cellular phone" oder einfach "mobile".

Please call me on my mobile, I won't be at home at the weekend.

Ruf mich bitte auf dem Handy an. Ich bin am Wochenende nicht zu Hause.

You can also leave a message on my mailbox.

Du kannst mir auch auf der Mailbox eine Nachricht hinterlassen.

The number you have called is not available at the moment.

Der von Ihnen gewählte Anschluss ist derzeit nicht erreichbar.

There is no net at present.

Im Moment ist kein Netz vefügbar.

If you send me an SMS message, I will get right back to you.

Wenn du mir eine SMS Mitteilung (Short Message Service) schickst, rufe ich dich sofort zurück.

Most mobile phones have a lot of extra utilities.

Die meisten Handys haben zahlreiche Zusatzfunktionen.

I need a tri-band mobile because I also want to use it in the US.	Ich brauche ein Triband-Handy, weil ich es auch in den USA benutzen will.
Please read the manual carefully before using your mobile for the first time.	Bitte lesen Sie sorgfältig die Gebrauchsanweisung, bevor Sie Ihr Handy zum ersten Mal benutzen.
There is a quick access menu to make use of the options you need the most.	Das Schnellzugriffsmenü ermöglicht Ihnen rasche Nutzung der Optionen, die Sie am häufigsten benötigen.
A: I'm thinking of buying a mobile phone.	A: Ich denke darüber nach, ob ich mir ein Handy kaufen soll.
B: That's a good idea. I bought one last year and I must say I couldn't do without it anymore.	B: Gute Idee. Ich habe mir letztes Jahr eins gekauft und ich könnte gar nicht mehr ohne zurechtkommen.
A: What about those SMS-messages?	A: Was ist mit diesen SMS-Mitteilungen?
B: They are an easy and inexpensive way to quickly notify someone about something.	B: Sie bieten eine einfache und kostengünstige Möglichkeit, jemanden schnell über etwas zu informieren.
A: What if I want to use my mobile in the US as well?	A: Was ist, wenn ich mein Handy auch in den USA benutzen will?
B: No problem. You just have to get a tri-band mobile.	B: Kein Problem. Du musst dir nur ein Triband-Handy zulegen.

Schriftverkehr

Private Letters	**Privatbriefe**
Opening Lines	**Anrede**
Dear …,	Liebe/r …
My dear …,	Liebe/r …
My dearest …,	Mein/e liebste/r …

Bei Privatbriefen wird das Datum und oft auch der Ort an den oberen rechten Rand geschrieben. Es gibt mehrere Möglichkeiten, das Datum zu schreiben, z. B.: "1st May, 20..., May 1st, 20..., 1 May, 20..., May 1, 20..." oder "1.5.20..." Alle diese Varianten werden entweder "May the first, 20...", oder "the first of May, 20..." gesprochen.
In den USA ist es gebräuchlich, den Monat vor dem Tag zu nennen, d. h. "May the first, 20..." wird "5/1/20..." geschrieben.
Im Brief wird die Anrede "Dear ..." (Liebe/r) immer mit einem Komma abgetrennt und das erste Wort eines Briefes wird immer groß geschrieben. Auch die Grußwendung am Ende des Briefes beginnt mit einem Großbuchstaben und wird mit einem Komma abgesetzt.
"Dear ..." ist die übliche Form der Anrede in englischen Briefen. Es gibt keinen Unterschied zwischen „Sehr geehrte/r ..." und „Liebe/r ..." wie im Deutschen.
"My dearest ..." ist allerdings engsten Freunden und Verwandten sowie Liebespaaren vorbehalten. In kurzen Notizen findet man manchmal nur den Namen des Empfängers als Anrede.

Closing Lines	**Grußwendungen**
Yours sincerely,	Mit freundlichen Grüßen
With best wishes,	Mit besten Grüßen
Yours/Love,	Herzliche Grüße
With love from,	Herzliche Grüße
With much love,	Herzliche Grüße
Yours affectionately,	Viele liebe Grüße
With all my love,	Mit lieben Grüßen
Love, ...	In Liebe ...

Mit "Yours sincerely" beendet man förmliche Privatbriefe sowie Briefe an Personen, die einem persönlich nicht bekannt sind.
Für Briefe an Bekannte oder für weniger förmliche Geschäftsbriefe verwendet man "With best wishes" oder "Yours".
Hat man Freunden geschrieben, so sollte der Brief mit "Love", "With love from", "With much love" oder "Yours affectionately" enden.
Briefe an sehr enge Freunde oder Liebesbriefe schließt man mit dem Abschiedsgruß "With all my love".

Example of a Private Letter

Muster für einen Privatbrief

Dear Graham,

I'm just writing to let you know that I'll be in London at the end of the month. It would be great if we could get together then! I'll give you a ring when I know when I'm arriving. Looking forward to seeing you!

With much love,
Mary

Lieber Graham,

ich möchte dir nur kurz Bescheid geben, dass ich gegen Ende des Monats in London sein werde.
Es wäre toll, wenn wir uns sehen könnten. Ich rufe dich an, wenn ich weiß, wann ich ankomme.
Ich freue mich schon darauf, dich zu sehen.
Viele liebe Grüße
Mary

Business Letters

Geschäftsbriefe

Opening

Briefe beginnen

Dear Sir,	Sehr geehrter Herr …
Dear Madam,	Sehr geehrte Frau …
Dear Sir/Madam,	Sehr geehrte Damen und Herren,
Dear Andrew,	Lieber Andrew,
Dear Michelle,	Liebe Michelle,
Sirs,	Sehr geehrte Damen und Herren,

"Dear" ist die universelle Anrede in englischen Geschäftsbriefen. "Dear Sir", "Dear Madam" oder "Dear Sir/Madam" werden verwendet, wenn man nicht weiß, wie der Briefpartner heißt. "Dear Mr …" ist die übliche Anrede für einen Geschäftsbrief in Großbritannien. Die in Amerika verwendete Anrede mit dem Vornamen – wie z. B. "Dear Andrew" – wird aber besonders in den kreativeren Branchen wie Marketing und Werbung immer gebräuchlicher.
"Dear Mrs" klingt zunehmend veraltet: Man schreibt heute eher "Dear Ms", eine neutrale Anrede, die den Familienstand der Frau außer Acht lässt. Zudem werden auch Frauen immer häufiger mit dem Vornamen angesprochen.

"Dear Miss …" (Fräulein) wird so gut wie nie in Geschäftsbriefen verwendet. "Sirs" wird manchmal in den USA als allgemeine Anrede gebraucht.

Closing Lines	**Grußwendungen**
Yours sincerely,	Mit freundlichen Grüßen
Yours faithfully,	Hochachtungsvoll
With best wishes,	Mit herzlichem Gruß
With best regards,	Mit herzlichem Gruß
With kindest regards,	Mit herzlichem Gruß

"Yours sincerely" und "Yours faithfully" sind die beiden gebräuchlichsten Grußwendungen am Ende eines Geschäftsbriefes. Mit den Wendungen "With best wishes", "With best regards", oder "With kindest regards", beschließt man Briefe an Personen, die in kreativen Branchen arbeiten, oder an Geschäftspartner, die man bereits gut kennt.

Att:/Attention …	z. Hd.
ref	Betreff
your ref	Ihr Kürzel
our ref	Unser Kürzel
enc (enclosures)	Anlage
cc (copies)	Verteiler
confidential	geheim, vertraulich

In Großbritannien erscheint der Betreff unmittelbar unter der Anrede und wird entweder unterstrichen und/oder durch "ref" (reference) gekennzeichnet.

Example of a Business Letter	**Muster für einen Geschäftsbrief**
Dear Ms Brown,	Sehr geehrte Frau Brown,
ref: children's toys	(Betreff): Kinderspielzeug
Thank you for your enquiry of 18 March, 20… Please find enclosed our illustrated catalogue and price list giving the details you asked for.	Haben Sie vielen Dank für Ihre Anfrage vom 18. März 20… In der Anlage finden Sie unseren illustrierten Katalog und unsere Preisliste, denen Sie die Einzelheiten entnehmen können, nach denen Sie gefragt hatten.
The prices given are quoted in US dollars.	Die Preise sind in US-Dollar angegeben.
We will be willing to give you a 15% discount for orders of more than 1000 items.	Wir sind bereit, Ihnen 15% Nachlass zu gewähren, falls Sie mehr als 1000 Artikel bestellen.
We are sending you by airmail a range of samples which will convice you of their high quality.	Wir schicken Ihnen per Luftpost eine Reihe von Mustern, die Sie von der hohen Qualität überzeugen werden.
We have all items listed in stock and we can guarantee immediate dispatch.	Alle aufgelisteten Artikel haben wir auf Lager, wir können Ihnen somit sofortige Zusendung garantieren.
We look forward to doing business with you in the future.	Wir freuen uns auf eine gute geschäftliche Zusammenarbeit mit Ihnen.
Yours sincerely,	Mit freundlichen Grüßen
Juliette Pears Sales Manager	Juliette Pears Vertriebsleiterin
enc price list catalogue cc: J. Kennett	Anlage: Preisliste Katalog Verteiler: J. Kennett

Bei der Adressierung eines Briefes müssen einige wichtige Punkte beachtet werden. Wenn man den Briefumschlag adressiert, wird das dem deutschen „An" entsprechende "to" selten verwendet. Der Name des Empfängers erscheint an erster Stelle, seine Firma o. ä. erst danach. Der Absender schreibt seinen Namen und seine Adresse auf die Rückseite des Umschlages, und zwar immer den vollen Namen und nicht nur den Nachnamen. Zu berücksichtigen ist auch, dass im Gegensatz zu Deutschland jede Firma und jeder Haushalt noch eine Hausnummer innerhalb eines Gebäudes hat. Es reicht dann nicht aus, nur den Namen und die Straßenhausnummer anzugeben. Man schreibt stattdessen zum Beispiel:

Anna Charles
Flat 2,
97 Petherick Rd.
oder
2/97 Petherick Rd.

"Road" kann zu "Rd." abgekürzt werden, "Street" zu "St.". Diese Abkürzungen stehen immer getrennt vom Straßennamen. Es heißt also "Margaret St." und nicht "Margaretst.".
Zu beachten ist auch, dass die Hausnummer vor dem Straßennamen steht.

Common Abbreviations	**Häufige Abkürzungen**
MD = Managing Director	Geschäftsführer
asap = as soon as possible	so bald wie möglich
M.O. = modus operandi	Vorgehensweise
M/S = managers and superiors	Manager und Vorgesetzte
HR = Human Resources	Personalabteilung
ASS = After Sales Services	Kundenbetreuung
R&D= Research and Development	Abteilung für Forschung und Entwicklung
PA = Personal Assistant	Assistent/in
CEO = Chief Executive Officer	Geschäftsführer
HQ = headquarters	Hauptgeschäftssitz einer Firma
ADD = additional	zusätzlich

Pls. = please	bitte
Attn. = Attention	z. Hd. = zu Händen
CFM = confirm	bestätigen
MTG = Meeting	Konferenz
RGDS = Regards	MfG = Mit freundlichen Grüßen
EDP = Electronic Data Processing	EDV = Elektronische Datenverarbeitung

Verabredungen und Termine

Making Arrangements	Private Verabredungen
Would you like to have a drink with me sometime?	Hätten Sie Lust, irgendwann mit mir etwas trinken zu gehen?
Could I invite you out for a meal?	Kann ich Sie zum Essen einladen?
Have you got anything planned at the weekend?	Haben Sie am Wochenende schon etwas vor?
Are you doing anything tonight?	Haben Sie heute Abend schon was vor?
Could I invite you for a cup of coffee?	Darf ich Sie zu einer Tasse Kaffee einladen?
Yes, that would be lovely.	Ja, sehr gerne.
Where shall we go?	Wo wollen wir hingehen?
There's a nice little pub around the corner.	Gleich hier um die Ecke ist eine nette kleine Kneipe.
When could we meet?	Wann können wir uns treffen?
When do you suggest?	Wann schlagen Sie vor?
When would it suit you best?	Wann passt es Ihnen am besten?
I'll leave it up to you.	Ich richte mich ganz nach Ihnen.
What about 12 o'clock tomorrow?	Wie wäre es mit morgen Mittag?
I can take a day off tomorrow.	Ich kann mich morgen frei machen.
Perhaps another time.	Vielleicht ein andermal.
How about the end of the week sometime?	Wie wäre es irgendwann Ende der Woche?
I'll pick you up at 7.30 at your place.	Ich hole Sie um 19.30 Uhr bei Ihnen zu Hause ab.
Let's say 8 o'clock outside the station.	Sagen wir um 20 Uhr vor dem Bahnhof?
Please come and visit us sometime.	Kommen Sie doch mal vorbei.

It would be nice if you could come on Sunday.	Es wäre nett, wenn Sie am Sonntag kommen könnten.
We've invited a few people around for a meal. Wouldn't you like to come round, too?	Wir haben ein paar Leute zum Essen eingeladen. Möchten Sie nicht auch kommen?
I'd love to invite you round for a meal.	Ich würde Sie gerne zu uns zum Essen einladen.
You'll bring … along, won't you?	Sie bringen doch … mit?
We'd love to come.	Wir kommen gerne.
It's very nice of you, but I have very little time at the moment.	Das ist sehr nett von Ihnen, aber ich habe im Moment leider sehr wenig Zeit.

A: Would you like to have a drink with me sometime?	A: Hätten Sie Lust, irgendwann mit mir etwas trinken zu gehen?
B: Yes, that would be lovely. When do you suggest?	B: Ja, das wäre sehr schön. Wann würden Sie vorschlagen?
A: When would it suit you best?	A: Wann passt es Ihnen am besten?
B: What about tomorrow evening?	B: Wie wäre es mit morgen Abend?
A: I'm afraid I'm busy tomorrow. How about the end of the week sometime?	A: Ich habe leider morgen schon etwas vor. Wie wäre es irgendwann Ende der Woche?
B: Friday around eight?	B: Freitag gegen 20 Uhr?
A: Good. Let's say eight o'clock outside the station.	A: Gut. Sagen wir um 20 Uhr vor dem Bahnhof.
B: Fine. So, see you then!	B: Schön. Also, bis dann!

Business Appointments / Geschäftliche Verabredungen

I'd like to make an appointment with … please.	Ich hätte gerne einen Termin mit …
Would it be possible for me to see …?	Könnte ich … sehen?
Yes, I can give you an appointment at two this afternoon. Would that suit you?	Ich kann Ihnen einen Termin um 14 Uhr heute Nachmittag geben. Würde Ihnen das passen?
That would be fine.	Das wäre mir recht.

I don't have time then.	Ich habe dann keine Zeit.
Four o'clock would be better.	16 Uhr wäre besser.
I'll check to see if he/she's free.	Ich schaue mal nach, ob er/sie frei ist.
I'll pencil you in for …	Ich merke Sie für … vor.
I'm returning your call regarding …	Ich rufe Sie zurück wegen …
Please tell … I'm expecting him/her tomorrow.	Sagen Sie … bitte, ich erwarte ihn/sie morgen.
Please tell … I'll call by at five o'clock.	Sagen Sie … bitte, ich komme um fünf vorbei.
I think we should meet over lunch to discuss the matter further.	Ich glaube, wir sollten uns zum Mittagessen treffen, um Näheres zu besprechen.
Why don't we meet next week to discuss the matter further?	Warum treffen wir uns nicht nächste Woche, um Näheres zu besprechen?
Shall we say at twelve in Restaurant …?	Sagen wir um zwölf im Restaurant …?
That's more my line.	Das ist eher mein Fachgebiet.
A: Hello, this is Jane Sutherland here.	A: Guten Tag. Hier spricht Jane Sutherland.
Would it be possible for me to see Mr Barclay this afternoon?	Könnte ich Herrn Barclay heute Nachmittag sehen?
B: Yes, just a minute, please. I'll check to see if he's free …	B: Ja, einen Augenblick bitte. Ich schaue nach, ob er Zeit hat …
Would two o'clock suit you?	Wie wäre es mit 14 Uhr?
A: That would be fine. Thank you.	A: Das wäre mir recht. Danke.
A: This is a very interesting point you've brought up. Unfortunately, I don't have time to talk about it now. Why don't we meet early next week to discuss the matter further?	A: Das ist ein sehr interessanter Punkt, den Sie da angeschnitten haben. Leider habe ich jetzt keine Zeit, mich darüber zu unterhalten. Warum treffen wir uns nicht Anfang nächster Woche, um diese Sache näher zu besprechen?
B: Excellent idea. What about one o'clock on Monday?	B: Eine ausgezeichnete Idee. Wie wäre es mit 13 Uhr am Montag?
A: Actually, I don't have time then. What about 11.30?	A: Eigentlich habe ich dann keine Zeit. Wie wäre es mit 11.30 Uhr?

B: Good. Shall we say 11.30 in Restaurant Rafael?	B: Gut. Sagen wir 11.30 Uhr im Restaurant Rafael?
A: Fine. See you then.	A: Gut. Bis dann.
Business Situations	**Geschäftliche Situationen**
It's time to start our meeting.	Es ist Zeit, mit der Besprechung anzufangen.
I would like to introduce …	Ich möchte … vorstellen.
I would like us to agree on the agenda.	Zuerst möchte ich, dass wir uns auf die Tagesordnung einigen.
Our main objective is to …	Unser Hauptziel ist …
What I would like to achieve from this meeting is …	Was ich mit dieser Besprechung erreichen möchte, ist …
I would like to talk about …	Ich möchte … besprechen.
Something else I'd like to achieve is …	Noch etwas, das ich gerne erreichen möchte, ist …
Does that seem acceptable to you…?	Entspricht das in etwa Ihren Vorstellungen?
I think we should start with …	Ich glaube, wir sollten mit … anfangen.
Would you go along with that?	Wären Sie damit einverstanden?
Yes, certainly.	Ja, sicher.
I would like to start with the first item on the agenda.	Ich möchte mit dem ersten Punkt auf der Tagesordnung beginnen.
It is extremely important for us that …	Uns ist es sehr wichtig, dass …
It is of lesser importance for us that …	Es ist uns weniger wichtig, dass …
Could I just ask a few questions?	Darf ich ein paar Fragen stellen?
Can I just move on to another question?	Könnte ich eine andere Frage ansprechen?
Can you give me an idea of …?	Können Sie mir eine Vorstellung von … geben?
How important is … for you?	Wie wichtig ist … für Sie?
There seem to be several ways in which we could work more closely together.	Es scheint mehrere Möglichkeiten für uns zu geben, enger zusammenzuarbeiten.
Would you consider …?	Würden Sie sich überlegen …?

I'm afraid that isn't acceptable.	Das ist leider nicht akzeptabel.
We're not happy with your proposal.	Wir sind mit Ihrem Vorschlag nicht zufrieden.
May I suggest a compromise?	Darf ich einen Kompromiss vorschlagen?
We would be prepared to accept your offer if …	Wir wären bereit, Ihr Angebot zu akzeptieren wenn …
As we agreed …	Wie vereinbart …
There are some questions which remain to be clarified.	Es gibt einige Fragen, die noch zu klären sind.
By our next meeting, we'll have …	Bis zu unserer nächsten Besprechung werden wir …
We'll discuss the question of …	Wir werden uns bei unserer nächsten Besprechung mit … befassen.
Have I covered everything?	Habe ich alles angesprochen?
Thank you very much for your cooperation.	Vielen Dank für Ihre Mitarbeit.
You have a point there.	Da haben Sie recht.
May I point out another thing?	Darf ich noch auf etwas hinweisen?
That came across very strongly.	Das wurde allgemein deutlich.
on the face of it	auf den ersten Blick
Can you give this matter another couple of days?	Können Sie die Angelegenheit noch ein paar Tage aufschieben?
Can I bring you in on this matter?	Können Sie zu diesem Thema etwas beitragen?
Item five on our list is …	Tagesordnungspunkt fünf ist …
I will give you the full particulars later.	Die Details erfahren Sie später.
… has the edge when it comes to marketing.	… ist einfach eine Spur besser, was das Marketing betrifft.
We will come back to this point in due course.	Wir kommen zum geeigneten Zeitpunkt hierauf zurück.
He seems to have a lot of hands-on experience.	Er scheint sehr viel praktische Erfahrung zu haben.
I will give you the hard facts.	Ich mache Sie mit den konkreten Fakten vertraut.
Is that the lot then?	Wäre das dann alles?
We do have some scope there.	Da haben wir tatsächlich noch Spielraum.
This is only a formality.	Das ist nur eine Formsache.
What's all the fuzz about?	Worum geht es hier eigentlich?

I don't know what you are getting at.	Ich weiß nicht, worauf Sie hinaus wollen.
There was a clash of personalities.	Die beiden kamen einfach nicht miteinander aus.
There's no time to lose.	Wir dürfen keine Zeit verlieren.
We'll have to keep an eye on this.	Das müssen wir im Auge behalten.
We have to set this fact in context with …	Wir müssen diese Tatsache im Zusammenhang mit … sehen.
I will put you in the picture.	Ich werde Sie informieren.
We will have to turn the company round.	Wir müssen die Firma wieder profitabel machen.
At the moment, we are under-capitalized.	Im Augenblick haben wir nicht die nötigen Mittel.
I didn't quite catch that.	Ich habe das nicht ganz verstanden.
This note addresses the real problems.	Diese Notiz spricht die wirklichen Probleme an.
You have been doing your homework!	Sie haben sich ausgezeichnet vorbereitet!
It's time to put your cards on the table.	Es ist an der Zeit, dass Sie Offenheit üben.
Broadly speaking, yes.	Im Großen und Ganzen schon.
That's well on target.	Das ist Ihre Aufgabe.
I think I got the hang of it.	Ich denke, ich habe das verstanden.
We will put our heads together to find a solution.	Wir werden gemeinsam eine Lösung finden.
The way things are going, we are in for a long meeting.	So wie die Dinge liegen, haben wir eine lange Sitzung vor uns.
All in good time!	Alles zu seiner Zeit!
We should not decide this off the top of our heads.	Wir sollten keine übereilte Entscheidung treffen.
When will we come on stream with the new product?	Wann gehen wir mit dem neuen Produkt in Produktion?
Are you getting cold feet over this?	Wird Ihnen die Sache zu gefährlich?
I can serve you the trouble.	Das kann ich Ihnen ersparen.
That point is not negotiable here.	Dieser Punkt steht hier nicht zur Debatte.
We don't seem to be on the same wavelength.	Wir liegen nicht auf einer Wellenlänge.
I go along with your idea.	Ich schließe mich Ihrer Idee an.

This is only the thin edge of the wedge.	Dies ist nur die Spitze des Eisbergs.
You seem to be a little on the optimistic side there.	Da scheinen Sie mir ein bisschen zu optimistisch zu sein.
That's quite a different ball game.	Das ist eine ganz andere Sache.
What it comes down to is …	Worauf das hinausläuft, ist …
the business in hand	das augenblickliche Thema
We don't seem to agree.	Wir stimmen nicht überein.
I will take you up on that later.	Ich werde das später ausführlich mit Ihnen besprechen.
We are seeing some light at the end of the tunnel.	Wir sehen Licht am Ende des Tunnels.
Please fill me in on the details.	Bitte informieren Sie mich über die Einzelheiten.
These figures are hot off the computer.	Die Zahlen sind auf dem allerneuesten Stand.

A: So, it's time to start our meeting. I'd like to introduce Mr Brown and Ms Smith from Mercer Enterprises.	A: Also, es ist Zeit, mit der Besprechung anzufangen. Ich möchte Ihnen Herrn Brown und Frau Smith von der Firma Mercer Enterprises vorstellen.
B: Good morning.	B: Guten Morgen.
C: Good morning.	C: Guten Morgen.
A: First of all, I would like us to agree on the agenda for the day of which you have all received a copy.	A: Zu allererst möchte ich, dass wir uns auf die Tagesordnung einigen, von der Sie alle eine Kopie erhalten haben.
C: That seems fine.	C: Einverstanden.
A: As you know, our objective today is to negotiate with you the contract for the advertising campaign which Mercer Enterprises will be carrying out for us. What I want to achieve is an agreement which will be satisfactory to both sides.	A: Wie Sie wissen, ist es unser heutiges Ziel, einen Vertrag über die Werbekampagne auszuhandeln, die Mercer Enterprises für uns durchführt. Was ich gern erreichen möchte, ist ein Abkommen zur beiderseitigen Zufriedenheit.
I would like to start with the first item on the agenda which concerns the time frame involved.	Ich möchte mit dem ersten Punkt auf der Tagesordnung beginnen, der den Zeitrahmen der Kampagne betrifft.

B: To complete the campaign, we would need two months to ten weeks. Does that seem acceptable to you?

B: Um die Kampagne fertig zu stellen, würden wir zwischen zwei Monaten und zehn Wochen benötigen. Ist das für Sie akzeptabel?

A: It is extremely important to us that the advertising campaign is started before the Christmas season. This would mean that the maximum time we could wait would be seven weeks.

A: Es ist uns außerordentlich wichtig, dass die Werbekampagne vor der Weihnachtszeit gestartet wird. Das würde bedeuten, dass wir höchstens sieben Wochen warten könnten.

C: This would be almost impossible for us within the framework which we have already developed. The campaign would only be ready in seven weeks if we cut back on the radio part. How important is the radio advertising to you?

C: Innerhalb des von uns schon entwickelten Rahmens ist das für uns nahezu unmöglich. Die Kampagne könnte nur dann in sieben Wochen fertig sein, wenn wir den Radioteil kürzen würden. Wie wichtig ist die Rundfunkwerbung für Sie?

A: We would be prepared to cut it back by 50 per cent.

A: Wir wären bereit, sie um 50 Prozent zu kürzen.

B: Could I just ask a question?

B: Darf ich eine Frage stellen?

A: Certainly.

A: Gewiss.

B: Would we receive the same amount of money for the radio campaign? You see, we have already planned our budget on the old figure.

B: Würde die Geldsumme für die Rundfunkwerbung die gleiche bleiben?
Sehen Sie, wir haben unser Budget schon nach den alten Angaben geplant.

A: May I suggest a compromise?

A: Darf ich einen Kompromiss vorschlagen?

I would suggest that we settle on a lower fee than planned and in return we make an agreement that you will receive the contract for our next campaign in March.

Wir einigen uns auf ein niedrigeres Honorar als vorab geplant, und im Gegenzug vereinbaren wir, dass wir Ihnen den Auftrag für unsere nächste Kampagne im März geben.

C: We would be prepared to accept your offer if we could have that in writing.

C: Wir wären bereit, Ihr Angebot zu akzeptieren, wenn wir es schriftlich haben könnten.

A: Agreed. So can we say that the campaign will be ready in seven weeks, that is on November 23?

A: Einverstanden. Wir können also festhalten, dass die Kampagne in sieben Wochen, also am 23. November, fertig sein wird?

B: Yes, fine. And by our next meeting, I will have discussed the question of money in detail with my colleagues. Have I covered everything for now?

B: Ja, schön. Bis zu unserem nächsten Treffen werde ich die Geldfrage mit meinen Kollegen im Detail besprochen haben. Habe ich für heute alles angesprochen?

C: Yes, I believe so.

C: Ja, ich glaube schon.

A: Thank you very much for your cooperation and I'll see you next week.

A: Vielen Dank für Ihre Mitarbeit, und wir sehen uns nächste Woche.

Gefühlsäußerungen

Regret

Bedauern

What a pity!/What a shame! — (Wie) Schade!
It's a great pity that … — Es ist sehr schade, dass …
I'm very sorry about that. — Ich bedaure das sehr.
I'm sorry to hear that. — Es tut mir leid, das zu hören.
I feel very sorry for him. — Er tut mir leid.
To my (great) regret … — Zu meinem (großen) Bedauern …
I'm afraid I have some unpleasant news for you. — Ich habe leider unangenehme Neuigkeiten für Sie.
Sorry, I didn't mean to offend you. — Verzeihen Sie mir! Ich wollte Sie nicht kränken.

I regret it very much. — Ich bedaure es sehr.
I have no regrets about it. — Ich bedaure es nicht.

A: I tried to reach him, but he had already left.
B: Oh, what a pity!

A: Ich habe versucht, ihn zu erreichen, aber er war schon weg.
B: Wie schade!

A: I'm terribly sorry but I won't be able to come this evening.

A: Es tut mir schrecklich leid, aber ich werde heute Abend nicht kommen können.

B: Never mind. Perhaps another time.

B: Das macht nichts. Vielleicht klappt's ein anderes Mal.

Assurance, Confirmation, Acknowledgement

Versicherung, Bestätigung, Anerkennung

I know that for certain.
Ich weiß das sicher.

I assure you that it isn't true.
Ich versichere Ihnen, dass es nicht wahr ist.

It's a fact.
Das ist eine Tatsache.

I'm sure that you're mistaken.
Ich bin sicher, dass Sie sich irren.

I want to make sure this information is correct.
Ich möchte mich nur vergewissern, dass diese Auskunft richtig ist.

My suspicion has been confirmed.
Mein Verdacht hat sich bestätigt.

I'm confident you will agree with me.
Ich bin sicher, dass Sie mir zustimmen werden.

I need your confirmation in this matter.
In dieser Angelegenheit brauche ich Ihre Bestätigung.

A: I'm absolutely certain that it's going to snow tomorrow.
B: I'm sure you're mistaken.

A: Ich weiß ganz bestimmt, dass es morgen schneien wird.
B: Ich bin sicher, dass du dich irrst.

Agreement and Refusal

Zustimmung und Ablehnung

Does my suggestion meet with your approval?
Findet mein Vorschlag Ihre Zustimmung?

I agree with you.
Ich stimme Ihnen zu.

I quite agree with you.
Ich stimme Ihnen völlig zu.

I agree with you on most points.
Ich stimme Ihnen in fast allen Punkten zu.

We understand each other perfectly.
Wir verstehen uns voll und ganz.

I'm in favour of that.
Ich bin dafür.

That's a good suggestion.
Das ist ein guter Vorschlag.

I don't agree with you.
Ich kann Ihnen nicht zustimmen.

I don't agree with you at all.
Ich kann Ihnen überhaupt nicht zustimmen.

That's absolutely impossible.
Das ist völlig unmöglich.

That's out of the question.
Das kommt nicht in Frage.

I have to refuse.
Das muss ich ablehnen.

I'm sorry but the answer is no.

Es tut mir leid, aber die Antwort ist Nein.

We don't see eye to eye.

Wir sind nicht einer Meinung.

A: Do my suggestions meet with your approval?
B: I quite agree with you that we should move our offices to a new building.
But I don't agree with you that we should be prepared to pay significantly more rent.

A: Finden meine Vorschläge Ihre Zustimmung?
B: Ich stimme Ihnen völlig zu, dass wir unsere Räumlichkeiten in einem neuen Gebäude unterbringen sollten. Aber ich bin dagegen, dass wir dann eine erheblich höhere Miete in Kauf nehmen sollten.

A: And do you think we should provide a cafeteria for our employees?
B: I'm sorry, but that's out of the question.

A: Und meinen Sie, wir sollten für unsere Mitarbeiter eine Cafeteria zur Verfügung stellen?
B: Es tut mir leid, aber das kommt nicht in Frage.

Contradiction and Negation

Widerspruch und Verneinung

I'm sorry, but you're wrong.

Es tut mir leid, aber Sie haben unrecht./Es tut mir leid, aber Sie irren sich.

I'm afraid I don't agree with you.

Ich bin leider anderer Meinung.

We differ completely on this point.

In diesem Punkt sind wir völlig unterschiedlicher Meinung.

I must contradict you.

Ich muss Ihnen widersprechen.

You've just contradicted what you said earlier.

Sie haben gerade dem widersprochen, was Sie vorhin gesagt haben.

Wenn man im Englischen jemandem widerspricht, ist es sehr wichtig, sich immer kurz und pro forma zu entschuldigen. Das gilt auch dann, wenn man eigentlich vollkommen recht hat, z. B. "I'm terribly sorry but you're wrong". „Es tut mir schrecklich leid, aber Sie haben unrecht."

I'm sure that … wouldn't share your opinion.	Ich bin sicher, dass … Ihre Meinung nicht teilen würde.
I think you're jumping to conclusions.	Ich glaube, Sie ziehen voreilige Schlüsse.
I didn't say that.	Das habe ich nicht gesagt.
I deny having said that.	Ich bestreite, das gesagt zu haben.
A: It's obvious that the accident was your fault.	A: Es ist ganz offensichtlich, dass der Unfall Ihre Schuld war.
B: I'm sorry but you're wrong.	B: Es tut mir leid, aber Sie haben unrecht.
A: It's clear that I had right of way.	A: Es ist klar, dass ich Vorfahrt hatte.
B: I'm quite sure that the police wouldn't share your opinion.	B: Ich bin sicher, dass die Polizei Ihre Meinung nicht teilen würde.

Expressing Importance — **Wichtiges herausheben**

This is very important.	Das ist sehr wichtig.
It means a lot to me.	Das bedeutet mir viel.
Do you realize how important this is?	Ist Ihnen klar, wie wichtig das ist?
This is no small matter.	Das ist nicht einfach.
The matter really worries me.	Die Sache macht mir große Sorgen.
Think everything over carefully before coming to a decision.	Überdenken Sie alles sorgfältig, bevor Sie sich entscheiden.
It's important for me to hear your opinion on this matter.	Es ist für mich wichtig, Ihre Meinung dazu zu hören.
I realize how important this matter is to you.	Es ist mir klar, wie wichtig Ihnen diese Sache ist.
A: I'm having problems deciding whether to take the new job which has been offered to me.	A: Ich kann mich nicht entscheiden, ob ich das neue Jobangebot annehmen soll.
B: I know this is no small matter. Think everything over carefully before coming to a decision.	B: Ich weiß, das ist nicht einfach. Überdenken Sie alles sorgfältig, bevor Sie sich entscheiden.
A: Yes, I will. It means a lot to me.	A: Ja, das werde ich machen. Es bedeutet mir viel.

Emphasis	Betonung
I want to make it very clear that I have not the slightest intention to pay this.	Ich will eindeutig klarstellen, dass ich nicht im Entferntesten die Absicht habe, dies zu zahlen.
I refuse point blank to give in.	Ich weigere mich kategorisch nachzugeben.
I'd like to emphasize that I will not compromise.	Ich möchte betonen, dass ich keinen Kompromiss eingehen werde.
We explicitly stated that we didn't want a brown car but a black one.	Wir haben klar dargelegt, dass wir kein braunes, sondern ein schwarzes Auto wollen.
I'd like to stress that money is very important to me.	Ich möchte betonen, dass Geld sehr wichtig für mich ist.
She is very/really/extraordinary/ extremely nervous.	Sie ist sehr/wirklich/außergewöhnlich/extrem nervös.
She is quite/pretty certain that everything is O. K.	Sie ist ziemlich sicher, dass alles in Ordnung ist.
It was rather unusual for her to worry so much.	Es war ziemlich ungewöhnlich für sie, dass sie sich so viele Sorgen machte.
This was rather a difficult time for her.	Dies war eine ziemlich schwierige Zeit für sie.
She is much younger than him.	Sie ist viel jünger als er.
He hardly knew her.	Er kannte sie kaum.
I hardly ever smoke.	Ich rauche so gut wie nie.
She bought this dress especially for him.	Sie kaufte dieses Kleid extra für ihn.
I'm totally fed up with you.	Ich habe die Nase voll von dir.
I've had enough of your behaviour.	Ich habe genug von deinem Verhalten.
He can be an extremely annoying person!	Er kann einem unwahrscheinlich auf die Nerven gehen!
Oddly/Funnily enough, I missed him afterwards.	Sonderbarerweise/Komischerweise habe ich ihn danach vermisst.
I strongly/heartily disapprove of such manners.	Ich bin mit solchen Manieren überhaupt nicht einverstanden.
I cannot in the least accept such an insulting offer.	Ich kann ein derartig beleidigendes Angebot nicht annehmen.

I greatly admire your strength.	Ich bewundere deine Stärke ungemein.
I am very much in favour of such measures.	Ich bin sehr stark für solche Maßnahmen.
How dare he claim that.	Wie kann er es wagen, dies zu behaupten.
It was a big/bitter/great disappointment to his friends.	Es war für seine Freunde eine große/bittere/riesige Enttäuschung.
She stared at the TV screen in utter amazement.	Sie starrte völlig erstaunt auf den Bildschirm.
It was an absolute/total disaster.	Es war ein absolutes/völliges Desaster.
A: I must stress that I came here against my better judgement. I'm extremely tired because it bucketed down and the motorway was totally overcrowded.	A: Ich muss betonen, dass ich gegen besseres Wissen hier hergekommen bin. Ich bin sehr müde, weil es aus allen Kübeln goss und die Autobahn völlig überfüllt war.
B: We are truly sorry to inconvenience you but we definitely had to speak with you.	B: Es tut uns wirklich und wahrhaftig leid, dass wir Ihnen so viele Unannehmlichkeiten bereiten, aber wir mussten definitiv mit Ihnen sprechen.
A: I strongly disapprove of your tactics. But let's get it over with.	A: Ich bin mit solchen Taktiken überhaupt nicht einverstanden. Aber lassen Sie es uns hinter uns bringen.
B: We are positive that you have brutally killed your husband and hid his body afterwards.	B: Wir sind uns völlig sicher, dass Sie Ihren Ehemann brutal umgebracht und danach seine Leiche versteckt haben.
A: This is outrageous! How dare you insult me like this! I've had enough of your behaviour. I'm thoroughly fed up.	A: Das ist unerhört! Wie können Sie es wagen, mich derart zu beleidigen! Ich habe genug von Ihrem Verhalten. Ich habe die Nase gestrichen voll.
B: I greatly admire your eloquence but in the end we will certainly win.	B: Ich bewundere Ihre Redegewandtheit außerordentlich, aber letztendlich werden wir sicherlich gewinnen.

Expressing Belief and Conviction

Glauben und Überzeugung ausdrücken

Can you believe it?	Können Sie sich das vorstellen?
Are you sure?	Sind Sie sicher?
Yes, I'm sure it's true.	Ja, ich bin mir sicher, dass es wahr ist.
I thought that …	Ich dachte, dass …
I know it's true.	Ich weiß, dass das wahr ist./Ich weiß, dass das stimmt.
I believe you're right.	Ich glaube, Sie haben recht.
I think so.	Ich glaube schon.
I'm sure that can't be right.	Ich bin sicher, dass das nicht stimmen kann.
I'm firmly convinced you're wrong.	Ich bin fest davon überzeugt, dass Sie unrecht haben.
I'm quite certain.	Ich bin ganz sicher.
I'm positive that …	Ich bin mir völlig sicher, dass …

A: Can you believe it? There's a flight to Los Angeles for only £200!
B: Are you sure?
A: Yes, I'm quite certain.
B: I'm sure that can't be right. It's far too cheap.

A: Kannst du dir das vorstellen? Es gibt einen Flug nach Los Angeles für nur 200 £!
B: Bist du sicher?
A: Ja, ich bin ziemlich sicher.
B: Ich bin sicher, dass das nicht stimmen kann. Das ist viel zu billig.

Expressing Uncertainty

Ausdruck der Ungewissheit

I'm not absolutely sure.	Ich bin mir nicht absolut sicher.
It's still uncertain.	Es ist immer noch ungewiss.
I don't know for certain.	Ich bin mir nicht sicher.
I doubt it.	Ich bezweifle es.
I can't be sure.	Ich bin mir nicht sicher.
I'm still sceptical.	Ich bin immer noch skeptisch.
This is only a guess.	Das ist nur eine Vermutung.

This uncertainty worries me.	Diese Ungewissheit beunruhigt mich.
A: Do you know if you're going to get that lovely flat you wanted?	A: Wissen Sie, ob Sie die schöne Wohnung bekommen, die Sie wollten?
B: It's still uncertain, unfortunately. Somehow I doubt it.	B: Es ist leider immer noch ungewiss. Ich bezweifle es irgendwie.

Likes and Dislikes	**Gefallen und Missfallen**
Do you like it?	Gefällt Ihnen das?/Gefällt es Ihnen?
What do you think of …?	Was halten Sie von …?
How do you find?	Wie finden Sie …?
Are you fond of?	Mögen Sie …?
Do you enjoy going to the theatre?	Gehen Sie gerne ins Theater?
I like it very much.	Es gefällt mir sehr gut.
It's very nice.	Es ist sehr nett.
It's very pleasant.	Es ist sehr angenehm.
I think it's wonderful!	Ich finde es wundervoll.
I don't like it at all.	Es gefällt mir überhaupt nicht.
It's not too bad.	Es geht.
It's not to my taste.	Das ist nicht mein Geschmack.
I find it appalling.	Ich finde es entsetzlich.
I find him a very pleasant person.	Er ist mir sehr sympathisch.
She is lovely.	Sie ist sehr lieb.
We hit it off immediately.	Wir haben uns sofort verstanden.
She's a nice person.	Sie ist eine sehr nette Person.
I get on well with him.	Ich komme gut mit ihm aus.
I enjoy her company.	Ich genieße ihre Gesellschaft.
He goes out of his way to help me.	Er tut alles, um mir zu helfen.
I don't like her at all.	Ich mag sie überhaupt nicht.
I can't stand him.	Ich kann ihn nicht leiden.
She's not very likeable.	Sie ist nicht sehr sympathisch.
We don't have much in common.	Wir haben nicht viel gemeinsam.
It's very difficult to get to know him.	Es ist sehr schwer, ihm näher zu kommen.
She is a very moody person.	Sie ist eine sehr launische Person.

Man muss vorsichtig sein, wenn man das deutsche Wort „sympathisch“ übersetzen möchte. Das englische “sympathetic” heißt so viel wie „mitfühlend“: “I told her all my problems, and she was very sympathetic.” („Ich habe ihr von all meinen Problemen erzählt, und sie war sehr mitfühlend.“) Die englische Redewendung “tea and sympathy” beschreibt diese oft nicht sehr tiefgehende Art von Mitleid.
Die richtige Übersetzung von „sympathisch“ ist dagegen “pleasant”, “likeable” oder “nice”.

A: How did you find the party on Saturday night?
B: Oh, it was very pleasant.
A: Did you meet Erich's girlfriend?

B: Yes, I did. She's lovely. We hit it off immediately.
A: And what do you think of Erich?
B: Well, to be honest, I don't like him at all. He's a very moody person. What do you think?

A: We don't really have much in common, but I get on quite well with him.

A: Wie fandest du die Party am Samstagabend?
B: Es war sehr nett.
A: Hast du die Freundin von Erich kennen gelernt?
B: Ja, sie ist reizend. Wir haben uns sofort verstanden.
A: Und was hältst du von Erich?
B: Also, wenn ich ehrlich bin, mag ich ihn überhaupt nicht. Er ist ein sehr launischer Mensch. Was meinst du?
A: Wir haben zwar nicht viel gemeinsam, aber ich komme ganz gut mit ihm aus.

Joy and Sorrow

I'm very happy about it.
I'm so glad that …
I'm so happy for you.
I'm glad everything went well.

I'm very sad about it.
It's a great pity.
I'm terribly sorry about it.
That's a very sad piece of news.

Freude und Traurigkeit

Ich freue mich sehr darüber.
Ich freue mich, dass …
Ich freue mich für Sie.
Ich bin froh, dass alles gut gegangen ist.
Ich bin sehr traurig darüber.
Es ist sehr schade.
Es tut mir schrecklich leid.
Das ist wirklich eine traurige Nachricht.

He made a very sad impression.	Er machte einen sehr traurigen Eindruck.
It makes me sad.	Es macht mich traurig.
A: I'm so happy that everything went well for your sister. B: Thanks. It was wonderful to hear of her success after she had had such a sad piece of news.	A: Ich freue mich, dass für deine Schwester alles gut gegangen ist. B: Danke. Es war schön, von ihrem Erfolg zu hören, nachdem sie so eine traurige Nachricht bekommen hatte.
A: Yes, I had heard about her misfortune and I was very sad about it. I'm glad everything turned out well after all.	A: Ja, ich hatte von ihrem Unglück gehört und war sehr traurig darüber. Ich freue mich, dass es doch noch gut ausgegangen ist.

Satisfaction and Dissatisfaction / Zufriedenheit und Unzufriedenheit

I'm very happy with it.	Ich bin damit sehr zufrieden.
I'm very satisfied with it.	Ich bin damit sehr zufrieden.
Things are going very well.	Es läuft alles sehr gut.
I'm fine.	Es geht mir gut.
Life is treating me well.	Das Leben meint es gut mit mir.
I can't complain.	Ich kann nicht klagen.
I'm very pleased.	Ich bin sehr froh.
Things aren't too bad.	Es läuft nicht schlecht.
Things could be worse.	Es könnte schlimmer sein.
Things could be better.	Es könnte besser sein.
I feel very discouraged.	Ich fühle mich sehr entmutigt.
I'm very frustrated.	Ich bin sehr frustriert.
Things are going badly.	Es läuft ziemlich schlecht.
I don't like it.	Es gefällt mir nicht.

A: How are things? B: Fine. Life's treating me well at the moment. And you?	A: Wie geht's? B: Gut. Das Leben meint es im Moment gut mit mir. Und bei Ihnen?
A: Actually, things could be better.	A: Es könnte besser sein.

Wishes and Desires	**Wünsche**
Would you like to …?	Möchten Sie …?
I wish I was/were you.	Ich wünschte, ich wäre Sie/du.
If only I had …	Wenn ich nur … hätte.
I wish you would leave me in peace.	Ich wünschte, Sie würden mich in Ruhe lassen!
I'd really like to …	Ich würde jetzt wirklich gerne …
I'd love to …	Ich würde gerne …
I'd rather, if you don't mind.	Wenn Sie nichts dagegen haben, möchte ich …
I've always wanted to …	Ich wollte schon immer mal …
A: Would you like to come with me to Rome this summer?	A: Möchtest du diesen Sommer mit mir nach Rom fahren?
B: I'd love to but I can't afford it at the moment. I've always wanted to go there.	B: Sehr gern, aber ich kann es mir im Moment nicht leisten. Ich wollte schon immer mal dort hinfahren.
A: Never mind. Perhaps next year.	A: Na ja, vielleicht nächstes Jahr.
Indifference	**Gleichgültigkeit**
I don't care.	Es ist mir egal.
That's not important to me.	Das hat für mich keine Bedeutung.
I'm indifferent to the situation.	Ich stehe der Situation gleichgültig gegenüber.
It doesn't bother me at all.	Darüber mache ich mir überhaupt keine Gedanken.
There's no need to worry.	Kein Grund zur Sorge.
I'm not interested in it.	Es interessiert mich gar nicht.
It's all the same to me.	Es ist mir egal.
She doesn't show her feelings.	Sie zeigt ihre Gefühle nicht.
A: Does it worry you that things aren't going so well?	A: Machen Sie sich Sorgen darüber, dass es nicht so gut läuft?
B: No, it doesn't bother me at all.	B: Darüber mache ich mir überhaupt keine Gedanken.

Disappointment

Enttäuschung

I'm very disappointed. — Ich bin sehr enttäuscht.
I'm very disappointed in you. — Ich bin sehr enttäuscht von Ihnen.
He disappointed me. — Er hat mich enttäuscht.
Don't be disappointed. — Seien Sie nicht enttäuscht.
Are you disappointed? — Sind Sie enttäuscht?
I'll be terribly disappointed if … — Ich werde sehr enttäuscht sein, wenn …

My hopes have been dashed. — Meine Hoffnungen sind zerstört.

A: I'm terribly sorry, but I can't go out with you on Saturday night. I'm just too busy. — A: Es tut mir leid, aber ich kann mit dir Samstagabend nicht weggehen. Ich habe einfach zu viel zu tun.

B: Oh, I'm very disappointed. I'd been looking forward to it so much. — B: Ich bin sehr enttäuscht. Ich hatte mich so darauf gefreut.

Hope and Concern

Hoffnung und Sorge

I hope that … — Ich hoffe, dass …
I'm hoping for the best. — Ich hoffe das Beste.
I'm still hopeful. — Ich habe immer noch Hoffnung.
I've set my hopes on you. — Ich habe meine ganze Hoffnung auf Sie gesetzt.

I hope to hear from you soon. — Ich hoffe, bald von Ihnen zu hören.

I hope to see you soon. — Ich hoffe, Sie bald zu sehen.
I'm worried to death. — Ich ängstige mich zu Tode.
It's best not to get your hopes up. — Es ist besser, sich keine allzu großen Hoffnungen zu machen.

There is still a ray of hope. — Es gibt noch einen Hoffnungsschimmer.

I've given up hope. — Ich habe die Hoffnung aufgegeben.

I hope nothing has gone wrong. — Ich hoffe, es ist nichts schief gelaufen.

I hope everything's all right. — Ich hoffe, alles ist in Ordnung!
Don't worry! — Machen Sie sich keine Sorgen!

You worry too much.
I'm worried/concerned about you.
This really worries me.
I think the situation is getting worse.
I'm very anxious.
That's the least of my troubles.

Sie machen sich zu viele Sorgen.
Ich mache mir Sorgen um Sie.
Das macht mir große Sorgen.
Ich fürchte, die Lage wird immer schlimmer.
Ich bin sehr besorgt.
Das ist mein geringstes Problem.

A: I hope that I pass my exam.

A: Ich hoffe, dass ich meine Prüfungen bestehe.

B: Well, you didn't study very much so it's best not to get your hopes up.
A: I know but I'm still hoping for the best.

B: Also, du hast nicht sehr viel gelernt, es ist besser, sich keine allzu großen Hoffnungen zu machen.
A: Das weiß ich schon, aber ich hoffe immer noch das Beste.

A: I'm very concerned about you. I'm sure you've been working too hard lately.

A: Ich mache mir große Sorgen um Sie. Ich bin mir sicher, dass Sie in letzter Zeit zu hart gearbeitet haben.

B: Oh, you worry too much. I'm fine.

B: Ah, Sie machen sich zu viele Sorgen. Mir geht es sehr gut.

Suggestions and Advice

Vorschläge und Rat

Allow me to make a suggestion.

Erlauben Sie mir, einen Vorschlag zu machen.

May I make a suggestion?
I suggest that …
How about …?
Wouldn't you rather …?
That's a good idea.
What would you recommend?
I recommend …
Have you considered this possibility?

Darf ich Ihnen etwas vorschlagen?
Ich schlage vor, dass …
Wie wäre es, wenn …?
Würden Sie nicht lieber …?
Das ist eine gute Idee.
Was schlagen Sie vor?
Ich schlage vor, dass …
Haben Sie diese Möglichkeit in Betracht gezogen?

That's a good suggestion.
What do you suggest?
Don't you have any better suggestions?

Das ist ein guter Vorschlag.
Was schlagen Sie vor?
Haben Sie keinen besseren Vorschlag?

My proposal is quite simple.	Mein Vorschlag ist ganz einfach.
Your proposal will be considered.	Wir werden Ihren Vorschlag in Betracht ziehen.
I advise you to think it over before making a decision.	Ich rate Ihnen, es noch einmal zu überdenken, bevor Sie eine Entscheidung treffen.
I'd like to ask you for your advice.	Ich möchte Sie um Ihren Rat bitten.
I'll gladly help you if I can.	Ich helfe Ihnen gern, wenn ich kann.
What would you do in my position?	Was würden Sie in meiner Lage tun?
I've decided against it on your advice.	Auf Ihr Anraten hin habe ich mich dagegen entschieden.
Let me give you a good piece of advice.	Lassen Sie mich Ihnen einen guten Rat geben.
Take my advice. I've already been through the same thing.	Hören Sie auf mich. Ich habe schon einmal das Gleiche durchgemacht.
I don't intend to take your advice.	Ich werde Ihren Rat nicht befolgen.
I must advise you against it.	Ich muss Ihnen davon abraten.
I'll try to persuade you not to do it.	Ich werde versuchen, Sie davon abzuhalten.
I usually don't like giving advice.	Für gewöhnlich erteile ich nicht gerne Ratschläge.
I think it's advisable.	Ich halte es für ratsam.
I don't think it's advisable.	Ich halte es nicht für ratsam.
I've been given bad advice.	Ich wurde schlecht beraten.
Thank you for your advice.	Vielen Dank für Ihren Rat.
A: What do you suggest we do tonight?	A: Was sollen wir heute Abend machen?
B: Why don't we go to the cinema?	B: Warum gehen wir nicht ins Kino?
A: Don't you have a better idea? We've already been to the cinema three times this week.	A: Hast du keine bessere Idee? Wir waren diese Woche schon drei Mal im Kino.
B: Well, what about going out for a meal?	B: Also, wie wäre es, wenn wir essen gehen würden?
A: That's a good suggestion.	A: Das ist ein guter Vorschlag.

Allgemeine Gesprächsthemen

Talking about the Weather	**Über das Wetter reden**
What's the weather like (outside)?	Wie ist das Wetter (draußen)?
It's mild/cold for this time of year.	Es ist mild/kalt für diese Jahreszeit.
It's a lovely morning/day!	Was für ein schöner Morgen/Tag!
It looks like rain.	Es sieht nach Regen aus.
What do you think, what will the weather be like tomorrow?	Was glauben Sie/glaubst du, wie das Wetter morgen wird?
They say it's going to snow/be sunny.	Es soll schneien/sonnig werden.
It's supposed to turn colder.	Es soll kälter werden.
She is going out for her walk in all weathers.	Sie geht bei jedem Wetter spazieren.
It's an early spring.	Es ist ein zeitiger Frühling.
It's a hot summer.	Es ist ein heißer Sommer.
It's a dry/wet autumn.	Es ist ein trockener/regnerischer Herbst.
It's a severe/mild winter.	Es ist ein strenger/milder Winter.
It's sunny.	Es ist sonnig.
It's warm.	Es ist warm.
It's hot.	Es ist heiß.
It's humid.	Es ist schwül.
There is no cloud in the sky.	Es ist keine Wolke am Himmel.
Let's enjoy the sunshine.	Lass uns den Sonnenschein genießen.
We'd better sit in the shade.	Wir sollten besser im Schatten sitzen.
This August we had a hot spell.	Diesen August hatten wir eine Hitzewelle.
A period of drought can be very disastrous for the crop.	Eine Dürreperiode kann sehr zerstörerisch für die Ernte sein.
It's cloudy.	Es ist bewölkt.
It's cold.	Es ist kalt.
It's windy.	Es ist windig.
It's a gale.	Es ist ein Sturm.
This is a real thunderstorm.	Das ist ein richtiges Gewitter.
We had a gale warning this morning.	Heute Morgen hatten wir Sturmwarnung.
gale-force winds	orkanartige Winde

There was thunder and lightning.	Es blitzte und donnerte.
We have a lightning conductor on the roof of our house.	Wir haben einen Blitzableiter auf dem Dach unseres Gebäudes.
The hurricane/tornado caused a lot a of damage.	Der Hurrikan (Orkan)/Tornado hat viel Schaden angerichtet.
Floods and landslides destroy many houses.	Überschwemmungen und Erdrutsche zerstören viele Häuser.
It's foggy.	Es ist neblig.
It's misty.	Es ist dunstig/leicht neblig/diesig.
It's hazy.	Es ist diesig.
It's raining.	Es regnet.
It's just a short shower.	Es ist nur ein kurzer Schauer.
A heavy rain began to fall.	Es begann stark zu regnen.
It's pouring (with rain)./It's pouring (down)./It's bucketing (down).	Es schüttet.
It's raining buckets.	Es gießt wie aus Kübeln.
"Lovely weather for ducks," he said.	„Bei dem Wetter schwimmt man ja fast weg", sagte er.
It's just a light drizzle.	Es nieselt nur leicht.
You won't need a raincoat or an umbrella.	Du wirst keinen Regenmantel oder Regenschirm brauchen.
It was such a drizzly afternoon.	Es hat den ganzen Nachmittag geregnet.
But there will also be spells of sunshine.	Aber es wird auch sonnige Abschnitte geben.
Maybe there will be a rainbow.	Vielleicht gibt es einen Regenbogen.
Hail can do a lot of damage to a car.	Hagel kann an einem Auto großen Schaden anrichten.
We had a short spell of sunny weather this December.	Wir hatten diesen Dezember eine kurze Schönwetterperiode.
It's snowing.	Es schneit.
We can build a snowman.	Wir können einen Schneemann bauen.
I just hope the snowplough is coming anytime soon.	Ich hoffe bloß, dass der Schneepflug bald kommen wird.
This was a real snowstorm/blizzard.	Das war ein richtiger Schneesturm.
This January we had a long cold spell.	Diesen Januar hatten wir eine lange Kältewelle.

I'm cold!/I'm freezing!	Mir ist kalt!/Mir ist verdammt kalt!
It's freezing (cold outside)!	Es ist verdammt kalt (da draußen)!
It was below freezing this morning.	Heute Morgen hat es gefroren.
The river froze over.	Der Fluss ist zugefroren.
Last winter we were snowed in/up.	Letzten Winter waren wir eingeschneit.
The weather was terrible. It was sleeting.	Das Wetter war schrecklich. Es gab Schneeregen.
Be careful. They said there could be danger of black ice this morning.	Sei vorsichtig. Sie sagten, heute Morgen könnte Glatteisgefahr sein.
The snow is melting.	Der Schnee schmilzt.
It is thawing.	Es taut./Wir haben Tauwetter.
the (weather) forecast	die Wettervorhersage
What's the weather report like?	Wie ist der Wetterbericht?
According to the weatherman on BBC, the weather will be fine tomorrow.	Laut dem Wettermann/Wetterfrosch von BBC werden wir morgen schönes Wetter haben.
The temperature is around zero.	Die Temperatur liegt bei null Grad.
It's 25 degrees (centigrade).	Es sind 25 Grad (Celsius).

Ausländer finden es oft amüsant, dass die Briten so gern über das Wetter sprechen. Der Grund dafür ist nicht nur, dass das Wetter auf der Insel tatsächlich sehr wechselhaft ist und natürlich das persönliche Wohlbefinden beeinflusst. Eine Rolle spielt auch, dass die Briten nur widerwillig mit Leuten, die keine engen Freunde sind, über persönliche Angelegenheiten sprechen. Die Erwähnung des Wetters ist außerdem ideal, um an der Bushaltestelle oder im Zug eine unverbindliche Unterhaltung mit einem Fremden anzufangen.

A: Fairly mild for this time of the year.	A: Es ist ziemlich mild für diese Jahreszeit.
B: Yes, quite different from the forecast.	B: Ganz anders als in der Wettervorhersage angekündigt.
A: They say it's going to snow.	A: Es heißt, dass es schneien wird.
B: I hope it stays fine for the weekend.	B: Ich hoffe, dass es bis zum Wochenende schön bleibt.

A: What's the temperature, do you know?
B: I think about 10 degrees.

A: Wie viel Grad sind Ihrer Meinung nach?
B: Ich glaube so um die 10 Grad.

A: It's a lovely morning!

A: Es ist ein wunderschöner Morgen!

B: Yes. Much better than yesterday.
A: It's supposed to turn colder this afternoon.
B: I thought it wouldn't last.

B: Ja. Viel schöner als gestern.
A: Es soll heute Nachmittag kälter werden.
B: Ich dachte mir schon, dass es nicht so bleiben würde.

Talking about the Environment

Über die Umwelt reden

The protestors claimed that the new railroad would destroy the countryside.
They hurled rocks and eggs at the police.
They chanted a peace slogan.
Some speakers represented the railroad authorities.
They were interrupted by catcalls.

Die Demonstranten behaupteten, die neue Eisenbahnstrecke würde die Landschaft zerstören.
Sie warfen Steine und Eier nach der Polizei.
Sie skandierten Friedensgesänge.
Einige Sprecher vertraten die Eisenbahnbehörde.
Sie wurden von Pfiffen und Buhrufen unterbrochen.

It was a typical day of activism.
Some were radical pacifists.
Environmentalism has gained ground in the last years.

Es war ein typischer Aktionstag.
Einige waren radikale Pazifisten.
Der Umweltschutz hat in den letzten Jahren an Zulauf gewonnen.

Protestors were venting their anger at the authorities.

Die Demonstranten machten ihrem Ärger gegenüber den Behörden Luft.

Many environmentalists complain that their actions often go unnoticed by the population.
Many people agree that nuclear power plants are dangerous.

Viele Umweltschützer beklagen, dass ihre Aktionen in der Bevölkerung zu wenig Aufmerksamkeit finden.
Viele Menschen sind der Meinung, dass Kernkraftwerke gefährlich sind.

Pacifists claim that armies are always instruments of evil.	Die Pazifisten behaupten, dass Armeen immer Instrumente des Bösen seien.
Acid rain has already destroyed a great deal of forests.	Der saure Regen hat bereits einen Großteil der Wälder zerstört.
Why do so many people fail to see the grandeur of nature?	Warum entgeht so vielen Menschen die Schönheit der Natur?
There are so many scenic places that deserve preservation.	Es gibt so viele landschaftlich reizvolle Gebiete, die es wert sind, geschützt zu werden.
Sometimes mass-tourism is a serious problem.	Manchmal ist Massentourismus ein ernstes Problem.
Parking is also a problem, because many tourists expect parking lots near every sight.	Parken ist ebenfalls ein Problem, da viele Touristen Parkplätze in der Nähe jeder Sehenswürdigkeit erwarten/immer direkt vor Ort parken wollen.
The result are perpetual crowds.	Das Ergebnis ist ständige Überfüllung.
More and more people are needed to administer environmental issues.	Man braucht immer mehr Menschen, welche sich mit den anfallenden Umweltfragen befassen.
We must not forget that our environment is fragile.	Wir dürfen nicht vergessen, wie empfindlich unser Ökosystem ist.
Some mountains are no longer able to cope with the masses of hikers.	Für viele Berge sind die Massen von Wanderern einfach zu viel.
Hords of tourists walk today where only explorers used to step.	Heute laufen Massen von Touristen herum, wo früher nur Entdecker entlang gingen.
Sometimes it takes many years to erase the damage they do.	Manchmal dauert es Jahre, den Schaden, den sie verursachen, wieder zu beseitigen.
Even if they swear not to interact with the wildlife, there is still trampling, littering and picking.	Auch wenn sie versprechen, nicht in das Ökosystem einzugreifen, kommt es trotzdem häufig vor, dass etwas zertrampelt wird, dass Abfall liegengelassen wird oder dass Pflanzen gepflückt werden.

Tourists should be told to pack all their trash.
Die Touristen sollten dazu angehalten werden, all ihren Müll wieder einzupacken.

Yet keeping nature clean is costly.
Aber die Natur sauber zu halten ist kostspielig.

Water is also getting scarce.
Auch das Wasser wird knapp.

Pollution is the most pressing issue of our times.
Die Umweltverschmutzung ist das vordringlichste Problem unserer Zeit.

Many organisations, like Greenpeace, want to call our attention to environmental issues.
Viele Organisationen, wie Greenpeace, wollen unsere Aufmerksamkeit auf Umweltprobleme lenken.

With a lot of commitment they plan and venture their campaigns.
Mit viel Einsatz planen und unternehmen sie ihre Kampagnen.

This often calls for a lot of courage.
Dies erfordert oft eine Menge Mut.

Some campaigners, for instance, chained themselves to the gate of a printing company to protest against the use of clear-cut trees.
Ein paar Umweltschützer ketteten sich zum Beispiel an das Tor einer Druckerei, um gegen die Verwendung von durch Kahlschlag gefällten Bäumen zu protestieren.

Their activities focus on protecting the land, resources and cultural wealth.
Ihre Aktivitäten konzentrieren sich auf den Schutz der Natur, der Rohstoffe und des Kulturguts.

Another example is putting up a windmill to advocate the use of alternative energy.
Ein weiteres Beispiel ist die Errichtung einer Windmühle, um alternative Energien aufzuzeigen.

Too many people do not consider the impact of their behaviour on the environment.
Zu viele Menschen bedenken nicht die Folgen ihrer Handlungen für die Umwelt.

The preservation of nature should become a bread-and-butter-issue.
Der Umweltschutz sollte zu einem allgegenwärtigen Thema werden.

Whaling is also one of the current topics of environmentalists.
Der Walfang ist ebenso eines der aktuellen Themen der Umweltschützer.

Though these mammals are protected by international laws, they are still killed by some irresponsible whalers.
Obwohl diese Säugetiere durch international gültige Gesetze geschützt sind, werden sie noch immer von verantwortungslosen Walfängern getötet.

It is important to make people aware of these pressing problems.	Es ist wichtig, die Menschen auf diese vordringlichen Probleme aufmerksam zu machen.
Organisations call for contributions to finance their activities.	Die Organisationen rufen zu Spenden auf, um ihre Aktionen zu finanzieren.
Oil pollutions are also a recurrent danger to our beaches.	Immer wieder bedroht eine Ölpest unsere Strände.
Many oil companies do not seem to be aware of the effects of the oil slicks they are producing.	Viele Ölkonzerne scheinen sich der Folgen der von ihnen verursachten Ölteppiche nicht bewusst zu sein.
Oil consumption in the industrialized countries is still on the upswing.	Der Ölverbrauch in den Industrienationen steigt immer noch an.
For many animals the consequences turn out to be fatal.	Für viele Tiere stellen sich die Folgen als tödlich heraus.
Oil rigs have therefore been under critical observation by environmentalists.	Bohrinseln werden daher von den Umweltschützern kritisch beobachtet.
A: I think the pollution of our environment is a very pressing issue.	A: Ich finde, die Umweltverschmutzung ist ein sehr brisantes Thema.
B: So do I. Sometimes I feel we all should be more responsible.	B: Ich auch. Manchmal glaube ich, wir alle sollten mehr Verantwortung übernehmen.
A: Sure. But a lot of people don't seem to care much.	A: Sicher. Aber die meisten Menschen scheinen sich nicht viele Gedanken zu machen.
B: It is terrible to see how carelessly we treat this planet!	B: Es ist schrecklich, zu sehen, wie sorglos wir mit diesem Planeten umgehen!
A: Did you hear about this thick film of oil which polluted some of our beaches last month?	A: Hast du von dem dicken Ölteppich gehört, der im letzten Monat einige unserer Strände verschmutzt hat?
B: That was areal shame! Many birds died of this!	B: Das war eine echte Schande! Viele Vögel sind daran gestorben!
A: I think I should join an environmental organisation.	A: Ich glaube, ich sollte einer Umweltorganisation beitreten.

B: That's a good idea. I think they plan a lot of actions to make people aware of the problems.	B: Das ist eine gute Idee. Ich finde, die planen eine Menge Aktionen, welche die Leute auf die Probleme/die Problematik aufmerksam machen/hinweisen sollen.
A: But how to convince the oil companies that they have to change their attitude?	A: Aber wie soll man die Ölkonzerne davon überzeugen, dass sie ihre Einstellung ändern müssen?
B: That's a difficult question. Maybe radical actions are the only solution.	B: Das ist eine schwere Frage. Vielleicht sind radikale Aktionen die einzige Lösung.
A: Another current issue is the destruction of the rain forests.	A: Ein anderes vordringliches Problem ist die Zerstörung der Regenwälder.
B: I saw a report on this on TV last week.	B: Darüber habe ich letzte Woche im Fernsehen einen Bericht gesehen.
A: The one about the Indian tribes?	A: Den über die Indianer-stämme?
B: Exactly. They are losing the basis of their culture.	B: Genau. Sie verlieren die Grundlage ihrer Kultur.
A: The multinationals are claiming they need the resources.	A: Die multinationalen Konzerne behaupten, sie brauchen die Rohstoffe.
B: Isn't there a way to find a solution which suits eveyone?	B: Gibt es keine Möglichkeit, eine Lösung für alle Seiten zu finden?
A: How can we, if we are not even able to reduce our own oil consumption?	A: Wie denn, wenn wir nicht einmal in der Lage sind, unseren eigenen Ölverbrauch zu senken?

Talking about the Law	**Über die Justiz sprechen**
Have you seen the famous trial against … on TV?	Hast du den berüchtigten Prozess gegen … im Fernsehen gesehen?
It has had an effect on society.	Er hat sich auf die gesamte Gesellschaft ausgewirkt.

It was an extraordinary trial.	Es war ein außergewöhnlicher Prozess.
I believe the accused was innocent.	Ich glaube, der Angeklagte war unschuldig.
I thought he tried to obscure things.	Ich hatte das Gefühl, er wollte die Tatsachen verschleiern.
Some of the clues seemed a bit ambiguous.	Einige der Indizien schienen mir mehrdeutig.
It was an exhausting trial.	Es war eine ermüdende Verhandlung.
The media seemed to have conspired against him.	Die Medien schienen sich gegen ihn verschworen zu haben.
The strategy of the defence was very clever.	Die Vorgehensweise der Verteidigung war sehr klug.
The jury seemed to believe he was guilty from the start.	Die Geschworenen schienen ihn von Anfang an für schuldig zu halten.
The hours in court were tense.	Die Stunden im Gerichtssaal waren spannungsgeladen.
The jury delivered its verdict after eight hours.	Die Geschworenen verkündeten ihr Urteil nach acht Stunden.
My assumption was that the defense would plead not guilty.	Meine Annahme war, dass die Verteidigung auf nicht schuldig plädieren würde.
But the suspect pleaded guilty.	Aber der Verdächtige bekannte sich schuldig.
This case polarized the nation.	Dieser Fall hat die Nation gespalten.
We should rethink conclusions.	Wir sollten unsere Schlussfolgerungen nochmals überdenken.
Case dismissed!	Die Klage wird abgewiesen.
Objection!	Einspruch!
Objection overruled.	Einspruch abgewiesen.
A lot of prejudices came up during the trial.	Viele Vorurteile kamen in diesem Prozess zum Vorschein.
It was apparent what the accused thought.	Es war offensichtlich, was der Angeklagte dachte.
The prosecutor was very impressive.	Der Staatsanwalt war sehr beeindruckend.
I knew from the start he would be acquitted.	Ich wusste von Anfang an, dass er freigesprochen werden würde.

The prosecution relentlessly tried to destroy him.	Die Staatsanwaltschaft versuchte erbarmungslos, ihn fertig zu machen.
In his closing argument, the defence attorney became very convincing.	In seinem Schlussplädoyer wurde der Verteidiger sehr überzeugend.
The verdict over, the jounalists tried to interview the acquitted man.	Nachdem das Urteil gesprochen worden war, versuchten die Journalisten, den Freigesprochenen zu interviewen.
I think we can trust in our judicial system.	Ich denke, wir können auf unser Rechtssystem vertrauen.
The evidence was clear.	Die Beweise lagen auf der Hand.
The judge was a very calm person.	Der Richter/die Richterin war sehr ruhig.
The witnesses were very reliable.	Die Zeugen waren sehr vertrauenswürdig.
The best lawyers are very expensive.	Die besten Anwälte sind sehr teuer.
This case will go before the Supreme Court.	Dieser Fall wird vor das Oberste Bundesgericht kommen. (AE)
The court's decision was just.	Die Entscheidung des Gerichtshofs war gerecht.
Women cannot be denied equal employment opportunities.	Man kann den Frauen nicht das Recht auf Gleichberechtigung in der Arbeitswelt verweigern.
This lawsuit was very costly.	Dieses Gerichtsverfahren war sehr kostspielig.

A: I think this famous trial against O. J. Simpson was very interesting.	A: Ich finde, dieser berüchtigte Prozess gegen O. J. Simpson war sehr interessant.
B: I agree. The media were polarized in their opinion.	B: Da stimme ich dir zu. Die Meinung der Medien war sehr gespalten.
A: Some seemed to believe from the start that he would be acquitted.	A: Einige schienen von Anfang an überzeugt, dass er freigesprochen werden würde.
B: The prosecution, on the other hand, was very cynical at first.	B: Die Staatsanwaltschaft schien andererseits anfangs sehr zynisch zu sein.

A: The hours before the jury delivered their verdict were very tense, indeed.	A: Die Stunden, bevor die Geschworenen ihr Urteil fällten, waren wirklich sehr angespannt.
B: How the prosecution relentlessly tried to destroy him!	B: Wie die Staatsanwaltschaft erbarmungslos versucht hat, ihn fertig zu machen!
A: But the closing argument of the defence was brilliant!	A: Aber das Schlussplädoyer der Verteidigung war brilliant!
B: Yes, he could certainly afford the best lawyers!	B: Ja, er konnte sich offensichtlich die besten Anwälte leisten!
A: Their strategy was clear from the start.	A: Ihre Vorgehensweise war von Anfang an klar.
B: The case didn't lack suspense, though.	B: Dem Fall fehlte es aber trotzdem nicht an Spannung.
A: On the contrary. Though it was exhausing at times.	A: Im Gegenteil. Obwohl er manchmal auch langatmig war.
B: What did you think about the witnesses?	B: Was hast du von den Zeugen gehalten?
A: I think some of them were not very reliable.	A: Ich finde, einige von ihnen waren nicht sehr glaubwürdig.
B: But the judge was very fair, wasn't he?	B: Der Richter war aber sehr fair, oder?
A: I think he was. But still the verdict caused a wide debate.	A: Das stimmt. Aber dennoch hat das Urteil eine umfassende Diskussion ausgelöst.
B: I think it was the racial aspect which was causing things to get heated up.	B: Ich glaube, es war der Faktor der Hautfarbe, der die Diskussion angeheizt hat.
A: Yet I think our judicial system can still be trusted in.	A: Trotzdem glaube ich, dass man unserem Rechtssystem immer noch vertrauen kann.

Talking about Family	**Über die Familie reden**
I'm single.	Ich bin Single/allein stehend.
I got engaged last year.	Ich habe mich letztes Jahr verlobt.
My fiancée's family is very nice.	Die Familie meiner Verlobten ist sehr nett.
I got married last month.	Ich habe letzten Monat geheiratet.

My husband is two years older than me.	Mein Ehemann ist zwei Jahre älter als ich.
My wife is a very good cook.	Meine Ehefrau ist eine sehr gute Köchin.
I am pregnant.	Ich bin schwanger.
We will have twins.	Es werden Zwillinge.
I get on well with my parents-in-law.	Ich komme sehr gut mit meinen Schwiegereltern aus.
Have you got any children?	Haben Sie Kinder?
We haven't got any children.	Wir haben keine Kinder.
We've got two daughters/girls.	Wir haben zwei Töchter/Mädchen.
I've got one son/boy.	Ich habe einen Sohn/Jungen.
I've got two grandchildren.	Ich habe zwei Enkelkinder.
How old are they?	Wie alt sind sie?
The elder one is …	Der/die ältere ist …
The younger one is …	Der/die jüngere ist …
Our children are of age.	Unsere Kinder sind volljährig.
Our children are under age.	Unsere Kinder sind minderjährig.
My children have all left home.	Meine Kinder sind alle schon aus dem Haus.
My children are all married.	Meine Kinder sind alle verheiratet.
My children are still small.	Meine Kinder sind noch klein.
My daughter lives abroad.	Meine Tochter lebt im Ausland.
What do they do?	Was machen sie (beruflich)?
My four-year-old son's at primary school.	Mein vierjähriger Sohn besucht die Grundschule.
My daughter's doing her A-levels.	Meine Tochter macht ihr Abitur.
My son studies arts.	Mein Sohn studiert Geisteswissenschaften.
My daughter studies law.	Meine Tochter studiert Jura.
My son's doing an apprenticeship.	Mein Sohn macht eine Lehre.
My children both work.	Meine Kinder sind beide berufstätig.
We've adopted a little boy.	Wir haben einen kleinen Jungen adoptiert.
Have you got any brothers and sisters?	Haben Sie Geschwister?
I've got two brothers and a sister.	Ich habe zwei Brüder und eine Schwester.
My brothers live in …	Meine Brüder wohnen in …

My sister is at Technical College.	Meine Schwester studiert an der Technischen Hochschule.
I'm an only child.	Ich bin ein Einzelkind.
What do your parents do?	Was machen Ihre Eltern beruflich?
My parents have been married for thirty years now.	Meine Eltern sind jetzt seit dreißig Jahren verheiratet.
My parents got divorced when I was ten.	Meine Eltern haben sich scheiden lassen als ich zehn war.
My father has married for the second time.	Mein Vater hat zum zweiten Mal geheiratet.
His second wife is fifteen years younger than he is.	Seine zweite Frau ist fünfzehn Jahre jünger als er.
My father is a widower.	Mein Vater ist Witwer.
My mother is a widow.	Meine Mutter ist Witwe.
My grandparents are very old but they are still in good health/in the best of health.	Meine Großeltern sind sehr alt, aber sie sind noch immer bei guter/bester Gesundheit.
My grandfather doesn't live any more.	Mein Großvater lebt nicht mehr.
My grandmother died last year.	Meine Großmutter ist letztes Jahr gestorben.
I was her favourite grandchild.	Ich war ihr(e) liebste(r) Enkel(in).
My great-grandmother will celebrate her hundredth birthday in July.	Meine Urgroßmutter wird im Juli ihren hundertsten Geburtstag feiern.
I've got one nephew and two nieces.	Ich habe einen Neffen und zwei Nichten.
We will visit my uncle and my aunt this weekend.	Wir werden dieses Wochenende meinen Onkel und meine Tante besuchen.
My cousins are ten and twelve years old.	Meine Cousins sind zehn und zwölf Jahre alt.
I don't have any relatives in this city.	Ich habe keine Verwandten in dieser Stadt.

Im Englischen sagt man "to go to school" und nicht "to visit (besuchen) a school". Das würde heißen, dass man dort einfach nur mal vorbeischaut. "To go to school" heißt „in die Schule gehen", und "to be at school" bedeutet „in der Schule sein".

A: Have you got any children?	A: Haben Sie Kinder?
B: Yes, two. A girl and a boy.	B: Ja, zwei. Ein Mädchen und einen Jungen.
A: And how old are they?	A: Und wie alt sind sie?
B: The elder one is 17 and the younger is only nine.	B: Die Ältere ist 17 und der Jüngere ist erst neun.
A: That's a big difference! Are they both still at school?	A: Das ist ja ein großer Unterschied! Besuchen beide noch die Schule?
B: My son's still at primary school, of course, but my daughter's doing an apprenticeship and has already left home.	B: Mein Sohn besucht natürlich noch die Grundschule, aber meine Tochter macht eine Lehre und ist schon aus dem Haus.
A: That's interesting. What kind of apprenticeship is she doing?	A: Das ist interessant. Was für eine Lehre macht sie denn?
B: She's training to be a jeweller. She's very artistic.	B: Sie wird Juwelierin. Sie ist künstlerisch sehr begabt.

Das englische Wort für „Geschwister" ist "siblings". Es ist jedoch viel zu förmlich zu fragen "Have you got any siblings?" Stattdessen fragt man "Have you got any brothers or sisters?"

A: Have you got any brothers and sisters?	A: Hast du Geschwister?
B: Yes, I've got two brothers. One's four years older than me and the other two years younger.	B: Ja, ich habe zwei Brüder. Der eine ist vier Jahre älter als ich und der andere zwei Jahre jünger.
A: Do they live here?	A: Wohnen sie hier?
B: No, they both live in Berlin.	B: Nein, sie wohnen beide in Berlin.
A: And what do they do?	A: Und was machen sie beruflich?
B: My elder brother is a student and my younger brother works in an office.	B: Mein älterer Bruder ist Student und der jüngere ist Büroangestellter.

Talking about Work	Über die Arbeit reden
What do you do?	Was machen Sie beruflich?
What do you do for a living?	Was sind Sie von Beruf?
What's your line of work?	In welcher Branche arbeiten Sie?
Do you work?	Sind Sie berufstätig?
Where do you work?	Wo arbeiten Sie?
What company do you work for?	Bei welcher Firma arbeiten Sie?
I work with my hands.	Ich bin handwerklich tätig./Ich arbeite mit meinen Händen.
I'm a skilled worker.	Ich bin Facharbeiter.
I'm doing an apprenticeship.	Ich bin Azubi.
I work in an office.	Ich arbeite im Büro.
I'm a white-collar worker.	Ich bin Angestellte/r.
I'm a teacher.	Ich bin Lehrer/in.
I work in the personnel department. of a large company.	Ich arbeite in der Personalabteilung einer großen Firma.
I'm a civil servant.	Ich bin Beamte/r.
I work for the local government.	Ich arbeite bei der Gemeindeverwaltung.
I work for the regional authorities.	Ich arbeite bei der Landesbehörde.
I'm senior executive in an international corporation.	Ich bin leitender Angestellter in einem internationalen Unternehmen.
I'm in a managerial position.	Ich bin in leitender Stellung tätig.
I'm an engineer.	Ich bin Ingenieur.
I work freelance.	Ich bin freiberuflich tätig.
I'm self-employed.	Ich bin selbstständig.
My duties include …	Mein Aufgabengebiet umfasst …
I'm responsible for …	Ich bin für … zuständig.
I have to work shifts.	Ich muss Schicht arbeiten.
I'm retiring next year.	Ich werde nächstes Jahr pensioniert.
I've been working here for … years.	Ich arbeite hier seit … Jahren.
I enjoy my work.	Meine Arbeit gefällt mir.
I don't enjoy my work.	Meine Arbeit gefällt mir nicht.
I have a lot to do with people in my job.	Bei meiner Arbeit habe ich sehr viel mit Menschen zu tun.
My job is a real challenge.	Meine Arbeit ist eine echte Herausforderung.
I'm looking for another job.	Ich suche eine neue Stelle.

Can you describe your job in more detail?	Worin besteht Ihre Aufgabe im Einzelnen?
Wouldn't you rather have a desk job?	Hätten Sie nicht lieber eine Schreibtischtätigkeit?
What's the atmosphere like where you work?	Wie ist das Betriebsklima bei Ihrer Arbeit?
The atmosphere at work is very good in our company.	Wir haben ein sehr gutes Betriebsklima in unserer Firma.
Unfortunately, the atmosphere at work isn't particularly good.	Leider ist das Betriebsklima bei uns nicht so gut.
How much holiday do you get a year?	Wie viele Urlaubstage bekommen Sie im Jahr?
I get … days a year.	Ich bekomme …Tage im Jahr.
And what are your working hours like?	Wie sind Ihre Arbeitszeiten?
I do a lot of overtime.	Ich mache viele Überstunden.
I work from nine to five.	Ich habe eine normale Arbeitszeit.
I work flexitime.	Ich arbeite in Gleitzeit.
Are there good chances for promotion at your company?	Gibt es in Ihrem Betrieb gute Aufstiegsmöglichkeiten?
The chances for promotion are very good/not very good.	Die Aufstiegsmöglichkeiten sind/sind nicht sehr gut.
What was your day at work like?	Wie war dein Arbeitstag?
It was fine.	Er war gut.
It was awful.	Er war furchtbar.
It was fantastic.	Er war fantastisch.
Why, what happened?	Warum, was ist passiert?
I had problems with my boss.	Ich hatte Krach mit meinem Chef.
I had problems with my colleagues.	Ich hatte Ärger mit den Kollegen.
The computer broke down.	Der Computer ist abgestürzt.
I had a lot of work to do, and now I'm dead tired.	Ich habe viel zu tun gehabt, und jetzt bin ich todmüde.
I've been fired.	Ich bin gefeuert worden.
I got a lot done today.	Ich habe heute viel geschafft.
I've been promoted!	Ich bin befördert worden!
I've been given a pay rise!	Ich habe eine Gehaltserhöhung bekommen!
Many employees today claim that they are overworked.	Viele Angestellte behaupten heutzutage, dass sie überarbeitet sind.

I constantly feel under pressure.	Ich fühle mich ständig unter Druck.
I can't see a way out of it.	Ich finde keinen Ausweg.
I come home absolutely knackered every day.	Ich komme jeden Abend total kaputt nach Hause.
Yesterday I dropped off over my supper.	Gestern bin ich beim Abendessen eingeschlafen.
Do you also feel underpaid?	Fühlst du dich auch unterbezahlt?
I think you can also call it chronic overemployment!	Ich glaube, man kann es auch chronische Überbelastung nennen!
On the other hand, unemployment brings more frustration.	Auf der anderen Seite bringt Arbeitslosigkeit noch mehr Enttäuschung.
In my company, several departments are axed.	In meiner Firma werden verschiedene Abteilungen verkleinert/werden einige Abteilungen rationalisiert.
The companies have to stay competitive.	Die Firmen müssen konkurrenzfähig bleiben.
This is why the workforce is cut back.	Daher wird die Belegschaft reduziert.
What about the self-employed?	Was ist mit den Selbstständigen?
There is a growing number of those.	Deren Anzahl steigt.
I feel I have to work twice as hard now!	Es kommt mir vor, als müsse ich jetzt doppelt soviel arbeiten.
Leisure is something I can only dream of!	Von Freizeit kann ich nur träumen.
Stress-related illnesses are on the upswing.	Durch Stress verursachte Krankheiten sind auf dem Vormarsch.
Do you think this is because too many people are greed obsessed?	Glaubst du, der Grund ist, dass zu viele Menschen zu geldgierig sind?
I feel too exhausted to think about it.	Ich bin zu erschöpft, um darüber nachzudenken.
Work is the most central element in my life.	In meinem Leben steht die Arbeit im Mittelpunkt.
The more we work, the more important we feel.	Je mehr wir arbeiten, desto wichtiger fühlen wir uns.
What's your most important motivator?	Was motiviert dich am meisten?

Absenteeism is the biggest problem in our company.	Krankfeiern ist das größte Problem in unserer Firma.
Some people blame their job for the failure of their marriage.	Manche Menschen machen ihre Arbeit für das Scheitern ihrer Ehe verantwortlich.
Maybe we should search different priorities.	Vielleicht sollten wir andere Prioritäten setzen.
Our company is constantly downsizing.	Unsere Firma entlässt immer mehr Mitarbeiter.
I'm thinking of setting up shop in …	Ich denke daran, mich geschäftlich in … niederzulassen.
Administrative tasks have to be done conscientiously.	Verwaltungsaufgaben müssen sorgfältig erledigt werden.
I can cope well with my daily tasks.	Ich erledige meine täglichen Aufgaben mühelos.
My superior always approves of my decisions.	Mein Vorgesetzter stimmt immer meinen Entscheidungen zu.
With the keen competition, I have no choice but to work overtime!	Bei diesem Konkurrenzdruck bleibt mir keine andere Wahl, als Überstunden zu machen.
When I was offered the job I knew what was in store for me.	Als mir diese Arbeit angeboten wurde, wusste ich genau, was auf mich zukommen würde.
I would never risk losing my job.	Ich würde meine Arbeit nie aufs Spiel setzen.
The idea of giving up work for a family is frightening to me.	Der Gedanke, meine Arbeit für eine Familie aufzugeben, macht mir Angst.
I really enjoy my job because I like a challenge.	Ich mache meine Arbeit wirklich gerne, denn ich brauche die Herausforderung.
Some employers don't seem to care much about their employees' concerns.	Viele Arbeitgeber scheinen die Anliegen ihrer Mitarbeiter nicht zu kümmern.
Do you like working on a team?	Arbeitest du gerne im Team?
I think cooperation is very important.	Ich finde, Zusammenarbeit ist sehr wichtig.
Parties should not be a traditional part of office life.	Gruppenbildung sollte nicht unbedingt ein Teil des Arbeitsalltags sein.
Our company has its principles.	Unsere Firma hat ihre Prinzipien.

> *In Großbritannien wird normalerweise zwischen 9 Uhr und 17 Uhr gearbeitet. Deswegen ist die Wendung "to work from nine to five" sprichwörtlich für ganz normale Arbeitszeiten.*

A: What was your day at work like?	A: Wie war dein Arbeitstag?
B: Oh, it was awful!	B: Er war furchtbar!
A: Why?	A: Weshalb?
B: I had problems with my colleagues and I had a lot of work to do. Now I'm dead tired.	B: Ich hatte Ärger mit meinen Arbeitskollegen und ich hatte viel zu tun. Jetzt bin ich todmüde.
A: Well, come and sit down and relax!	A: Na dann setz dich hin und entspann dich!
A: What do you do for a living?	A: Was machen Sie beruflich/was arbeiten Sie?
B: I work in the personnel department of a large insurance company.	B: Ich arbeite in der Personalabteilung einer großen Versicherungsfirma.
A: That sounds interesting! Can you describe your job in more detail?	A: Das hört sich interessant an. Worin besteht Ihre Aufgabe im Einzelnen?
B: There are a lot of different aspects to the job but I'm mainly responsible for recruiting new employees.	B: Die Arbeit schließt viele unterschiedliche Bereiche ein, aber ich bin hauptsächlich für die Einstellung neuer Mitarbeiter zuständig.
A: How long have you been working there?	A: Wie lange arbeiten Sie schon dort?
B: For five years.	B: Seit fünf Jahren.
A: And what are your working hours like?	A: Und wie ist Ihre Arbeitszeit?
B: Well, most people work flexitime here, which means that they can start work between seven and nine o'clock, and go home between four and six. But I do a lot of overtime.	B: Also, die meisten Leute hier arbeiten in Gleitzeit, d. h. sie können in der Zeit von sieben bis neun Uhr mit der Arbeit beginnen und zwischen 16 und 18 Uhr nach Hause gehen. Ich dagegen mache viele Überstunden.
And do you enjoy your job?	A: Und gefällt Ihnen Ihre Arbeit?

B: No, to be honest. I'm actually looking for a new one.

B: Nein, ehrlich gesagt nicht. Eigentlich suche ich eine neue Stelle.

A: Well, I wish you all the best in finding something which suits you better!

A: Also, ich wünsche Ihnen viel Erfolg bei der Suche nach einer Stelle, die Ihnen besser gefällt.

Schule und Freizeit

Education and Professional Training

Schule und Ausbildung

Is there a nursery school/kindergarten nearby?
Gibt es einen Kindergarten hier in der Nähe?

My son goes to a preschool playgroup.
Mein Sohn besucht eine vorschulische Spielgruppe.

Is your child of school age?
Ist ihr Kind im schulpflichtigen Alter?

Every child at the age of five is required to attend school.
Jedes Kind im Alter von fünf Jahren ist schulpflichtig.

My daughter goes to primary school.
Meine Tochter besucht die Grundschule.

Is there a good grammar school in this area?
Gibt es ein gutes Gymnasium hier in der Gegend?

He goes to/attends the local comprehensive school.
Er besucht die örtliche Gesamtschule.

We're sending our son to boarding school.
Wir schicken unseren Sohn auf ein Internat.

Only rich people can afford sending their children to a public school.
Nur reiche Leute können es sich leisten, ihre Kinder auf eine Privatschule zu schicken.

Public schools have a good reputation and high academic standards.
Privatschulen haben einen guten Ruf und einen hohen akademischen Standard/haben hohe akademische Maßstäbe.

Public schools are very elitist.
Privatschulen sind sehr elitär.

The pupils go to chapel every morning.
Die Schüler gehen jeden Morgen in den Gottesdienst.

Lessons begin at …
Der Unterricht beginnt um …

Break-time is at …
Um … gibt es eine Pause.

School finishes at …	Die Schule ist um … aus.
Pupils are not allowed to play truant.	Schüler dürfen den Unterricht nicht schwänzen.
Pupils are not allowed to talk/chatter during class.	Die Schüler dürfen im Unterricht nicht schwätzen.
Stop talking! You're a real chatterbox!	Hör mit dem Schwätzen auf! Du bist ein richtiger Schwätzer!
Don't eat in class. Eat it at break!	Iss nicht in der Stunde. Iss es in der Pause!
The children have to wear the school uniform at all times.	Die Kinder müssen immer die Schuluniform tragen.
Class starts punctually.	Die Stunde fängt pünktlich an.
The lesson lasts from eight to nine.	Die Stunde geht von acht bis neun.
You mustn't leave the school grounds.	Du darfst das Schulgelände nicht verlassen.
Don't forget your schoolbags at home. You need your books, your exercise books and your pencil case.	Vergesst eure Schultaschen nicht zu Hause. Ihr braucht eure Bücher, eure Hefte und eure Federmäppchen.
Cheating will be severely punished.	Schummeln wird streng bestraft werden.
Has anybody seen the register?	Hat jemand das Klassenbuch gesehen?
He/She teaches maths/history/ geography/chemistry/physics.	Er/Sie unterrichtet Mathe/Geschichte/Erdkunde/Chemie/Physik.
He/She is a school teacher.	Er/Sie ist Lehrer(in).
We were schoolmates/schoolfellows ten years ago.	Wir waren vor zehn Jahren Schulkameraden.
The (school) staff is very friendly and helpful.	Das Lehrpersonal/Der Lehrkörper ist sehr freundlich und hilfsbereit.
The head/head teacher/headmaster/ principal (AE)/headmistress is a former pupil.	Der Direktor/Die Direktorin ist ein/e ehemalige(r) Schüler(in).
How many pupils are in your school/in your class?	Wie viele Schüler(innen) sind in deiner Schule/Klasse?
How much homework do the children get?	Wie viele Hausaufgaben bekommen die Kinder?
What class/form/grade (AE) are you in?	In welche Klasse gehst du?
How long is your way to/from school?	Wie lang ist dein Schulweg?

It takes me about fifteen minutes to get to/from school.	Ich habe einen Schulweg von fünfzehn Minuten.
Which subjects do you do?	Welche Fächer hast du?
What's your favourite subject?	Was ist dein Lieblingsfach?
Which subject do you enjoy the most?	Welches Fach macht dir am meisten Spaß?
Which subject are you good at?	In welchem Fach bist du gut?
He's very good at …	Er ist sehr begabt in …
He has improved greatly at school.	Er hat sich in der Schule sehr verbessert.
I was a real failure at school.	Ich war ein richtiger Schulversager.
We're doing an exam on …	Wir schreiben am … eine Prüfung.
I hope I'll get a good mark.	Hoffentlich bekomme ich eine gute Note.
The oral exams/orals are next week.	Nächste Woche haben wir die mündlichen Prüfungen.
When do the school holidays begin/start?	Wann fangen die Schulferien an?
Are you in a school club?	Bist du Mitglied in einer Arbeitsgemeinschaft (AG)?
Are you in the choir?	Bist du Mitglied im Chor?
Are you a member of the school's theatre group?	Bist du Mitglied in der Theatergruppe?
Do you write for the school magazine?	Schreibst du für die Schülerzeitung?
Are there many extracurricular activities offered at your school?	Werden in deiner Schule viele außerschulische Aktivitäten/AGs angeboten?

In Großbritannien ist man vom fünften bis zum sechzehnten Lebensjahr schulpflichtig.
Die Kinder besuchen zuerst eine "primary school". Mit elf Jahren wechseln sie die Schule und gehen dann entweder auf eine "comprehensive school", eine Gesamtschule, oder auf eine "grammar school", die dem Gymnasium entspricht.
Mit sechzehn legen die Schüler die G.C.S.E. (General Certificate of Secondary Education) Prüfungen ab und mit achtzehn schreiben sie ihre A-levels (Advanced level), die ungefähr dem Abitur entsprechen. Man benötigt A-levels, wenn man studieren möchte.

Jeder Schüler muss die Schuluniform der Schule tragen, die er besucht. Veränderungen an der Uniform sind nicht erlaubt. Die Schuluniform beinhaltet das Kleid bzw. Rock und Bluse für die Mädchen und den Anzug und das Hemd für die Jungen.
Eine Besonderheit des britischen Schulsystems bilden die so genannten "public schools", die entgegen der wortwörtlichen Übersetzung keine öffentlichen, sondern im Gegenteil Privatschulen sind und die häufig angeschlossene Internate haben. "Public schools" haben grundsätzlich einen sehr guten Ruf in Bezug auf die fachliche Erziehung, die den Schülern dort geboten wird. Insbesondere Kinder aus der britischen Oberschicht ("upper class") werden an den "public schools" unterrichtet, die ihnen damit nicht nur eine herausragende Erziehung, sondern auch ein soziales Netzwerk mit Verbindungen zu anderen einflussreichen Familien bieten, auf das sie später in ihrem Berufsleben zurückgreifen können. Deshalb ist es auch für große Teile der britischen Mittelschicht ("middle class") erstrebenswert, ihre Kinder dorthin zuschicken, worauf sie teilweise ab deren Geburt hinsparen. Eine der berühmtesten "public schools" ist Eton, das in Windsor liegt.

A: Which class is your son in?	A: In welcher Klasse ist Ihr Sohn?
B: He's in the top class at primary school. So he'll be changing schools in September.	B: Er ist in der letzten Klasse der Grundschule. Im September wird er die Schule wechseln.
A: Which school does he want to go to?	A: Auf welche Schule möchte er gehen?
B: If his marks are good enough he wants to go to grammar school.	B: Wenn seine Noten gut genug sind, möchte er auf das Gymnasium gehen.
A: The teachers there are supposed to be very strict. My daughter goes to the local comprehensive school.	A: Es heißt, dass die Lehrer dort sehr streng sind. Meine Tochter besucht die hiesige Gesamtschule.
B: Are you satisfied with the teachers there?	B: Sind Sie mit den Lehrkräften dort zufrieden?
A: Yes, we are. She had very good marks in all her exams at the end of last year.	A: Ja, schon. Ihre Noten in den Prüfungen am Ende des letzten Jahres waren sehr gut.

How many G.C.S.E. exams did you pass?	Wie viele G.C.S.E. Prüfungen hast du bestanden?
When are you going to take your A-levels?	Wann schreibst du deine A-levels?
Have you had the results yet?	Hast du die Ergebnisse schon bekommen?
I failed maths.	Ich bin in Mathe durchgefallen.
Which university have you applied to?	Bei welcher Universität hast du dich beworben?
Did you go to university?	Haben Sie studiert?
Which grades do you need for that university?	Welchen Notendurchschnitt brauchst du, um an dieser Uni studieren zu dürfen?
She is taking a degree in …	Sie studiert …
He has a degree in physics.	Er hat einen Abschluss in Physik.
He graduated in physics.	Er hat einen Abschluss in Physik.
He left university without graduating.	Er verließ die Universität ohne Abschluss.
I want to study …	Ich möchte … studieren.
My subjects are …	Meine Studienfächer sind …
How long is the course?	Wie lange dauert der Kurs?
The academic year lasts from September to July.	Das Studienjahr dauert von September bis Juli.
She is a first/second/third year (student).	Sie studiert im ersten/zweiten/dritten Jahr.
She studies arts/languages/medicine/law.	Sie studiert Geisteswissenschaften/Sprachen/Medizin/Jura.
She is a history student.	Sie ist Geschichtsstudentin.
She studies under Professor …	Sie studiert bei Professor …
He wants to become a doctor/lawyer/scientist.	Er möchte Arzt/Anwalt/Wissenschaftler werden.
He is an exceptionally good student. He has got a scholarship.	Er ist ein außergewöhnlich guter Student. Er hat ein Stipendium.
I'm lucky. I got a university grant.	Ich habe Glück. Ich bekomme eine Studienförderung.
I don't need to pay any tuition fees.	Ich muss keine Studiengebühren bezahlen.
When is the paper on … due?	Wann muss die (schriftliche Haus-)Arbeit über … abgegeben werden?
Could you sum this up, please.	Fassen Sie das bitte zusammen.

I have to give/read/present a seminar paper on … tomorrow.	Ich muss morgen ein Referat über … halten.
Could you give us a summary of your talk?	Können Sie Ihre Rede bitte zusammenfassen?
In which hall of residence/ dorm (AE) do you live?	In welchem Studentenwohnheim wohnst du?
Do you live on/off campus?	Lebst du auf/außerhalb des Campus/Universitätsgeländes?
Do you want to go for a drink?	Willst du was trinken gehen?
Do you know the way to the library?	Kennst du den Weg zur Bibliothek?
Due to computer problems it is not possible to lend out any books.	Wegen Computerproblemen können keine Bücher ausgeliehen werden.
The issue desk is closed.	Die Ausleihe/Der Schalter ist geschlossen.
My room number is …	Meine Zimmernummer ist …
Leave a message on the door if I'm not in.	Hinterlasse eine Nachricht an der Tür, wenn ich nicht da bin.
I have to share the kitchen and the bathroom with twenty students.	Ich muss die Küche und das Badezimmer mit zwanzig Studenten teilen.

Um einen Platz an einer Universität zu bekommen, braucht man in der Regel drei A-levels. Wenn man an einer Universität studieren will, die einen guten Ruf hat, sind sehr gute Noten in den A-levels nötig. Die meisten Studiengänge dauern drei Jahre. Diese drei Jahre werden mit dem sogenannten Bachelor (z. B. BA = Bachelor of Arts) abgeschlossen, was für die meisten Studenten die Möglichkeit eines Übertritts in das Berufsleben und in die freie Wirtschaft bedeutet. Interessierte Studenten können in einem Aufbaustudium ihren Master (z. B. MSc = Master of Science) machen, was dem deutschen Magister/Diplom entspricht.
Die berühmtesten Universitäten in Großbritannien sind Oxford und Cambridge. Sie sind in aller Welt bekannt und stellen besonders hohe Anforderungen an die Studienbewerber.

A: Did your son take his A-levels this year?	A: Hat Ihr Sohn dieses Jahr seine A-levels geschrieben?

B: Yes, he did. Now he has applied to London University.	B: Ja, und jetzt hat er sich bei der Londoner Universität beworben.
A: What does he want to study?	A: Was möchte er studieren?
B: He'd like to study business management.	B: Er möchte Betriebswirtschaft studieren.
A: Will it be difficult to get a place?	A: Wird es für ihn schwer sein, einen Platz zu bekommen?
B: Yes, he needs very good grades in his A-levels.	B: Ja, er braucht einen sehr guten Notendurchschnitt in seinen A-levels.
A: When does he get his results?	A: Wann bekommt er die Ergebnisse?
B: At the end of August.	B: Ende August.
to do an apprenticeship	eine Lehre machen
skilled trade	Handwerksberuf
craft	Kunsthandwerk
semi-skilled job	Anlernberuf
"Life's not easy at the bottom."	„Lehrjahre sind keine Herrenjahre."
He/She is a (skilled) manual worker.	Er/Sie ist Handwerker(in).
He's an apprentice baker.	Er ist Bäckerlehrling.
He likes making things by hand.	Er mag es, Sachen in Handarbeit herzustellen.
She's working as an apprentice at the hairdresser's.	Sie macht eine Lehre als Frisörin.
You have to be friendly to the customers all the time.	Du musst immer freundlich zu den Kunden sein.
How long does your apprenticeship last?	Wie lange dauert deine Lehre?
He's serving an apprenticeship as a printer.	Er macht eine Lehre als Drucker.
He is a trainee.	Er ist Auszubildender (in einem nicht handwerklichen Beruf).
How many apprentices are being trained at the firm?	Wie viele Lehrlinge sind bei der Firma in der Ausbildung?
He simply loves manual work.	Er liebt es einfach, mit seinen Händen zu arbeiten.
I've never done this before. Could you show me how this works?	Ich habe das noch nie gemacht. Können Sie mir zeigen, wie das funktioniert?

Come, I'll show you how to do the job.	Komm her, ich zeige dir, wie es gemacht werden muss.
He'll finish his apprenticeship/ training in two months.	Er beendet seine Lehre/Ausbildung in zwei Monaten.
I was really angry. I almost threatened to quit (my job).	Ich war wirklich ärgerlich. Ich hätte fast damit gedroht (meinen Job) zu kündigen.
I gave in/handed in my notice on Monday.	Ich habe am Montag gekündigt.
I quit!	Ich kündige!
I was given my notice/was dismissed on Monday.	Mir wurde am Montag gekündigt.
Usually the period of notice is three months.	Normalerweise beträgt die Kündigungsfrist drei Monate.
"You live and learn."	„Man lernt nie aus."
A: What is your son doing now?	A: Was macht dein Sohn jetzt?
B: He's an apprentice electrician.	B: Er macht eine Lehre als Elektrotechniker.
A: Is he enjoying it?	A: Macht es ihm Spaß?
B: Yes, very much.	B: Ja, sehr.
A: How long does his apprenticeship last?	A: Wie lange dauert seine Lehre?
B: Three years altogether.	B: Insgesamt drei Jahre.
A: How many apprentices are being trained at his firm?	A: Wie viele Lehrlinge werden in seiner Firma ausgebildet?
B: Two.	B: Zwei.
I've got a place at London University.	Ich habe einen Platz an der Londoner Universität bekommen.
It's a three year course.	Es ist ein dreijähriger Studiengang.
I take my finals in June.	Ich schreibe meine Abschlussprüfungen im Juni.
I'm hoping for a first class degree.	Ich hoffe auf einen Einser-Durchschnitt.
How many lectures a week do you have?	Wie viele Vorlesungen hast du pro Woche?
When do lectures begin?	Wann fangen die Vorlesungen an?

A: Hello, what are you doing nowadays?
B: I study law at London University.

A: Hallo, was machst du denn so zurzeit?
B: Ich studiere Jura an der Londoner Universität.

A: How long is the course?

A: Wie lange dauert der Studiengang?

B: Four years. I take my final exams next June.

B: Vier Jahre. Ich schreibe meine Abschlussprüfungen nächsten Juni.

A: How many lectures a week do you have?
B: Two every morning.
A: When do lectures begin?

A: Wie viele Vorlesungen hast du pro Woche?
B: Zwei jeden Vormittag.
A: Wann fangen die Vorlesungen an?

B: At nine o'clock.

B: Um neun Uhr.

Leisure Time and Hobbies

Freizeit und Hobbys

Have you got a hobby?
What hobbies have you got?
What do you do in your free/spare time?

Haben Sie ein Hobby?
Welche Hobbys haben Sie?
Was tust du in deiner Freizeit?

Have you got any plans what you'll do in your holidays?

Haben Sie/Hast du Pläne, was Sie/du in Ihren/deinen Ferien machen wirst/werden?

What do you do at weekends?
Which is your favourite sport?
Do you like going to the cinema/theatre?

Was tust du an den Wochenenden?
Was ist dein Lieblingssport?
Gehst du gerne ins Kino/Theater?

Do you enjoy reading?
Do you play an instrument?
What kind of music do you like?
What books do you like?
What's your favourite computer game?
Are you having fun?
I always find things to do. I'm never bored.
I need the action, the excitement and the adrenaline rushing through my veins.

Liest du gerne?
Spielst du ein Instrument?
Welche Musik magst du?
Welche Bücher magst du?
Was ist dein Lieblingscomputerspiel?
Amüsierst du dich?
Ich finde immer etwas zu tun. Ich langweile mich nie.
Ich brauche Action, die Aufregung und das Adrenalin, das mir durch die Adern schießt.

I love reading/painting in my spare time.
It's very relaxing/satisfying.

Ich lese/male sehr gerne in meiner Freizeit.
Es ist sehr entspannend/befriedigend.

Isn't your hobby sometimes a bit expensive?

Ist Ihr Hobby nicht manchmal ein bisschen teuer?

A: What hobbies have you got?
B: Well, I love painting. It's very absorbing. What about you?

A: Welche Hobbys haben Sie?
B: Also, ich male sehr gerne. Es füllt mich sehr aus. Und Ihr Hobby?

A: I enjoy riding very much.
B: Isn't that a bit expensive?
A: Yes, sometimes. But I love it so much that it's worth it.

A: Ich reite unheimlich gerne.
B: Ist das nicht ein bisschen teuer?
A: Ja, schon. Aber ich habe solche Freude daran, dass es sich lohnt.

Körperpflege

Health and Beauty

Gesundheit und Schönheit

Have you ever stayed on a health farm?
Everybody needs some time to relax.
I would enjoy a week's pampering.

Waren Sie schon einmal auf einer Schönheitsfarm?
Jeder braucht einmal Zeit, um auszuspannen.
Ich würde mich gerne eine Woche lang verwöhnen lassen.

They have one of the best facilities in this country.
I need some days to thoroughly chill out.
There's nothing like it if you are really stressed out.
A health farm can be an oasis of calm.
Many people come here hoping to lose weight.
It takes a will of iron.

Sie bieten eine der besten Anlagen in diesem Land.
Ich brauche ein paar Tage, um einmal gründlich auszuspannen.
Nichts tut so gut, wenn man wirklich gestresst ist.
Eine Schönheitsfarm kann eine Insel der Ruhe sein.
Viele Leute kommen hierher, um abzunehmen.
Man braucht einen eisernen Willen.

Do they offer aquarobics?

Wird auch Wasser-Aerobic angeboten?

There are a lot of different treatments.	Es gibt ein breites Angebot an Behandlungen.
Do you have to book in for any treatment?	Muss man sich für die Behandlungen eintragen?
Not necessarily. But they are usually fully booked during the summer months.	Nicht unbedingt. Aber sie sind normalerweise im Sommer ausgebucht.
You need to bring swimsuits and bathrobes.	Man muss Badekleidung und einen Bademantel mitbringen.
I would like to make an appointment for a massage and a facial.	Ich möchte gerne einen Termin für eine Massage und eine Gesichtsbehandlung vereinbaren.
We advise you to have a session in the sauna or in the steam room first.	Wir raten Ihnen, zuerst einen kurzen Sauna- oder Dampfbadgang zu machen.
This is to open up your pores.	Dies dient dazu, die Poren zu öffnen.
You have to remove your make-up.	Sie müssen Ihr Make-up entfernen.
Do you prefer cleansing foam or cleansing cream?	Ziehen Sie Reinigungsschaum oder Reinigungsmilch vor?
You have to gently massage the cream in.	Diese Creme sollte sanft einmassiert werden.
If you want to look tanned, why not try a sunbed?	Wenn Sie gebräunt aussehen wollen, wie wäre es mit der Sonnenbank?
I go to a tanning studio once a week.	Ich gehe einmal die Woche ins Sonnenstudio.
We offer lunch and dinner buffet-style.	Wir bieten Mittag- und Abendessen vom Büfett.
Vegetables are very good for you!	Gemüse ist sehr gesund!
I have to be careful about some fruit. I am allergic to strawberries.	Ich muss mit einigen Früchten vorsichtig sein. Ich bin allergisch auf Erdbeeren.
But apart from that I am in perfect health.	Aber abgesehen davon erfreue ich mich einer perfekten Gesundheit.
You are very skinny. Maybe you should try and gain some weight?	Sie sind sehr schlank. Vielleicht sollten Sie versuchen, etwas zuzunehmen.

A: I would like to book in on your health farm for a weekend.

B: Would you like to book in for any special treatments?
A: Yes. I would like a facial and a massage, and I would like to try aquarobics.

B: That's fine! Our staff will see to it that you will enjoy some pampering.
A: I would also like to get a new hairstyle and to try the latest colours in make-up.
B: Of course. Our make-up artist will be at your service.

A: Fine. I will suss out all of your facilities.

B: We will ensure that you get the most out of your weekend.

A: Do you offer lunch buffet-style?

B: Certainly. You can help yourself to salads, pasta and some other hot dishes.

A: I feel I really need some time to chill out.

B: We will ensure that you enjoy your stay.

This lipstick is wonderful.
It won't come off until
you want it to.
It contains Jojoba Oil and
Vitamines.

A: Ich möchte mich für ein Wochenende auf Ihrer Schönheitsfarm anmelden.
B: Möchten Sie bestimmte Behandlungen buchen?
A: Ja. Ich hätte gerne eine Gesichtsbehandlung und eine Massage, und ich würde gerne Wasser-Aerobic ausprobieren.
B: Sehr gut! Unsere Mitarbeiter werden dafür sorgen, dass Sie Ihr Verwöhnprogramm genießen.
A: Ich hätte auch gerne eine neue Frisur und würde gerne die neuesten Make-up-Farben ausprobieren.
B: Selbstverständlich. Unsere Kosmetikerin steht Ihnen zur Verfügung.
A: Prima. Ich werde alle Ihre Angebote genau unter die Lupe nehmen.
B: Wir werden dafür sorgen, dass Sie Ihr Wochenende voll ausschöpfen können.
A: Bieten Sie Mittagessen vom Büfett?
B: Selbstverständlich. Sie können sich bei Salaten, Nudelgerichten und anderen warmen Speisen selbst bedienen.
A: Ich glaube, ich brauche dringend ein paar Tage zum Ausspannen.
B: Wir werden dafür sorgen, dass Sie Ihren Aufenthalt genießen.

Dieser Lippenstift ist wundervoll.
Er geht nicht ab, bis du ihn
abnimmst.
Er enthält Jojoba-Öl und
Vitamine.

Perfectly lined-out lips are a must.	Perfekt konturierte Lippen sind ein Muss.
This face cream contains vitamin E and Aloe Vera.	Diese Creme enthält Vitamin E und Aloe Vera.
It makes your skin look fresh and marvellous.	Sie lässt deine Haut frisch und perfekt aussehen.
This eye shadow comes in twelve riveting shades.	Diesen Lidschatten gibt es in zwölf aufregenden Farben.
I am allergic to lotions which contain oil.	Ich bin allergisch auf Lotionen, die Öl enthalten.
I need some suncare with high UV-protection.	Ich brauche eine Sonnencreme mit hohem UV-Schutz.
You can enjoy the sun and achieve a wonderful tan with this sun lotion.	Mit dieser Sonnenpflege können Sie die Sonne genießen und bekommen eine wundervolle Bräune.
The texture is based on plant extracts.	Die Zusammensetzung basiert auf Pflanzenextrakten.
This provides protection against sun allergies.	Dies bietet Schutz gegen Sonnenallergie.
It is totally free of preservatives.	Sie ist frei von Konservierungsstoffen.
I would love a radiant Mediterranean tan!	Ich hätte gerne eine strahlende Mittelmeerbräune!
Treat yourself with a natural, flawless tan with a self-tanning lotion.	Gönnen Sie sich einen natürlichen, ebenmäßigen Teint durch einen Selbstbräuner.
It will last for up to 4 days.	Er hält bis zu vier Tagen.
Sensitive skin can be easily irritated.	Empfindliche Haut reagiert leicht gereizt.
This cream neutralizes free radicals.	Diese Creme neutralisert freie Radikale.
It acts as a barrier against UV-rays.	Sie hält UV-Strahlen ab.
It is a very innovative product.	Es ist ein brandneues Produkt.
It works against premature skin aging.	Sie wirkt gegen vorzeitige Hautalterung.
It is for use on face and body.	Man kann sie für Gesicht und Körper verwenden.
This face cream instantly hydrates your skin.	Diese Gesichtscreme gibt der Haut sofort Feuchtigkeit.
It does not dry your skin out.	Sie trocknet die Haut nicht aus.

It makes your skin softer and smoother.	Sie macht deine Haut weicher und glatter.
Do you wear make-up every day?	Trägst du jeden Tag Make-up?
I prefer a natural looking complexion.	Ich bevorzuge einen natürlichen Teint.
I wear long-lasting make-up.	Ich trage lange haltendes Make-Up.
It provides the skin with natural radiance.	Es verleiht der Haut eine natürliche Ausstrahlung.
Make-up artists recommend this foundation.	Visagisten empfehlen diese Grundierung.
You have to carefully apply concealer.	Abdeckcreme muss sorgfältig aufgetragen werden.
This nail polish is perfect. It is long lasting and comes in amazing colours.	Dieser Nagellack ist perfekt. Er hält lange und es gibt ihn in phantastischen Farben.
I love these soft shades of lilac.	Ich mag diese sanften Fliederfarben.
This is a very sophisticated shade.	Das ist ein sehr edler Farbton.
This shade was a major trend on the spring/summer catwalks.	Dieser Farbton war einer der Haupttrends auf den Laufstegen für die Frühjahr-/Sommer-Saison.
It gives your nails brilliant colour.	Er verleiht den Nägeln leuchtende Farbe.
This is a stunning colour!	Diese Farbe ist umwerfend!
This hair spray protects your hair.	Dieses Haarspray schützt Ihr Haar.
It repairs your hair after a sun bath or a swim.	Es repariert das Haar nach dem Sonnenbaden oder nach dem Schwimmen.
It was recommended by my hairdresser.	Mein Frisör hat es mir empfohlen.
I would like to highlight my hair.	Ich möchte mir Strähnchen ins Haar färben lassen.
I really don't like my natural colour.	Meine Naturhaarfarbe gefällt mir nicht.
I prefer a hair-colour with natural ingredients.	Ich bevorzuge Haarfarben mit natürlichen Inhaltsstoffen.
If you use conditioner, your hair won't look damaged anymore.	Wenn du eine Spülung verwendest, sieht dein Haar nicht mehr angegriffen aus.

It will leave your hair strong and shiny.	Sie macht dein Haar stark und glänzend.
Is this colour ammonia-free?	Ist diese Farbe frei von Ammoniak?
I need a new shower gel.	Ich brauche ein neues Duschgel.
I like the ones with fruit extracts.	Ich mag die mit Frucht-Extrakten.
It leaves your skin irresistible.	Es macht deine Haut unwiderstehlich.
Your skin becomes very healthy looking.	Deine Haut sieht gesund aus.
I love the freshness and vitality after a shower.	Ich mag diese Frische und Vitalität nach einer Dusche.
What do you think about disposable colour contact lenses?	Was hältst du von Einweg-Kontaktlinsen in Farbe?
I think they just look stunning!	Ich finde, sie sehen klasse aus!
Can you really wear them every day?	Kann man die wirklich jeden Tag tragen?
I need prescription lenses.	Ich brauche optische Kontaktlinsen.
I don't need any sight correction.	Ich habe keine Sehschwäche.
You should always read the instructions.	Man sollte immer die Gebrauchsanweisung lesen.
Follow the advice of your optician.	Fragen Sie Ihren Optiker um Rat.
Maybe you should take a sight test first.	Vielleicht solltest du erst einen Sehtest machen.
Hair removal is often painful.	Haarentfernung ist oft schmerzhaft.
Epilators whip out the hair at the roots.	Epiliergeräte entfernen das Haar an der Wurzel.
A: I have got very sensitive skin.	A: Ich habe sehr empfindliche Haut.
B: Then you should be careful about the cosmetics you use.	B: Dann solltest du mit der Kosmetik, die du verwendest, vorsichtig sein.
A: Can you recommend any special care?	A: Kannst du eine bestimmte Pflege empfehlen?

B: This day care is free of preservatives and it works against irritation.
A: I think I'm a bit tired looking lately.
B: This face cream will also give you a radiant complexion.

B: Diese Tagespflege ist frei von Konservierungsstoffen und wirkt gegen Hautirritationen.
A: Ich finde, ich sehe in letzter Zeit immer so müde aus.
B: Diese Gesichtscreme verleiht dir einen strahlenden Teint.

A: What do you do to make your hair look so shiny?
B: I use a special conditioner twice a week.
A: I'm thinking of highlighting my hair.
B: Why not? I think you only have to be careful to use a product without ammonia.

A: Was machst du, damit dein Haar so glänzt?
B: Ich benutze zweimal die Woche eine spezielle Haarkur.
A: Ich überlege, ob ich mir Strähnchen färben lassen soll.
B: Warum nicht? Ich denke nur, du solltest darauf achten, dass du ein Produkt ohne Ammoniak verwendest.

A: Excuse my asking you so frankly, but are you a natural blonde?
B: Unfortunately not! I have been dying my hair ever since I can remember!

A: Entschuldige, dass ich so direkt frage, aber bist du naturblond?
B: Leider nicht! Seit ich denken kann, färbe ich mir die Haare!

At the Hairdresser's and at the Barber's

Beim Frisör

I don't have the time to go to the hairdresser's. Could you do my hair, please?

Ich habe keine Zeit, um zum Frisör zu gehen. Kannst du mir bitte die Haare machen/mich frisieren?

It's time to have a new haircut soon.

Es wäre mal wieder Zeit zum Haare schneiden.

Could I have an appointment, please?

Ich hätte bitte/gerne einen Termin.

Would tomorrow be OK?

Könnten Sie es morgen schaffen?/ Wäre morgen in Ordnung?

That's perfect. What time?

Das ist perfekt. Um welche Zeit?

Could you make it at two o'clock?

Wäre zwei Uhr O.K.?

I've got an appointment at the hairdresser's today.	Ich habe heute einen Termin beim Frisör.
I'm going for a haircut.	Ich gehe mir die Haare schneiden.
First my assistant will wash your hair and then we'll talk about a new hairstyle.	Zuerst wird mein Assistent Ihnen die Haare waschen, und dann werden wir uns über eine neue Frisur unterhalten.
Please use a special shampoo for greasy hair and a conditioner.	Bitte benutzen Sie ein Spezialshampoo für fettige Haare und eine Pflegespülung.
I have to comb your hair now.	Ich muss jetzt Ihr Haar kämmen.
Tell me if it hurts.	Sagen Sie mir, wenn es wehtut.
I have greasy/dry/thick/thin hair. Do I need special hair care?	Ich habe fettiges/trockenes/dickes/dünnes Haar. Brauche ich eine besondere Haarpflege?
Use products which are made exactly for your type of hair. I could recommend you some if you like.	Benutzen Sie die Produkte, die genau für Ihren Haartyp hergestellt werden. Ich könnte Ihnen einige empfehlen, falls Sie das wünschen.
My hair looks just terrible.	Meine Haare sehen schrecklich aus.
It's much too long and I've got split ends.	Sie sind viel zu lang und haben Spliss/gespaltene Haarspitzen.
How would you like your hair done?	Welche Frisur hätten Sie gerne?
Have you anything special in mind?	Haben Sie besondere Wünsche?
Which hairstyle would you recommend?	Welche Frisur würden Sie empfehlen?
What do you think, will this hairstyle as shown in the picture suit me?	Was meinen Sie, wird die Frisur auf diesem Bild mir stehen?
I'm afraid not. This hairstyle is very popular/fashionable at the moment but I don't think that it suits you.	Ich befürchte nein. Diese Frisur/Dieser Schnitt ist im Moment sehr modern, aber ich glaube nicht, dass sie/er Ihnen steht.
I just like a shampoo and set.	Einmal waschen und legen, bitte.
I'd like to have my hair cut short/shorter.	Ich hätte mein Haar gerne kurz/kürzer geschnitten.
I'd just like a trim.	Bitte nur die Spitzen schneiden.
I want to let my hair grow again. Please take off too much.	Ich will mein Haar wieder wachsen lassen. Bitte schneiden Sie nicht zu viel ab.

I just love curly hair/curls.	Ich liebe lockiges Haar/Locken.
I'd like a perm.	Ich hätte gerne eine Dauerwelle.
I don't like my natural hair colour. It's kind of dark blond.	Ich mag meine natürliche Haarfarbe nicht. Sie ist eine Art dunkles Blond.
I think it looks awfully boring.	Ich finde, sie sieht schrecklich langweilig aus.
So I thought about dying my hair.	Also habe ich mir überlegt, meine Haare zu färben.
Should I dye my hair blond/darker/red/black?	Soll ich meine Haare blond/dunkler/rot/schwarz färben?
In a few weeks' time the roots of the hair will look their natural colour again. You have to come back and we'll fix it.	In einigen Wochen wird man am Haaransatz wieder die natürliche Haarfarbe sehen. Sie müssen wieder kommen und wir werden uns darum kümmern.
Maybe it's better then to try tinting my hair first.	Vielleicht sollte ich es dann besser zuerst mit einer Tönung versuchen.
Or I'll have red tints put in my hair.	Oder ich lasse mir rote Strähnchen machen.
I'd like a hairstyle which is easy to manage.	Ich hätte gerne eine Frisur, die leicht zu pflegen ist.
I want to wear my hair loose.	Ich will mein Haar offen tragen.
What do you think, will a side parting suit me better or should I part my hair in the middle?	Was glauben Sie, wird mir ein Seitenscheitel besser stehen oder ein Mittelscheitel?
You can pin up/put up your hair as well.	Sie können das Haar auch hochstecken.
Use hairpins to hold your hair in position, especially when there are strands of hair coming loose.	Benutzen Sie Haarnadeln, um Ihr Haar festzuklemmen, besonders wenn Haarsträhnen sich lösen.
Brush your hair regularly.	Bürsten/Kämmen Sie sich regelmäßig die Haare.
Could you please blow-dry my hair?	Föhnen Sie mir bitte die Haare.
Where can you buy such a professional hairdryer?	Wo kann man einen solchen professionellen Föhn kaufen?
I loved wearing my hair in braids (AE)/plaits when I was a child. My mother always bought me ribbons in many different colours.	Ich liebte es, Zöpfe zu tragen, als ich ein Kind war. Meine Mutter kaufte mir immer Haarschleifen in vielen verschiedenen Farben.

She plaited my hair every morning.	Sie hat mir jeden Morgen das Haar geflochten.
I had either a pigtail or a ponytail.	Ich hatte entweder einen geflochtenen Zopf oder einen Pferdeschwanz.
What do you think of my new haircut?	Wie findest du meine neue Frisur/ meinen neuen Haarschnitt?
Do you like my new haircut?	Magst du meine neue Frisur/ meinen neuen Haarschnitt?
It's terrible. I think the hairdresser cut my hair badly.	Es ist schrecklich. Ich denke, der Frisör hat mir die Haare verschnitten.
It looks like a wig!	Es sieht wie eine Perücke aus!
I guess it's better to change your hairdresser if you're not satisfied.	Ich denke, es ist besser, den Frisör zu wechseln, wenn du nicht zufrieden bist.
I just have a bad hair day. There's nothing I can do about it!	Mit meinen Haaren ist heute einfach nichts anzufangen. Ich kann nichts dagegen machen.
Her hair is always beautifully done.	Sie ist immer gut frisiert.

Wenn ganz allgemein von den Haaren auf dem Kopf gesprochen wird, so verwendet man anders als im Deutschen den Singular "hair": "She brushed her hair." Nur wenn von einzelnen Haaren die Rede ist, sind es "hairs": "I always found her hairs lying around on the floor."

A: My hair looks awful. I haven't been at the hairdresser's for ages.	A: Mein Haar sieht schrecklich aus. Ich war seit Ewigkeiten nicht mehr beim Frisör.
B: Do you like to have a new haircut or do you just want to have a trim?	B: Willst du einen neuen Schnitt oder willst du dir bloß die Spitzen schneiden lassen?
A: I think this time I need a change. I want one of these new fashionable hairstyles, very short and very colourful. I even thought about dying my hair flaming red.	A: Ich glaube, dieses Mal brauche ich eine Veränderung. Ich will einen dieser neuen, modernen Schnitte/Frisuren, sehr kurz und sehr farbig. Ich habe mir sogar überlegt, mir das Haar feuerrot zu färben.

B: Now that's a surprise! Are you sure your husband will like it? I thought he loved your long, blond hair.

B: Also, das ist wirklich eine Überraschung! Bist du sicher, dass dein Mann es mögen wird? Ich dachte, er liebt dein langes, blondes Haar.

A: I haven't told him yet. I guess it will really be a surprise!

A: Ich habe ihm noch nichts gesagt. Ich denke, es wird wirklich eine Überraschung werden.

Your hair looks awful. You should go to the barber's.

Dein Haar sieht grauenvoll aus. Du solltest zum (Herren)Frisör/ Barbier gehen.

Do I need an appointment?

Brauche ich einen Termin?

I urgently need an appointment for next Friday.

Ich brauche dringend einen Termin nächsten Freitag.

How long do I have to wait without an appointment?

Wie lange muss ich ohne Termin warten?

A shave and a haircut, please.

Rasieren und Haare schneiden, bitte.

Could you cut it a little bit shorter at the sides, please?

Könnten Sie es bitte an den Seiten etwas kürzer schneiden?

Oh, I'm afraid I cut you. But it's just a minor scratch!

Oh, ich befürchte, ich habe Sie geschnitten, aber es ist nur ein kleiner Kratzer!

This razor (blade) is really sharp!

Dieser Rasierer/Diese Rasierklinge ist wirklich scharf.

What kind of shaving cream/shaving foam do you prefer?

Welche(n) Rasiercreme/Rasierschaum bevorzugen Sie?

We have a selection over here.

Wir haben hier eine Reihe zur Auswahl.

I'd like this aftershave lotion, please.

Ich hätte gerne dieses Aftershave/ Rasierwasser.

Do you prefer a wet or a dry shave?

Rasieren Sie sich lieber nass oder trocken?

I usually use an electric shaver.

Ich benutze normalerweise einen Rasierapparat./Ich rasiere mich normalerweise trocken.

I only have a wet shave when I go to the barber.

Ich rasiere mich nur nass, wenn ich zum Barbier gehe.

Could you please trim my beard?

Bitte stutzen Sie mir meinen (Voll)Bart.

Please trim my moustache.

Bitte stutzen Sie mir meinen Schnurrbart.

I have troubles with my hairpiece/ toupee.

Ich habe Probleme mit meinem Haarteil/Toupet.

He has got a receding hairline./ He is going bald at the temples.

Er hat Geheimratsecken.

He is bald. He won't need a barber in future.

Er hat eine Glatze. In Zukunft wird er keinen Frisör mehr brauchen.

He buys every hair restorer he can lay his hands on.

Er kauft jedes Haarwuchsmittel, das er sieht.

A: A shave and a haircut, please.

B: Have you got an appointment?

A: I'm afraid not. How long do I have to wait?

B: We can start straight away. Do you like your hair short?

A: Cut it shorter at the sides. I've got problems with my skin. I hope your shaving foam and aftershave lotions will be O.K.

B: I'm sure they will. We haven't had any complaints yet.

A: Einmal rasieren und Haare schneiden, bitte.

B: Haben Sie einen Termin?

A: Nein, leider nicht. Wie lange muss ich warten?

B: Wir können gleich anfangen. Wollen Sie Ihr Haar kürzer haben?

A: Schneiden Sie es an den Seiten kürzer. Ich habe Hautprobleme. Ich hoffe, Ihr Rasierschaum und Ihr Rasierwasser gehen in Ordnung.

B: Ich bin mir sicher. Wir hatten noch nie Beschwerden.

Kultur und Sport

Booking Tickets

Karten bestellen

Are there still tickets available for …?

Ist es noch möglich, Karten für … zu bekommen?

Yes, but only in the rear stalls.

Ja, aber nur im hinteren Parkett.

No. I'm afraid it's completely sold out.

Nein, es ist leider völlig ausverkauft.

Are there any seats left in the dress circle?

Gibt es noch Plätze auf dem Balkon?

I'd like a seat in one of the boxes, please.

Ich möchte einen Platz in einer der Logen.

Has anyone cancelled their booking for tonight?	Hat jemand seine Reservierung für die heutige Abendvorstellung abgesagt?
There are only two seats available at … per ticket.	Es sind nur noch zwei Sitzplätze für … pro Karte frei.
There's standing room only.	Es sind nur noch Stehplätze übrig.
Have you got any cheaper/better seats?	Haben Sie keine billigeren/ besseren Plätze?
In which name, please?	Auf welchen Namen bitte?
Please be there half an hour before the performance to pick up your tickets.	Bitte kommen Sie eine halbe Stunde vor Vorstellungsbeginn, um Ihre Karten abzuholen.
When does the performance begin exactly?	Wann genau fängt die Vorstellung an?
A: Are there still tickets available for "My Fair Lady" this evening?	A: Gibt es noch Karten für „My Fair Lady" heute Abend?
B: There are only two seats available at 20 pounds per ticket.	B: Es sind nur noch zwei Sitzplätze für 20 Pfund pro Karte frei.
A: Can I reserve them, please?	A: Kann ich die bitte reservieren?
B: In what name?	B: Auf welchen Namen?
A: Scott.	A: Scott.
B: Fine. Please be there half an hour before the performance to pick up your tickets.	B: In Ordnung. Bitte kommen Sie eine halbe Stunde vor Vorstellungsbeginn, um Ihre Karten abzuholen.

Talking about Films	**Über Filme reden**
Let's go to the cinema this evening.	Lass uns heute Abend ins Kino gehen.
What's on at the moment?	Was läuft im Moment?
There's a good film on.	Es läuft ein sehr guter Film.
That film is very popular at the moment.	Der Film ist im Moment sehr populär.
The film has received very good reviews.	Der Film bekam sehr gute Kritiken.
We should ring and reserve tickets.	Wir sollten anrufen und Karten reservieren.
I've seen that film before.	Ich habe den Film schon gesehen.

I'd love to see that film.	Ich möchte diesen Film gerne sehen.
I'm not really interested in seeing that film.	Ich habe eigentlich keine Lust, diesen Film zu sehen.
Did you enjoy the film?	Hat Ihnen der Film gefallen?
I really enjoyed the film.	Der Film hat mir sehr gut gefallen.
I think it's overrated.	Ich glaube, er wird überschätzt.
I didn't enjoy it at all!	Er hat mir überhaupt nicht gefallen.
The acting was very good/bad.	Die schauspielerischen Leistungen waren sehr gut/schlecht.
The plot was rather weak.	Die Handlung war etwas schwach.
What kind of films do you like?	Was für Filme gefallen Ihnen?
Me too!	Mir auch!
Really? I prefer … films.	Wirklich? Mir gefallen … Filme besser.

In Großbritannien sagt man normalerweise "to go to the pictures" oder "to go to the cinema". In den USA heißt es dagegen "to go to the movies".

A: Let's go to the cinema this evening.	A: Gehen wir heute Abend ins Kino?
B: Good idea! What's on at the moment?	B: Gute Idee! Was läuft denn zurzeit?
A: … is very popular, and it has received excellent reviews.	A: … ist sehr beliebt, und er bekam ausgezeichnete Kritiken.
B: I've seen it before and I think it's overrated.	B: Ich habe ihn schon gesehen, und ich finde, er wird überschätzt.
A: Well, what about …?	A: Also, wie wäre es mit … ?
B: That would be nice! We should ring and reserve tickets.	B: Prima! Wir sollten besser anrufen und Karten reservieren.
A: So, did you enjoy the film?	A: Nun, hat dir der Film gefallen?
B: The plot was a bit weak, but it was very entertaining! And you?	B: Die Handlung war etwas schwach, aber er war sehr unterhaltsam. Und wie fandest du ihn?
A: I enjoyed it very much.	A: Mir hat er sehr gut gefallen.

It is amazing what this actor can do with his screen persona/character.	Es ist erstaunlich, wie dieser Schauspieler seine Filmpersönlichkeit anlegen kann.
His style of clothing has become a trademark!	Sein Kleidungsstil ist zu einem Markenzeichen geworden.
She has won the hearts of cinema-goers everywhere!	Sie hat die Herzen aller Filmfans erobert!
He has really got charisma!	Er hat wirklich Charisma!
He made this character seem a bit silly.	Er hat diesen Typ etwas dumm aussehen lassen.
His films always turn into something successful.	Er macht aus all seinen Filmen Erfolge.
It's a bit of a one-joke film.	Der Film lebt eigentlich nur von der einen Idee.
I think he is actually far better in his serious roles.	Ich finde ihn in seinen ernsten Rollen bedeutend besser.
I predict a long future for him in romantic films.	Ich glaube, seine Zukunft liegt in romantischen Rollen.
She is famous for her character roles.	Sie ist wegen ihrer Charakterrollen bekannt.
If anyone wins an Oscar in this film, it will be her!	Wenn jemand aus diesem Film einen Oscar gewinnt, dann ist sie es!
… is an action specialist.	… ist ein Action-Spezialist.
The special effects were gorgeous!	Die Spezialeffekte waren unglaublich!
… directed this film.	… hat Regie geführt.
I think this film shows bad taste rather than black humour.	Ich denke, dieser Film zeugt eher von schlechtem Geschmack als von schwarzem Humor.
This film is starring …	Der Film zeigt in der Hauptrolle …
I think this film was a bit yucky.	Ich finde, der Film war etwas eklig.
This film has taken Britain by storm.	Der Film hat England im Sturm erobert.
It was made for only a handful of dollars.	Er hat nur ein paar Dollar gekostet.
The film will be released on …	Der Film kommt am … in die Kinos.
This was pure cinematic terror!	Der reine Leinwandterror!
The film was inspired by the book by …	Der Film basiert auf dem Buch von …

This is a very controversial film.	Dieser Film ist sehr umstritten.
This was a TV-story made into a full-length film.	Dies war ein Fernsehfilm, der auf volle Kinolänge umgeschrieben wurde.
You will take no pleasure in this film.	An diesem Film wirst du keine Freude haben.
The script was written by the author of the book himself.	Das Drehbuch ist vom Autor des Romans selbst geschrieben worden.
This role is a tour de force for the leading lady.	Diese Rolle fordert von der Hauptdarstellerin alles.
She is Britain's most remarkable young actress.	Sie ist Englands aufsehenerregendste Nachwuchsschauspielerin.
This is a gentle version of …	Das ist eine abgeschwächte Version von …
It's a remake of an old film.	Es ist eine Neuverfilmung eines alten Films.
It is a thrilling adventure story.	Es ist eine aufregende Abenteuergeschichte.
This film is suitable for the whole family.	Dieser Film ist für die ganze Familie geeignet.
She has always had a taste for characters outside the norm.	Sie hat schon immer eine Vorliebe für Rollen außerhalb der Norm gehabt.
This role was a dream come true for her.	Das war ihre Traumrolle.
There were too many dull, sentimental moments.	Der Film hatte viele zu rührselige Längen.
The audience will have to reach for their hankies.	Die Zuschauer werden zu den Taschentüchern greifen müssen.
This film shows how low popular taste can sink.	Dieser Film zeigt, wie tief der Massengeschmack sinken kann.
This film set standards we still look up to.	Dieser Film hat einen Maßstab gesetzt, an dem wir uns heute noch orientieren.
I think this film is much too …	Ich finde diesen Film viel zu …
I think … is the world's worst film maker.	Ich finde, … ist der schlechteste Filmemacher der Welt.
The film stars … in the title role.	In dem Film spielt … die Hauptrolle.

Unfortunately, the director did not live to finish it.	Leider hat der Regisseur den Film nicht beenden können.
Originally they wanted … but then they put … in his place.	Ursprünglich wollten sie … mit der Rolle besetzen, aber dann haben sie … besetzt.
He did not look the least bit like a scoundrel.	Er sah nicht im Geringsten wie ein Schurke aus.
This really is an art film.	Das ist wirklich ein Kunstfilm.
He always uses the first take.	Er verwendet immer die erste Aufnahme.
I think his films are poorly made.	Ich finde, seine Filme sind schlecht gemacht.
I think he is pure entertainment.	Für mich ist er Unterhaltung in Reinform.
In 1995 we celebrated 100 years of cinema.	1995 feierten wir 100 Jahre Kino.
Peter Greenaway is certainly one of Britain's most controversial film makers.	Peter Greenaway ist sicher einer von Englands umstrittensten Filmemachern.
Stanley Kubrick had a 46-year career in film making.	Stanley Kubricks Filmkarriere dauerte 46 Jahre.
He was a director with an immense reputation.	Er war ein Regisseur mit einem bedeutenden Ruf.
Critics and the public alike were eager to see his films.	Kritiker und Publikum waren gleichermaßen darauf aus, seine Filme zu sehen.
Since his role in … he has become a megastar.	Seit seiner Rolle in … zählt er zu den ganz großen Stars/zu den Megastars.
There were lots of rumours before the film was released.	Es gab viele Gerüchte, bevor der Film in die Kinos kam.
The script is based on a novella by …	Das Drehbuch basiert auf einem Buch von …
He demands perfect performances from his actors.	Von seinen Schauspielern verlangt er eine perfekte Leistung.
This was the perfect shot!	Das war die perfekte Aufnahme!
She gives her entire ability to her roles.	Sie geht ganz in ihren Rollen auf.
He has acted in almost every good British film of the past decade.	Er war in fast jedem guten englischen Film der letzten zehn Jahre besetzt.

This film is a collaboration between two directors.	Bei diesem Film haben zwei Regisseure zusammengearbeitet.
This film is overdramatic.	Dieser Film ist zu dramatisch.
It uses a lot of plot devices.	Er verwendet viele Kunstgriffe.
He began as a set designer.	Er hat als Bühnenbildner angefangen.
Later he became assistant director.	Dann wurde er Regieassistent.
He has worked with many famous script writers.	Er hat mit vielen bekannten Drehbuchautoren zusammengearbeitet.
They wanted to shoot … in Italy.	Sie wollten … in Italien drehen.
He had critical and commercial success.	Er hatte Erfolg bei den Kritikern und auch finanziell.
This film is too demanding for a general audience.	Dieser Film ist für das breite Publikum zu anspruchsvoll.
For this film he used the flashback technique.	Für diesen Film hat er die Rückblendentechnik verwendet.
A: Have you seen the latest film by Peter Greenaway?	A: Hast du den neuesten Film von Peter Greenaway gesehen?
B: I don't like this director much.	B: Diesen Regisseur mag ich nicht besonders.
A: I know that he is somewhat controversial but he is also very creative.	A: Ich weiss, dass er umstritten ist, aber er ist auch sehr kreativ.
B: I rather like entertaining films with famous actors, even if you think they are only commercial.	B: Ich mag lieber Filme, die unterhaltsam sind und in denen bekannte Schauspieler mitspielen. Auch wenn du solche einfach nur kommerziell findest.
A: Commercial success is simply not what I judge a film by.	A: Kommerzieller Erfolg ist einfach nicht das Kriterium, nach welchem ich einen Film beurteile.
B: I also like art films but sometimes I just want to be entertained.	B: Ich mag Kunstfilme auch, aber manchmal will ich einfach nur unterhalten werden.
A: A good adventure story is also something I like to see.	A: Eine gute Abenteuergeschichte sehe ich selbst auch gerne.

B: In the last years many low-budget films have become a box office success.
A: Maybe the general public have changed their taste as well.

B: In den letzten Jahren sind viele Filme, die wenig gekostet haben, extrem erfolgreich gewesen.
A: Vielleicht hat sich auch der Geschmack der breiten Masse geändert.

B: Did you know that Roland Emmerich started as a set designer?

B: Hast du gewusst, dass Roland Emmerich als Bühnenbildner angefangen hat?

A: I only knew he was an assistant director before he became famous.

A: Ich weiß nur, dass er Regieassistent war, bevor er berühmt wurde.

B: I think the special effects he uses in his films are stunning.

B: Ich finde die Spezialeffekte, die er in seinen Filmen verwendet, verblüffend.

A: Have you got a favourite actress?
B: My favourite actress is Meryl Streep. I really think she gives her entire ability to her roles.
A: I admire actors who are charismatic and have a real screen persona.

A: Hast du eine Lieblingsschauspielerin?
B: Meine Lieblingsschauspielerin ist Meryl Streep. Ich finde wirklich, sie geht ganz in ihren Rollen auf.
A: Ich bewundere Schauspieler, die wirklich charismatisch sind und eine echte Leinwandpersönlichkeit haben.

B: I absolutely agree. It is ridiculous when an actor becomes megalomanic after winning the Oscar!

B: Ich stimme dem voll und ganz zu. Es ist lächerlich, wenn ein Schauspieler größenwahnsinnig wird, nachdem er einen Oscar gewonnen hat!

A: There are always a lot of rumours before the Oscar night.

A: Es gibt immer viele Gerüchte vor der Nacht der Oscar-Verleihung.

B: I can only honour demanding roles for an actor or actress.

B: Ich kann nur anspruchsvolle Rollen für einen Schauspieler oder eine Schauspielerin honorieren.

A: You are being too simplistic. Making a good comedy asks for a great deal of skill and talent.

A: Das siehst du zu einfach. Um eine gute Komödie zu drehen, braucht man viel Geschick und Begabung.

B: What do you think about remakes?
A: Sometimes they are no match for the original version.
B: It depends a lot on the quality of the actors.
A: Not all directors can afford working with the megastars.

B: Was hältst du von Neuverfilmungen?
A: Manchmal reichen sie an das Original nicht heran.
B: Es hängt viel vom Niveau der Schauspieler ab.
A: Nicht alle Regisseure können es sich leisten, mit den ganz großen Stars zusammenzuarbeiten.

B: Sometimes the actors are very eager to work with a director, too.
A: If he has an immense reputation!
B: The script is also something that matters a lot.
A: Absolutely. I'm always a bit prejudiced against films which are based on famous novels.

B: Manchmal sind die Schauspieler auch begierig darauf, mit einem Regisseur zusammenzuarbeiten.
A: Wenn er eine guten Ruf hat!
B: Das Drehbuch macht auch viel aus.
A: Absolut. Ich stehe Filmen, die auf berühmten Romanen basieren, immer etwas skeptisch gegenüber.

B: I think it is almost impossible to make a good book into a film.

B: Ich finde, es ist nahezu unmöglich, ein gutes Buch zu verfilmen.

Talking about the Theatre

Über das Theater reden

Shall we buy a programme?

Sollen wir uns ein Programm kaufen?

Let's buy something to drink during the interval.
The performance was a success.
The actors were greeted by enthusiastic applause.
It's very old/new play.

Lass uns während der Pause etwas zu trinken kaufen.
Die Vorführung war ein Erfolg.
Die Schauspieler wurden mit begeistertem Beifall begrüßt.
Es ist ein sehr altes/neues Theaterstück.

This is a new/controversial production.
The set was wonderful.
I was very impressed by the acting.

Diese Inszenierung ist neu/umstritten.
Das Bühnenbild war fantastisch.
Die schauspielerische Leistung hat mich sehr beeindruckt.

The acting was not very convincing.

Die schauspielerische Leistung war nicht so überzeugend.

An unknown actress is cast in the leading role.

Die Hauptrolle hat eine unbekannte Schauspielerin.

This play has a well-known cast.

Das Stück ist mit bekannten Schauspielern besetzt.

The supporting actor almost stole the show.

Der Schauspieler in der Nebenrolle hat dem Hauptdarsteller fast die Schau gestohlen.

A: Well, how did you enjoy the performance?
B: The set was wonderful and I was very impressed by the acting!

A: Nun, wie hat Ihnen die Vorstellung gefallen?
B: Das Bühnenbild war fantastisch und die schauspielerische Leistung hat mich sehr beeindruckt!

What did you think?
A: The main actor was fantastic, but the supporting actress nearly stole the show! I'm so impressed that I think I'll take out a subscription for the next season.

Wie fanden Sie es?
A: Der Hauptdarsteller war fantastisch, aber die Schauspielerin in der Nebenrolle hat ihm fast die Schau gestohlen. Ich bin so begeistert, dass ich für die nächste Saison wohl ein Abonnement nehmen werde.

Going to a Museum

Ein Museumsbesuch

The opening hours are from … to …

Die Öffnungszeiten sind von … bis …

How much/What is the admission?

Wie viel kostet der Eintritt?

The entrance fee/admission is …

Der Eintritt kostet …

They charge …

Sie verlangen …

Admission free.

Eintritt frei.

Please lock your bags and coats up.

Bitte schließen Sie Ihre Taschen und Mäntel ein.

Guided tours (are on) every 30 minutes.

Führungen alle 30 Minuten.

Assembly point is the main entrance.

Treffpunkt ist der Haupteingang.

Please pay attention to what the guide says.

Bitte passen Sie auf, was der Museumsführer sagt.

You may ask questions at any time.	Sie dürfen jederzeit Fragen stellen.
Sorry, I had trouble understanding you. Could you repeat that, please?	Entschuldigung, ich hatte Probleme, Sie zu verstehen. Könnten Sie das bitte wiederholen?
The current exhibition shows exhibits from ten different countries and five centuries.	Die laufende Ausstellung zeigt Ausstellungsstücke aus zehn verschiedenen Ländern und fünf Jahrhunderten.
We have exhibitions which deal with Ancient cultures and natural history.	Wir haben Ausstellungen, die sich mit antiken Kulturen und Naturgeschichte beschäftigen.
We will show an exhibition of ancient Chinese artefacts (artifacts) like weapons, tools, pottery and other objects from the daily lives of the Chinese people.	Wir werden eine Ausstellung von antiken chinesischen Artefakten, wie z. B. Waffen, Werkzeugen, Töpferwaren und anderen Objekten aus dem täglichen Leben der Chinesen zeigen.
Do you know how old this artefact is?	Wissen Sie, wie alt dieses Ausstellungsstück ist?
What technique was used to build this artefact?	Welche (Arbeits)Technik wurde benutzt, um dieses Ausstellungsstück zu erschaffen?
Somebody has carved a very nice piece of jewellery out of this bone.	Jemand hat sehr schönen Schmuck aus diesem Knochen geschnitzt.
It is still in very good condition.	Es ist noch in sehr gutem Zustand.
It is a great example of the excellent craftsmanship of this tribe.	Es ist ein großartiges Beispiel für die außergewöhnliche Kunstfertigkeit dieses Stammes.
It was destroyed mainly by wind and moisture.	Es wurde hauptsächlich durch Wind und Feuchtigkeit zerstört.
We have to keep most of our artefacts behind glass/in a glass case in order to protect them.	Wir müssen die meisten unserer Ausstellungsstücke in Glaskästen aufbewahren, um sie zu schützen.
If you touch that glass case the alarm will go off.	Wenn Sie den Glaskasten berühren, wird der Alarm losgehen.
If you have a question turn to/consult the warden. He will try and help you.	Wenn Sie eine Frage haben, wenden Sie sich bitte an das Aufsichtspersonal. Man wird versuchen, Ihnen zu helfen.

The section which is most popular with our visitors is the mummy section.	Die Abteilung, die bei unseren Besuchern am beliebtesten ist, ist die Mumienabteilung.
You can see many good examples from every period of Egyptian history.	Sie können viele gute Beispiele aus jeder Periode der ägyptischen Geschichte sehen.
For our younger visitors the huge skeletons of the dinosaurs are certainly the most interesting objects on display.	Für unsere jüngeren Besucher sind die riesigen Skelette der Dinosaurier sicherlich die interessantesten Ausstellungsobjekte.
Don't touch anything!	Nichts berühren!
In some museums you can do a lot of things yourself and you can even touch some of the objects.	In einigen Museen kann man viel selbst machen und man kann sogar einige der Objekte anfassen.
May I push this button, Mom?	Darf ich bitte diesen Knopf drücken, Mami?
Have a close look!	Schauen Sie/Schau genau hin!
Don't just walk by! Have a closer look.	Gehen Sie/Geh nicht einfach vorbei! Schauen Sie/Schau genauer hin.
I'd like a catalogue about your exhibition on Ancient Egypt.	Ich hätte gerne einen Ausstellungskatalog über das antike Ägypten.
How much is it?	Wie viel kostet er?

Historische Jahreszahlen werden im Englischen mit B.C. (Before Christ), „vor unserer Zeitrechnung" bzw. „vor Christi Geburt", und mit A.D. (Anno Domini, d.h. „im Jahr des Herrn"), „nach unserer Zeitrechnung" bzw. „nach Christi Geburt", angegeben.

A: Mom, could we go to the museum this weekend. I heard that they have opened a new exhibition in the Film Museum.	A: Mami, können wir dieses Wochenende ins Museum gehen? Ich habe gehört, dass sie eine neue Ausstellung im Filmmuseum geöffnet haben.
B: Is it a totally new exhibition?	B: Ist es eine völlig neue Ausstellung?
A: Yes, it is. It's all about the "StarWars" films, my favourites!	A: Ja. Es zeigt alles über die „Star Wars" Filme, meine Lieblingsfilme!
B: Oh, really?	B: Ach, wirklich?

A: And this museum is really great. You can touch things and play with some of the objects!

A: Und dieses Museum ist wirklich großartig. Man kann Sachen anfassen und mit einigen Sachen spielen!

B: You're right. There I don't have to worry. I don't need to shout "Don't touch that!" every other minute.

B: Du hast recht. Dort muss ich mir keine Sorgen machen. Ich brauche nicht jede Minute „Fass das nicht an!" zu schreien.

A: I even read in the newspaper that some visitors can make a short film of themselves in "Star Wars" costumes. It says here that it is open from 9 a.m. till 6 p.m. and the admission is just £4 for children and £5 adults. Can we go please?

A: Ich habe sogar in der Zeitung gelesen, dass einige Besucher einen kurzen Film von sich selbst in „Star Wars" Kostümen machen können. Hier steht, dass von 9 Uhr morgens bis 6 Uhr abends geöffnet ist. Der Eintritt kostet nur 4 £ für Kinder und 5 £ für Erwachsene. Können wir bitte dorthin gehen?

B: O.K., you convinced me.

B: Na gut, du hast mich überzeugt.

A: Great! Can we go this Saturday?

A: Toll! Gehen wir am Samstag hin?

B: Yes, Saturday it is.

B: Ja, am Samstag.

Das Globe-Theatre, zur Zeit Shakespeares ***die*** *Bühne in London, war lange Zeit nur noch eine Ruine. 1995 wurde damit begonnen, sie originalgetreu in der Nähe des alten Standorts zu rekonstruieren. Shakespeare schrieb hier einige seiner berühmtesten Theaterstücke, darunter Hamlet, König Lear und Macbeth. 1996 wurde bereits mit dem regulären Theaterprogramm begonnen.*

Talking about Opera and Musicals

Über Oper und Musical reden

There is a new production of "Tosca" at the opera house.

Im Opernhaus läuft eine Neuinszenierung von „Tosca".

We only managed to get seats in the back row.

Wir bekamen nur noch Plätze in der letzten Reihe.

The performance was given by a very good company.	Die Aufführung wurde von einem großartigen Ensemble bestritten.
We went to an open-air performance.	Wir sahen uns eine Freilichtaufführung an.
The audience was fascinated.	Das Publikum war fasziniert.
The ouverture started with a low crescendo.	Die Ouvertüre begann mit einem langsamen Crescendo.
In the interval the lights went up.	Während der Pause ging das Licht an.
After the interval the second act started.	Nach der Pause begann der zweite Akt.
The theatre can be proud of its excellent acoustics.	Das Theater kann auf seine hervorragende Akustik stolz sein.
I think the third act was rather dull.	Ich fand den dritten Akt eher langweilig.
The international theatre festival will take place in July.	Das internationale Theaterfestival wird im Juli stattfinden.
They are expecting a lot of famous singers.	Es werden viele berühmte Sänger erwartet.
She has one of the loveliest soprano voices I have ever heard.	Sie hat eine der schönsten Sopranstimmen, die ich je gehört habe.
The conductor was brilliant. He accompanied the singers with a lot of sensitivity.	Der Dirigent war großartig. Er begleitete die Sänger mit sehr viel Einfühlungsvermögen.
… has a fantastic alto.	… hat eine fantastische Altstimme.
The orchestra was conducted by …	Das Orchester wurde dirigiert von …
He has got an international reputation as a conductor.	Er ist ein international bekannter Dirigent.
The first aria already showed her enormous potential.	Bereits mit der ersten Arie bewies sie ihr enormes Potential.
The brass was rather a bit loud to my taste.	Die Blechbläser waren für meinen Geschmack etwas zu laut.
The leading lady had 20 curtain calls!	Die Hauptdarstellerin hatte 20 Vorhänge!
This musical really has some catching tunes.	Dieses Musical hat wirklich ein paar sehr eingängige Melodien.

The "Phantom of the Opera" is certainly one of the most successful musicals of our times.	Das „Phantom der Oper" ist sicherlich eines der erfolgreichsten Musicals unserer Zeit.
… is the most famous composer of musicals.	… ist der bekannteste Musical-Komponist.
The lyrics and the music have to match perfectly.	Text und Musik müssen perfekt übereinstimmen.
The audience thanked the cast with standing ovations.	Das Publikum bedankte sich beim Ensemble, indem es tosenden Beifall klatschte.
This musical is the ideal mix of nostalgia and emotion.	Dieses Musical stellt die vollkommene Verbindung von Nostalgie und Emotion dar.
She is just as much at home in the opera repertoire as in folk songs.	Sie fühlt sich im Operngenre genauso zu Hause wie im volkstümlichen Genre.
A: Do you like going to the opera?	A: Gehst du gerne in die Oper?
B: I just love the Italian opera!	B: Die italienische Oper liebe ich!
A: I saw a great performance of "Tosca" last week at Covent Garden.	A: Ich habe letzte Woche in Covent Garden eine großartige Vorstellung von „Tosca" gesehen.
B: I can imagine it was an event!	B: Ich kann mir vorstellen, dass das ein Ereignis war!
A: Gheorgiou was the leading lady.	A: Gheorgiou sang die Hauptrolle.
B: Gorgeous! She is one of the hottest sopranos of our time.	B: Großartig! Sie ist eine der besten Sopranistinnen unserer Zeit!
A: People say, hers was a stellar rise.	A: Die Leute sagen, sie hat eine kometenhafte Karriere gemacht.
B: With her voice, this is hardly surprising.	B: Bei ihrer Stimme ist das kaum überraschend.
A: The conductor was also brillant.	A: Der Dirigent war auch toll.
B: By conducting the orchestra at Covent Garden he will win international prestige.	B: Dadurch, dass er das Orchester von Covent Garden dirigiert, wird er internationale Anerkennung finden.
A: It was such a wonderful evening, I will always remember it.	A: Es war so ein wundervoller Abend. Ich werde mich immer daran erinnern.

Talking about Television — Über das Fernsehen reden

"The telly" ist eine der gebräuchlichsten Abkürzungen für das Fernsehen in England. Daneben gibt es noch den umgangssprachlichen Ausdruck "the tube" oder einfach "TV". Im Amerikanischen kann man einfach "the box" sagen, wenn man sich umgangssprachlich ausdrücken will. Tatsache ist, dass in England sehr viel fern gesehen wird, häufig auch schon „Frühstücksfernsehen". "Soap operas" spielen wie bei uns eine große Rolle. Um mitreden zu können sollte man sich eine Fernsehzeitung kaufen und ein paar "Daily Soaps" einfach mal einschalten.

Do you enjoy watching television?	Sehen Sie gerne fern?
Do you watch a lot of television?	Sehen Sie oft fern?
Yes, I must admit I do.	Ehrlich gesagt, ja.
No, only in the evening.	Nein, nur abends.
Not much. It's practical for catching up on the news, but that's all.	Nicht sehr oft. Es ist praktisch, um die Nachrichten zu sehen, aber das ist auch schon alles.
There's not much on telly during the silly-season.	Während des Sommerlochs kommt nicht viel im Fernsehen.
There's a great film on TV tonight.	Heute Abend kommt ein toller Film im Fernsehen.
Could you turn the TV on/off, please?	Kannst du bitte den Fernseher an-/ausmachen?
Can you please turn the TV up/down?	Kannst du bitte den Fernseher lauter/leiser machen?

Talking about Music — Über Musik reden

What kind/type of music do you like best?	Welche Musik hören Sie am liebsten?
I like all kinds of music.	Ich mag jede Musik.
I really hate/can't stand Country and Western.	Ich hasse Country und Western.
My favourite type of music is pop/folk/classical music.	Meine Lieblingsmusik ist Pop/Folk/Klassik.

I love jazz.
I prefer easy listening music.

Ich liebe Jazz.
Ich bevorzuge Unterhaltungsmusik.

Do you play an instrument?
Yes, … but not very well.
No, I used to play … but I gave up because I never had time to practise.
I really like this song/piece.

Spielen Sie ein Instrument?
Ja. Ich spiele …, aber nicht so gut.
Nein, früher habe ich … gespielt, es dann aber aufgegeben, weil ich nie zum Üben kam.
Ich mag dieses Lied/Musikstück sehr.

A: What kind of music do you like best?
B: It's difficult to say. I like all kinds of music. And you?
A: I love classical music, especially opera, but I really can't stand Country and Western.

A: Welche Musik hören Sie am liebsten?
B: Das ist schwierig zu sagen. Ich mag jede Musik. Und Sie?
A: Ich liebe klassische Musik, besonders Opern. Country und Western kann ich dagegen nicht leiden.

B: Do you play an instrument?
A: I used to play the piano but I gave up because I never had time to practise.

B: Spielen Sie ein Instrument?
A: Früher habe ich Klavier gespielt, es aber aufgegeben, weil ich nie zum Üben kam.

Bands and Musicians

Bands und Musiker

The rock band has four members.
One is the singer, one the guitarist, one is a keyboarder and one is the drummer.
Their topics are alienation, mysticism and disenchantment.
Their impact was long lasting.
The album went double-platinum.
They prefer to perform in small clubs and theaters.
His interest now lies in writing music for movies.

Die Rockband hat vier Mitglieder.
Es gibt einen Sänger, einen Gitarristen, einen Keyboarder und einen Schlagzeuger.
Ihre Themen sind Entfremdung, Mystizismus und Ernüchterung.
Sie hatten dauerhaften Einfluss.
Das Album erhielt zweimal Platin.
Am liebsten treten sie in kleinen Clubs und Theatern auf.
Sein Interesse liegt mittlerweile darin, Musik für Kinofilme zu schreiben.

Some bands always carry a dark image.

Manche Bands haben ein düsteres Image.

They had fun traveling the country.	Es machte ihnen Spaß, durch die Gegend zu fahren.
They loved being part of the music scene.	Sie fanden es toll, zur Musikszene zu gehören.
Sometimes there wasn't even any money in it.	Manchmal verdienten sie damit noch nicht einmal Geld.
Some famous musicians have fronted several bands.	Einige bekannte Musiker haben mehrere Bands geleitet.
At the moment they are producing their new album.	Im Augenblick produzieren sie ihr neues Album.
It will be released next spring.	Es wird nächstes Frühjahr herauskommen.
Their last single flopped, however.	Ihre letzte Single war aber ein Flop.
Guitarists have to practise for many hours every day to improve their skills.	Gitarristen müssen jeden Tag viele Stunden üben, um ihre Technik zu verbessern.
Have you ever seen Mick Jagger jump around on stage?	Hast du je Mick Jagger auf der Bühne herumspringen sehen?
He also has an in-home studio where he writes music and lyrics.	Er hat auch ein Studio zu Hause, wo er Musik und Texte schreibt.
Some bands perform live for two or three months every year.	Manche Bands treten zwei bis drei Monate im Jahr live auf.
One band held a big AIDS fundraiser in a big stadium.	Eine Band machte eine große AIDS-Spendenaktion in einem großen Stadion.
Lately, some of the bandmates have been known to quarrel.	Es heißt, dass sich einige der Bandmitglieder seit kurzem zerstritten hätten.
Every year, there seems to be a new and fascinating avant-garde rock star.	Es scheint jedes Jahr einen neuen faszinierenden Avantgarde-Rockstar zu geben.
Her performances make fans go crazy.	Ihre Auftritte bringen ihre Fans nahezu um den Verstand.
Her next tour will kick off in London.	Ihre nächste Tour wird in London beginnen.
She has had a fairy tale career.	Sie hat eine märchenhafte Karriere gemacht.
Last year she started performing solo.	Im letzten Jahr begann ihre Solo-Karriere.
She is often seen on television.	Sie hat viele Fernsehauftritte.

She is used to collecting prizes for her many recordings.	Für ihre zahlreichen Aufnahmen hat sie schon viele Preise gewonnen.
Many of their hits have topped the charts.	Viele ihrer Hits standen an der Spitze der Hitlisten.
One secret of her success lies in her ability to bridge the gap between serious and pop music.	Ein Geheimnis ihres Erfolges liegt darin, dass es ihr gelingt, ernste Musik und Pop-Musik zu verbinden.
Thus she has reached a broad audience.	Auf diese Weise hat sie ein breiteres Publikum angesprochen.
She has continuously won over new listeners.	Sie hat immer neue Hörer für sich gewonnen.
She will complete her tour with an appearance in the Royal Albert Hall.	Sie wird ihre Tournee mit einem Auftritt in der Royal Albert Hall beenden.
If you miss this, there are many recordings to choose from.	Wenn du das verpasst, gibt es immer noch viele Aufnahmen zur Auswahl.
Next week, she will be performing works by …	In der nächsten Woche wird sie Werke von … spielen.
The Edinburgh Music Festival will be held from … to …	Das Edinburgh Musikfestival wird von … bis … stattfinden.
Events include concerts and competitions.	Zu den Aufführungen werden Konzerte und Wettbewerbe gehören.
Many competitors have an opera background.	Viele der Wettbewerbsteilnehmer kommen ursprünglich aus dem Opernfach.
Tickets are available from the tourist offices as well.	Tickets gibt es auch bei den Touristen-Informationen.
He became a star in the '60s.	Er wurde in den 60ern ein Star.
He changed his real name to …	Er änderte seinen richtigen Namen zu …
He has always liked to toy with the press.	Er hat schon immer gerne mit der Presse gespielt.
He successfully markets the events in his life.	Die Ereignisse in seinem Leben vermarktet er mit Erfolg.
Last year, he remixed some of his hit songs.	Im letzten Jahr hat er einige seiner Hits neu eingespielt.
Singing, he says, is his life.	Singen, sagt er, sei sein Leben.

He is known all over the world for his romantic ballads.	Seine romantischen Lieder haben ihn weltweit berühmt gemacht.
In the late '70s he was at the height of his career.	Den Höhepunkt seiner Karriere erlebte er in den späten 70ern.
He captured the hearts of millions of women.	Er eroberte die Herzen von Millionen von Frauen.
He made more than 100 gold records.	Er bekam mehr als 100 goldene Schallplatten.
He also won several Grammy awards.	Er gewann auch zahlreiche Grammys.
A famous manager took him under his wing when he was still very young.	Ein bekannter Manager nahm ihn unter seine Fittiche, als er noch sehr jung war.
He became one of the hottest international acts.	Er wurde eine der heißesten internationalen Nummern.
Many famous artists are active in charities.	Viele berühmte Künstler engagieren sich für wohltätige Zwecke.
Many record producers want to make contracts with him.	Viele Plattenproduzenten wollen Verträge mit ihm abschließen.
Today he rarely appears on stage.	Heute tritt er selten auf der Bühne auf.
Last year, he recorded a song for a movie soundtrack.	Letztes Jahr nahm er einen Song für einen Sondtrack auf.
Some people claim that he has a sultry voice.	Manche Leute sagen, er hat eine schmalzige Stimme.
Some even say he is a crooner.	Manche sagen sogar, er ist ein Schnulzensänger.
Others love his silky voice.	Andere lieben seine seidenweiche Stimme.
He was a teenage idol when he was young.	Als er jung war, war er das Idol vieler Teenager.
It is hard to stay on top in the music business.	Es ist schwer, im Musikgeschäft an der Spitze zu bleiben.
Some artists start their own record company.	Einige Künstler gründen ihre eigene Plattenfirma.
There are other artists who are signed there.	Auch andere Künstler sind dort unter Vertrag.
Lately, he has been in talk with another label.	Seit kurzem verhandelt er mit einer anderen Plattenfirma.

Major labels are focusing on the up and coming stars.	Die großen Plattenfirmen konzentrieren sich auf die Stars von morgen.
They see potential profit in these artists.	Sie glauben an den zukünftigen Profit mit diesen Künstlern.
They are all of them hoping to find the next big recording sensation.	Sie alle hoffen, den nächsten großen Hit zu landen.
Most labels today are also active in the sale of CDs and videos.	Die meisten Plattenfirmen vermarkten heute auch CDs und Videos.
To promote their new songs, artists appear on popular TV or radio shows.	Um für ihre neuen Songs zu werben, treten viele Künstler in beliebten Fernsehshows oder im Radio auf.
His last tour was cancelled because he got suddenly ill.	Seine letzte Tournee musste abgesagt werden, weil er plötzlich erkrankt war.
Some fans later disowned him.	Später verleugneten ihn einige Fans.
Metal-heads form a special group of music fans.	Unter den Musikfans haben die Metal-Fans eine besondere Stellung.
For each artist, it is difficult to carve out their own place.	Für jeden Künstler ist es schwer, seinen eigenen Platz zu finden.
His bass baritone comes across loud and clear.	Sein Bass-Bariton kommt laut und klar rüber.
He is one of the hottest opera-singers around.	Er ist einer der gefragtesten Opernsänger.
Do you think jazz is something uniquely American?	Glaubst du, Jazz ist eine typisch amerikanische Musikrichtung?
I feel European listeners like it a lot.	Ich glaube, europäische Hörer mögen sie sehr.
I think you need a deep appreciation for this kind of music.	Ich glaube, für diese Art von Musik braucht man großes Verständnis.
You have to appreciate the nuances.	Man muss die Feinheiten schätzen.
There is a special ambience at jazz concerts.	Bei Jazzkonzerten gibt es eine besondere Atmosphäre.
The artist himself must feel in tune with his music.	Der Künstler selbst muss mit seiner Musik im Einklang sein.

In my opinion, he is a very eclectic musician.
Meiner Meinung nach ist er ein sehr vielseitiger Musiker.

Different types of music have influenced him.
Verschiedene Arten von Musik haben ihn beeinflusst.

And he utilizes all of these different sources.
Und er verwendet alle diese unterschiedlichen Quellen.

Many critics claim that jazz is only a black art form.
Viele Kritiker behaupten, dass Jazz ausschließlich eine Kunstform der Schwarzen ist.

I don't think there is a racial component to these things.
Ich finde nicht, dass diese Dinge mit der Hautfarbe zu tun haben.

But the blacks certainly created it.
Aber die Schwarzen haben diese Kunstform geschaffen.

Every person listening can tap their feet to the rhythm.
Jeder Hörer kann im Rhythmus mit dem Fuß mitklopfen.

He's one of the last jazz greats of his generation.
Er ist einer der letzten großen Jazzmusiker seiner Generation.

His formative years were the 1940s.
Die prägenden Jahre für ihn waren die 40er.

The essential part of jazz is the improvisation and the blues element.
Die entscheidenden Elemente des Jazz sind die Improvisationstechnik und der Einfluss des Blues.

This music will thrive forever.
Diese Musik wird ewig leben.

He is the world's greatest living tenor saxophonist.
Er ist der größte lebende Tenorsaxophonist.

This music is a special treat to hear live.
Diese Musik live zu hören ist ein besonderer Genuß.

A: Have you been to any good concert lately?
B: I have been to several very interesting events in the past weeks.
A: Is there anything you can recommend?
B: I went to a jazz concert in a small club last Saturday. The musicians were brilliant and the whole ambience was unique!

A: Warst du in letzter Zeit bei einem guten Konzert?
B: Ich war in den letzten Wochen bei verschiedenen sehr interessanten Veranstaltungen.
A: Gibt es etwas, das du besonders empfehlen kannst?
B: Ich war letzten Samstag bei einem Jazzkonzert in einem kleinen Club. Die Musiker waren großartig und die ganze Atmosphäre war unnachahmlich!

A: How did you learn about this concert?
B: I bought a newly released record of this band at a record store in the centre and there I saw the poster advertising the event.
A: Lucky you! Could you lend me the CD for a day or two?
B: Of course! I think it is their best album yet.
A: Have they been with this label for a long time?
B: I don't think so. They weren't famous before their very successful tour in 1997.
A: I am very much interested in this album. Maybe you could keep me up to date on their next performance?
B: Certainly. If you like their music we can go to the next concert together.

A: Wie hast du von diesem Konzert erfahren?
B: Ich habe mir die neueste Aufnahme dieser Band in einem Plattenladen im Zentrum gekauft. Und da habe ich das Werbeplakat zum Konzert gesehen.
A: Glück gehabt! Kannst du mir für ein paar Tage die CD leihen?
B: Na klar! Ich finde, es ist ihr bisher bestes Album.
A: Sind sie schon lange bei der Plattenfirma unter Vertrag?
B: Ich glaube nicht. Sie sind erst durch ihre sehr erfolgreiche Tour im Jahr 1997 bekannt geworden.
A: Dieses Album interessiert mich wirklich sehr. Könntest du mich über den nächsten Auftritt auf dem Laufenden halten?
B: Natürlich. Wenn dir ihre Musik gefällt, können wir ja zusammen zum nächsten Konzert gehen.

Talking about Sports

Are you interested in sport?
Yes, I'm interested in most kinds of sport and enjoy playing myself.

What kind of sport do you do?
I do …
Would you like to go to the match next Saturday?
When does the match start?
Are you sure the game hasn't been cancelled?
Which teams are playing?

It's a home game.

Über Sport reden

Interessieren Sie sich für Sport?
Ja, ich interessiere mich für die meisten Sportarten und bin selbst begeisterte/r Sportler/Sportlerin.
Welchen Sport treiben Sie?
Ich spiele …
Hätten Sie Lust, am nächsten Samstag mit ins Stadion zu gehen?
Wann fängt das Spiel an?
Sind Sie sicher, dass das Spiel nicht abgesagt worden ist?
Welche Mannschaften spielen denn?
Es ist ein Heimspiel.

The two teams at the top of the table are playing. – Die zwei Tabellenersten spielen gegeneinander.

There's no doubt about who's going to win. – Dann ist wohl klar wer gewinnt.

The score is … to … – Das Spiel steht … zu …

Our team is playing badly/well today. – Unser Team spielt heute schlecht/gut.

Our team played well but missed several good chances. – Unsere Mannschaft hat gut gespielt, aber einige günstige Gelegenheiten verpasst.

They played better in the second half than in the first. – Sie haben in der zweiten Halbzeit besser gespielt als in der ersten.

He/She played very well today. – Er/Sie hat heute sehr gut gespielt.

If he had played on our side we might have won. – Wenn er für uns gespielt hätte, hätten wir vielleicht gewonnen.

In der gesamten englischsprachigen Welt spielt der Sport eine große Rolle, so dass er ein ideales Einstiegsthema für ein Gespräch bietet, egal ob beim „Small talk" in einer Kneipe oder als Auflockerung eines geschäftlichen Gesprächs. Es ist auch nicht so wichtig, ob man einen Sport selbst aktiv betreibt oder nur Zuschauer ist. Über jede Sportart wird viel und gerne geredet.

A: Are you interested in sport? – A: Interessieren Sie sich für Sport?

B: Yes, I'm interested in most kinds of sport. I particularly enjoy playing tennis and hiking. And what about you? – B: Ja, ich interessiere mich für die meisten Sportarten, spiele Tennis und gehe gerne wandern. Und Sie?

A: I'm more of an armchair sportsman but I do enjoy golf. – A: Ich bin eigentlich kein aktiver Sportler, aber ich spiele gerne Golf.

B: Would you like to go to the soccer match with us next Saturday? – B: Hätten Sie Lust, am nächsten Samstag mit ins Stadion zu gehen, um das Fußballspiel zu sehen?

A: Who's playing? – A: Welche Mannschaften spielen denn?

B: The two teams at the top of the table. – B: Die zwei Mannschaften, die an der Tabellenspitze liegen.

A: That would be marvellous! What time does it start?
B: At 2 o'clock but we should be there at 1.30.

A: Das wäre toll! Wann fängt es an?
B: Um 14 Uhr, aber wir sollten besser schon um 13.30 Uhr da sein.

A: … well, I must say I'm a bit disappointed.
B: Yes, your team played well but missed several good chances.
I must say that … played very well.

A: … also, ich muss sagen, ich bin etwas enttäuscht.
B: Ja, Ihre Mannschaft hat gut gespielt, aber einige günstige Gelegenheiten verpasst.
Ich muss sagen, dass … sehr gut gespielt hat.

A: Yes, I know. If he had played on our side, we might have won.

A: Ja, ich weiß. Wenn er für uns gespielt hätte, hätten wir vielleicht gewonnen.

Boxing

Boxen

Did you see the fight Benn versus McClellan?
It was a ferocious match.
Boxing is very controversial.
I find it increasingly difficult to defend and justify a sport like that.

Hast du den Kampf Benn gegen McClellan gesehen?
Es war ein brutaler Kampf.
Boxen ist sehr umstritten.
Ich finde, es wird immer schwieriger, eine solche Sportart zu verteidigen und zu rechtfertigen.

The boxing rules have been tightened over the last years.

Die Regeln beim Boxen sind in den letzten Jahren verschärft worden.

This is a sport which continues to produce pain.
Sometimes there are permanent injuries.
Now there are always doctors by the ringside.
In my opinion boxing is a blood sport!
Heavyweight boxing is interesting to watch.

Dieser Sport verursacht nach wie vor Schmerzen.
Manchmal gibt es bleibende Schäden.
Mittlerweile stehen immer Ärzte direkt am Ring.
Meiner Meinung nach ist Boxen eine blutige Sportart!
Schwergewichtskämpfe anzuschauen ist interessant.

There are many more dangerous sports than boxing.	Viele Sportarten sind gefährlicher als Boxen.
The problem is that the main purpose of boxing is to inflict pain and injury.	Das Problem ist, dass es beim Boxen in erster Linie darum geht, dem Gegner Schmerzen und Verletzungen zuzufügen.
He landed some repeated heavy blows on the head of his opponent.	Er landete einige harte Treffer auf den Kopf seines Gegners.
The combatants were of equal strength.	Die Gegner waren gleich stark.
Yet … got knocked out in the 12th round.	Aber … ging in der 12. Runde k.o.
I think this sport is too brutal for a civilized society.	Ich finde diesen Sport zu brutal für eine zivilisierte Gesellschaft.
Professional boxers have to train hard and must stick to a special diet.	Profiboxer müssen hart trainieren und eine bestimmte Ernährungsweise beachten.
In the past there were bare-knuckle-fights. Now the boxers wear boxing-gloves.	Früher gab es Faustkämpfe, jetzt tragen die Boxer Boxhandschuhe.
A: Last week I went to a boxing-match for the first time.	A: Letzte Woche war ich zum ersten Mal bei einem Boxkampf.
B: Were the combatants famous boxers?	B: Waren die Gegner berühmte Boxer?
A: Of course! It was Benn versus McClellan.	A: Na klar! Es war Benn gegen McClellan.
B: Who was your favourite?	B: Wer war dein Favorit?
A: I think both fighters were equal but I liked Benn's technique better.	A: Ich glaube, beide Gegner waren gleich stark, aber mir hat Benns Technik besser gefallen.
B: Was it a fair fight?	B: War es ein fairer Kampf?
A: I think so. I really enjoyed the match until McClellan went k.o. in the 10th round.	A: Ich finde schon. Ich habe mich wirklich gut unterhalten, bis McClellan in der 10. Runde k.o. ging.
B: Don't you think that boxing is a very cruel sport?	B: Findest du nicht, dass Boxen ein grausamer Sport ist?
A: Not really. The boxing rules have been tightened over the years.	A: Eigentlich nicht. Die Boxregeln sind mit den Jahren verschärft worden.

B: I thought boxing had a dwindling band of defenders.

B: Ich dachte, die Anhänger des Boxkampfes wären stark zurückgegangen.

A: I have the impression that boxing is rather a thriving sport.

A: Ich habe den Eindruck, dass der Boxsport eher populär ist.

B: Maybe it is different if you watch a match from the ringside.

B: Vielleicht ist es etwas anderes, wenn man den Kampf direkt am Ring mitverfolgt.

A: Certainly. But sometimes it is hard having to sit there, seeing a fighter land some heavy blows on his oponent's ears.

A: Natürlich. Aber manchmal ist es schwer, dazusitzen und zu sehen, wie ein Kämpfer ein paar harte Treffer auf den Ohren seines Gegners landet.

B: As long as there are no permanent injuries, boxing can be justified.

B: So lange es keine bleibenden Schäden gibt, kann man den Boxkampf schon rechtfertigen.

A: Sometimes a ferocious match is just very exciting.

A: Manchmal ist ein brutaler Kampf eben einfach spannend.

Athletics

Leichtathletik

I like long jump best.

Weitsprung mag ich am liebsten.

Some athletes really amaze the crowd.

Manche Athleten versetzen das Publikum wirklich in Erstaunen.

He jumped further than anyone had ever jumped before.

Er ist weiter gesprungen als irgendjemand vor ihm.

The jump set a new standard for athletes.

Dieser Sprung hat eine neue Richtlinie für die anderen Athleten gesetzt.

I think this was a historic jump!

Ich finde, dieser Sprung hat Geschichte geschrieben!

A: Have you heard? … has set a new world-record in long jump!

A: Hast du schon gehört? … hat einen neuen Weltrekord im Weitsprung aufgestellt.

B: Fantastic, isn't it? His athletic abilities are amazing.

B: Fantastisch, was? Seine sportlichen Leistungen sind ganz erstaunlich!

A: This will certainly set a new standard for other athletes.

A: Dies wird sicher neue Richtlinien für andere Athleten setzen.

B: Do you think … is a role model for young athletes?
A: Of course! Now that he is a celebrity, many young athletes will want to be just like him!

B: Glaubst du, dass … ein Vorbild für junge Sportler ist?
A: Selbstverständlich! Jetzt, da er eine Berühmtheit ist, werden sicher viele junge Sportler genau so sein wollen, wie er!

Snow Sports

Are you thinking about a winter holiday?
There is an enormous range of winter sports.
I like skiing and husky-mushing.
There are many good destinations for skiers.
Some ski resorts are unfortunately very expensive.
Most of them offer many exciting activities.
The problem is that the weather is sometimes not reliable.
Skiing with non-stop sunshine is every skier's dream.
There is a wide range of beautiful alpine ski resorts.
There are also some very famous skiing destinations, like Gstaad in Switzerland.
Here you can ski with glitz and glamour.
It is important that there are marked trails.
Some areas are especially popular with boarders.
Not every slope is a beginner's dream.
Many destinations, however, are suitable for all levels.

Wintersport

Würdest du gerne Winterurlaub machen?
Es gibt eine Vielfalt an Wintersportarten.
Ich mag Skilaufen und Hundeschlittenfahrten.
Es gibt viele gute Wintersportgebiete für Skiläufer.
Einige Winterurlaubsorte sind leider sehr teuer.
Die meisten bieten viele spannende Aktivitäten.
Problematisch ist nur, dass das Wetter oft nicht zuverlässig ist.
Skilaufen bei Sonnenschein ist der Traum jedes Skifahrers.
Es gibt eine Vielzahl an alpinen Wintersportorten.
Es gibt auch sehr bekannte Wintersportorte, wie Gstaad in der Schweiz.
Hier kann man beim Skiurlaub jeden Luxus genießen.
Es ist wichtig, dass es gespurte Loipen gibt.
Einige Skigebiete sind besonders bei Snowboardfahrern beliebt.
Nicht jede Piste ist der Traum für einen Anfänger.
Viele Gebiete jedoch bieten etwas für jeden Schwierigkeitsgrad.

Apres-ski acivities are also very important.	Apres-Ski-Aktivitäten sind auch sehr wichtig.
You can enjoy powder snow and tree-lined pistes also from a bar.	Auch von einer Bar aus lassen sich Pulverschnee und baumgesäumte Pisten genießen.
A sleigh ride in the evening is something to remember.	Eine Schlittenfahrt am Abend ist ein unvergessliches Erlebnis.
Sometimes skiing can also be very adventurous.	Manchmal kann Skilaufen auch sehr abenteuerlich sein.
You can for example try helicopter skiing.	Man kann zum Beispiel Helikopter-Skilaufen probieren.
This offers the most challenging skiing.	Dies ist die größte Herausforderung beim Skifahren.
Some resorts are ideal for families.	Einige Wintersportorte sind ideal für Familien.
Some have an impressive network of perfectly maintained runs.	Manche bieten eine erstaunliche Vielfalt auf perfekt präparierten Pisten.
This is the dream resort for beginners and intermediate skiers.	Dies ist der Traumurlaubsort für Anfänger und Fortgeschrittene.
Night-skiing is fun and an unforgettable experience.	Skilaufen bei Nacht macht Spaß und ist ein unvergessliches Erlebnis.
This is also called a torchlit descent.	Es heißt auch Fackelabfahrt.
During thc high season you might have to wait for a lift for some time.	Während der Hochsaison muss man manchmal an den Liftanlagcn warten.
It is advisable to buy a lift pass for the whole time of your stay.	Es ist ratsam, für den gesamten Zeitraum des Aufenthalts einen Skipass zu besorgen.
Most areas offer regular courses at all levels.	In den meisten Urlaubsorten gibt es regelmäßig Kurse für alle Könnerstufen.
Beginners should always visit a ski school.	Anfänger sollten unbedingt eine Skischule besuchen.
In summer you can go skiing on glaciers.	Im Sommer kann man auf den Gletschern skilaufen.
Downhill-skiing seems to be most popular with young people.	Abfahrtslauf ist offensichtlich bei jungen Leuten am beliebtesten.
Cross-country ski tours are also gaining popularity.	Auch Skitouren gewinnen an Popularität.

From some peaks the view is simply heart-stopping/breath-taking.	Der Blick von so manchem Gipfel ist einfach atemberaubend.
A buzzing nightlife completes the experience.	Das Erlebnis wird duch ein reges Nachtleben abgerundet.
The toughest runs, however, are for expert skiers only.	Die schwierigsten Abfahrten sind aber nur etwas für Könner/ geübte Skifahrer.
The ideal relaxation after skiing is offered by a whirlpool and a sauna.	Die ideale Entspannung nach dem Skilaufen bieten Whirlpool und Sauna.
A: I would like to go on a winter holiday for a change.	A: Ich möchte zur Abwechslung mal Winterurlaub machen.
B: That's a very good idea. A lot of resorts offer a wide range of activities.	B: Das ist eine gute Idee. Viele Urlaubsorte bieten eine Vielzahl von Aktivitäten an.
A: I'm an absolute beginner. Do you think any area would be suitable for me?	A: Ich bin ein totaler Anfänger. Glaubst du, jedes Gebiet ist für mich geeignet?
B: I would suggest you went to a resort which offers more facilities than just skiing.	B: Ich würde vorschlagen, du suchst dir ein Urlaubsziel aus, das mehr bietet als nur Skilaufen.
A: Which other interesting activities do you think of?	A: An welche anderen Aktivitäten denkst du?
B: I'm thinking of husky-mushing, for instance.	B: Ich denke da zum Beispiel an Hundeschlittenfahren.
A: That sounds pretty adventurous!	A: Das klingt aber ziemlich abenteuerlich!
B: It sure does, but I think one needs a thrilling experience from time to time.	B: Das schon. Aber ich glaube, von Zeit zu Zeit muss man einfach mal etwas Aufregendes erleben.
A: I was rather thinking of taking a beginner's course in downhill-skiing.	A: Ich dachte eher daran, erstmal einen Anfängerkurs im alpinen Skilaufen zu belegen.
B: Most ski schools give beginners a guarantee that, if they are not skiing by the end of their first day, they will receive an additional lesson free.	B: Die meisten Skischulen garantieren Anfängern, dass sie eine kostenlose Extrastunde erhalten, wenn sie am Ende des ersten Unterrichtstages nicht skilaufen können.

A: That sounds amazing! But frankly, I'm just as much interested in après-ski activities!

A: Das klingt ja ganz erstaunlich. Aber ehrlich gesagt interessiere ich mich genauso für Après-Ski-Aktivitäten!

B: I thought as much! Some peaks and slopes actually look better from a bar!

B: Das habe ich mir gedacht! Einige Gipfel und Pisten sehen tatsächlich von einer Bar aus noch besser aus!

A: And I also imagine a nightly sleigh ride in powder snow!

A: Und ich stelle mir auch eine nächtliche Schlittenfahrt bei Pulverschnee vor!

B: Fantastic! I really feel like going to a skiing-resort myself!

B: Fantastisch! Ich würde selbst auch gerne in einen Wintersportort fahren!

A: Maybe I will meet some celebrities from last year's Winter Olympics!

A: Vielleicht treffe ich sogar ein paar Prominente von der Winterolympiade im letzten Jahr!

Talking about Reading

Über das Lesen reden

What do you enjoy reading?	Was lesen Sie gerne?
I enjoy reading non-fiction.	Ich lese gern Sachbücher.
I like light reading.	Ich lese gern Unterhaltungsliteratur.
I enjoy reading the daily papers.	Ich lese gern die Tageszeitungen.
I enjoy reading fashion magazines.	Ich lese gern Modezeitschriften.
I don't like reading much.	Ich lese nicht besonders gern.
What are you reading at the moment?	Was lesen Sie im Moment?
Who's you favourite author?	Wer ist Ihr Lieblingsschriftsteller?
Have you read …?	Haben Sie … gelesen?
Did you read the article about …?	Kennen Sie den Artikel über …?
You must read …!	Sie müssen unbedingt … lesen!
… is one of my favourite books.	… ist eins meiner Lieblingsbücher.
Could I borrow this book from you?	Könnte ich mir dieses Buch von Ihnen borgen?
Do you know any good children's books?	Kennen Sie ein paar gute Kinderbücher?
I love …'s books.	Ich liebe die Bücher von …
This book loses a lot in translation.	Dieses Buch verliert viel in der Übersetzung.

I've never read a more exciting book.	Ein spannenderes Buch habe ich noch nie gelesen.
This book is a real disappointment.	Dieses Buch ist eine echte Enttäuschung.
This novel is very heavy going.	Dieser Roman ist eine sehr schwere Lektüre.
This book is very well written.	Dieses Buch ist sehr gut geschrieben.
This book reads well.	Dieses Buch liest sich gut.
I can't put this book down.	Ich kann dieses Buch nicht mehr weglegen.
I love to get lost in a novel.	Ich kann über einem Roman alles andere vergessen.
I've ordered this book.	Ich habe dieses Buch bestellt.
Where can I buy a paper?	Wo kann ich eine Zeitung kaufen?
You can buy papers at the kiosk on the corner or at the newsagent's.	Sie können eine Zeitung am Kiosk an der Ecke oder im Zeitungsladen kaufen.
Would you like to have a look at my newspaper?	Möchten Sie einen Blick in meine Zeitung werfen?
Have you seen the headlines today?	Haben Sie heute schon die Schlagzeilen gesehen?
Have you read the editorial today?	Haben Sie heute den Leitartikel gelesen?
The editorial is very controversial today.	Der Leitartikel ist heute sehr kontrovers.
I don't agree with the editor's opinion.	Ich bin nicht der Meinung des Redakteurs.
The news in this paper is usually thorough and reliable.	Die Berichterstattung dieser Zeitung ist generell gründlich und zuverlässig.
This sensational style shouldn't be taken too seriously.	Dieser reißerische Stil sollte nicht zu ernst genommen werden.
I enjoy reading this jounalist's column.	Ich lese die Kolumnen dieses Journalisten sehr gern.
Which political magazines are good?	Welche politischen Zeitschriften sind gut?
I'd like an entertaining magazine for the trip.	Ich möchte eine unterhaltsame Zeitschrift für die Reise.
I want to become a member of the library.	Ich möchte Mitglied der Bibliothek werden.

I would like to subscribe to your magazine.	Ich möchte Ihre Zeitschrift abonnieren.
How much does it cost to subscribe to this magazine for a year?	Was kostet ein Jahresabonnement dieser Zeitschrift?
The annual subscription is ten per cent cheaper than the news-stand price.	Das Jahresabonnement ist um zehn Prozent günstiger als der Preis am Zeitungsstand.

Obwohl das richtige englische Wort für Zeitung "newspaper" ist, sagt man normalerweise einfach "paper", was auch „Papier" heißt. "Daily newspapers" (Tageszeitungen) werden gewöhnlich als "the dailies" bezeichnet.

A: What do you enjoy reading?	A: Was lesen Sie gern?
B: It depends. During the week, I enjoy reading the dailies but at the weekend or on holiday, I love to lose myself in a good novel.	B: Es kommt darauf an. Während der Woche lese ich gern die Tageszeitungen, aber am Wochenende oder im Urlaub vertiefe ich mich sehr gerne in einen guten Roman.
A: Who's your favourite author?	A: Wer ist Ihr Lieblingsschriftsteller?
B: That's difficult to say. Perhaps Tolstoy and some of his contemporaries.	B: Das ist schwer zu sagen, vielleicht Tolstoi und einige seiner Zeitgenossen.
A: Oh, I find his books very heavy going. I prefer Konsalik.	A: Ich finde seine Bücher sehr schwierig. Ich bevorzuge Konsalik.
A: Have you read the editorial today?	A: Haben Sie heute den Leitartikel gelesen?
B: Yes, I have. It's very controversial.	B: Ja, habe ich. Er ist sehr kontrovers.
A: Do you agree with the editor's opinion?	A: Sind Sie der Meinung des Redakteurs?
B: Not really. His sensational style shouldn't be taken too seriously.	B: Eigentlich nicht. Sein reißerischer Stil sollte nicht zu ernst genommen werden.
A: I would like to subscribe to this magazine. How much does it cost per year?	A: Ich möchte diese Zeitschrift abonnieren. Was kostet das im Jahr?

B: An annual subscription costs £45 which is ten per cent cheaper than the newsstand price.	B: Ein Jahresabonnement kostet 45 £, d. h. es ist um zehn Prozent günstiger als der Preis am Zeitungsstand.
A: Oh, that's a very good offer!	A: Ah, das ist ein sehr gutes Angebot!

Talking about Arts and Galleries	**Über Kunst und Galerien reden**
This exhibition has attracted many visitors.	Diese Ausstellung hat schon viele Besucher angezogen.
I'm very much interested in art.	Ich interessiere mich sehr für Kunst.
This is a fantastic work of art!	Dies ist ein hervorragendes Kunstwerk!
The artist has just been discovered.	Der Künstler ist gerade erst entdeckt worden.
His technique is an interesting mixture of traditional painting and state-of-the-art technology.	Seine Technik ist eine interessante Mischung aus traditioneller Malweise und allerneuester Technik.
This gallery is famous for its contemporary art.	Diese Galerie ist bekannt für ihre zeitgenössische Kunst.
Which period do you prefer?	Welche Periode bevorzugen Sie?
I like the impressionists best.	Ich mag die Impressionisten am liebsten.
I rather like the expressionists.	Ich mag eher die Expressionisten.
Abstract art is something I have yet to get used to.	An abstrakte Kunst habe ich mich noch nicht so ganz gewöhnt.
I love the great masters and their colours.	Ich mag die großen Meister und ihre Farben.
This is a world famous painting by Picasso.	Dies ist ein weltberühmtes Bild von Picasso.
This sketch was drawn by Paul Klee during his travels to Africa.	Diesen Entwurf zeichnete Paul Klee auf seiner Afrikareise.
Where are the contemporary paintings located?	Wo befinden sich die zeitgenössischen Gemälde?
They are on the east wing.	Sie befinden sich im Ostflügel.

Picasso really created a sensation when he entered his blue period.	Als Picasso in seine blaue Periode eintrat, erregte er großes Aufsehen.
The opening of the new exhibition caused a commotion.	Die Eröffnung der neuen Ausstellung führte zu einem Massenandrang.
Have you noticed this stunning peace from the baroque period?	Hast du dieses atemberaubende Werk aus dem Barock bemerkt?
Many contemporaries tried to imitate his style.	Viele Zeitgenossen haben versucht, seinen Stil zu imitieren.
He uses a paintbrush as well as a spatula to apply the colour.	Für den Farbauftrag verwendet er sowohl Pinsel als auch Spatel.
He always applies the colour in a fashion to make them look opaque.	Er verwendet seine Farben immer so, dass sie opak wirken.
The impressionists on the other hand wanted their colours to look transparent.	Die Impressionisten hingegen wollten immer, dass ihre Farben durchscheinend wirken.
This is only a temporary exhibition.	Diese Ausstellung ist zeitlich befristet.
The permanent exhibition starts on the second floor.	Die Dauerausstellung beginnt im zweiten Stock.
This exhibition is an event. It combines paintings with music.	Diese Ausstellung ist ein echtes Ereignis. Sie verbindet Malerei mit Musik.
He was very much influenced by the artists of the Renaissance.	Er wurde stark von den Renaissance-Künstlern beeinflusst.
Have you ever seen any etching that can be compared to Dürer's?	Hast du jemals eine Radierung gesehen, die einer von Dürer gleichkommt?
None of the paintings is for sale.	Keines der Bilder steht zum Verkauf.
Gauguin had his most creative period when he lived on the south-sea islands.	Gauguin hatte seine kreativste Periode während er auf den Südseeinseln lebte.
Turner was fascinated and inspired by the light in Italy.	Das Licht in Italien faszinierte und inspirierte Turner.
The sky and the water look absolutely translucent.	Der Himmel und das Wasser sehen absolut durchsichtig aus.
His light touch with the paintbrush is unique.	Seine leichte Pinselführung ist einzigartig.

This is not really my style. I get excited only when I see pop-art.	Das ist nicht wirklich mein Stil. Nur Pop-Art kann mich echt begeistern.
I like vivid colours.	Ich mag lebhafte Farben.
I admire artists who can convince me of their ingenuity.	Ich bewundere Künstler, die mich von ihrer Schaffenskraft überzeugen.
This artist is a representative of the early expressionism.	Dieser Künstler repräsentiert den frühen Expressionismus.
He has been able to capture the changing light like no other artist.	Ihm ist es wie keinem anderen Künstler gelungen, die Veränderung des Lichts einzufangen.
Turner's watercolours are of eternal beauty.	Turners Aquarelle sind von ewiger Schönheit.
They can only be compared to some of the finest works of French impressionist art.	Sie können nur mit einigen der besten Werke der französischen Impressionisten verglichen werden.
Are you a collector yourself?	Sind Sie ebenfalls Sammler?
No, I could not afford that. I'm just interested in art.	Nein, das könnte ich mir nicht leisten. Ich interessiere mich einfach für Kunst.
If I had the money, I would make a bid for one of Matisse's still lives.	Wenn ich das Geld hätte, würde ich ein Gebot für ein Stilleben von Matisse machen.
I don't really like still lives much.	Stilleben mag ich nicht so sehr.
But I love a good landscape.	Aber eine Landschaft gefällt mir sehr gut.
If ever a landscape by … came under the hammer, I would be tempted to make a bid.	Wenn je eine Landschaft von … unter den Hammer käme, wäre ich versucht, ein Gebot zu machen.
I am a passionate collector of early 19th century art.	Ich bin ein leidenschaftlicher Sammler der Kunst des frühen 19. Jahrhunderts.
I have a print of this masterpiece at home, but seeing the original is so much more fascinating!	Ich habe einen Druck von diesem Meisterwerk zu Hause, aber das Original zu sehen ist einfach viel faszinierender!
How skillfully the old masters applied their colours!	Mit welchem Gespür die alten Meister doch die Farben aufgetragen haben!

All exhibits are represented in the catalogue.	Alle Aussellungsstücke sind im Katalog abgebildet.
Is this painting typical of the expressionist period?	Ist dieses Bild typisch für den Expressionismus?
This study by Degas was sold to a Japanese businessman yesterday.	Diese Studie von Degas wurde gestern an einen japanischen Geschäftsmann verkauft.
Photographic art is something I really enjoy watching.	Fotokunst ist etwas, das ich mir wirklich gerne ansehe.
These pictures by Mapplethorpe are full of sensual power.	Diese Mapplethorpe-Fotos stecken voller sinnlicher Ausdruckskraft.
They are on show at the … gallery for the next two weeks.	Sie werden in den nächsten zwei Wochen in der … Galerie gezeigt.
This is the most complete presentation ever made of the artist's work.	Dies ist die vollständigste Ausstellung, die es je mit den Werken dieses Künstlers gab.
Are you an art-lover?	Sind Sie ein Kunstliebhaber?
The American photographer Peter Beard became known for his fashion photography.	Der amerikanische Fotograf Peter Beard wurde durch seine Modeaufnahmen bekannt.
His works are showing in … in September.	Seine Werke werden im September in … gezeigt.
This is a really unusual exhibition.	Dies ist eine wirklich ungewöhnliche Ausstellung.
The sound-installation consists of thousands of tiny loudspeakers.	Die Klanginstallation besteht aus Tausenden von kleinen Lautsprechern.
This is a very controversial artist.	Das ist ein sehr umstrittener Künstler.
The exhibition is currently on display at …	Die Ausstellung wird zur Zeit bei … gezeigt.
The artist is deliberately provocative.	Der Künstler ist bewusst provokativ.
They are challenging conventional ways of looking at art.	Sie provozieren die konventionelle Betrachtungsweise der Kunst.
These pictures date back to as far as …	Diese Bilder stammen aus den Jahren …
The pictures can be viewed until …	Die Bilder können bis zum … betrachtet werden.
How is this picture entitled?	Wie lautet der Titel dieses Bildes?

It's entitled "African Animals".	Er lautet „Tiere Afrikas".
This represents a fascinating collection of wildlife art.	Dies ist eine faszinierende Sammlung zum Thema Fauna.
It will be auctioned on … at …	Sie wird am … bei …versteigert werden.
On sale will be prints, water colours and sculptures.	Zum Verkauf stehen Drucke, Aquarelle und Skulpturen.
This exhibitions presents works by international artists from the 19th century to the present day.	Diese Ausstellung präsentiert Werke internationaler Künstler vom 19. Jahrhundert bis heute.
The later impressionists owe a lot to the ideas of …	Die späteren Impressionisten haben den Ideen von … viel zu verdanken.
The major development of the impressionists was the translucidity of colour.	Die wichtigste Entwicklung der Impressionisten war die durchscheinende Lichthaftigkeit der Farbe.
The emergence of abstract art was a logical consequence of …	Das Aufkommen der abstrakten Kunst war eine logische Folge der/des …
This nude by …is of perfect beauty.	Dieser Akt von …ist von vollkommener Schönheit.

A: I would like to visit a modern art gallery.	A: Ich würde gerne eine Galerie für moderne Kunst besuchen.
B: There are many good galleries I could recommend. Are you interested in any special period?	B: Es gibt viele gute Galerien, die ich empfehlen kann. Interessierst du dich für eine bestimmte Periode?
A: I'm really most interested in the expressionists and abstract art.	A: Am meisten interessiere ich mich für den Expressionismus und abstrakte Kunst.
B: How about contemporary paintings?	B: Wie ist es mit zeitgenössischer Malerei?
A: That depends. Some of the up-and-coming artists really have interesting techniques.	A: Kommt ganz drauf an. Manche der Künstler, die jetzt groß raus kommen, haben wirklich interessante Techniken.
B: I must admit that personally I prefer the Old Masters and some of the impressionists.	B: Ich muss gestehen dass ich persönlich die Impressionisten und die Alten Meister vorziehe.

A: They certainly influenced the later generations. The impressionists caused quite a sensation during their time.	A: Sie haben sicherlich die nachfolgenden Generationen beeinflusst. Die Impressionisten haben zu ihrer Zeit ziemliches Aufsehen erregt.
B: The translucidity of their colours is still unique!	B: Die Lichtdurchlässigkeit ihrer Farben ist heute noch einzigartig!
A: I would also like to go to a gallery which holds auctions now and then.	A: Ich würde auch gerne eine Galerie besuchen, wo es ab und zu Versteigerungen gibt.
B: Are you a collector?	B: Bist du ein Sammler?
A: Unfortunately I could not afford that. But I like to make a bid for a picture that particularly interests me.	A: Leider könnte ich mir das gar nicht leisten. Aber ich mache gerne mal ein Gebot für ein Bild, das mich besonders interessiert.
B: That sounds interesting. What kind of pictures have you already got?	B: Das klingt interessant. Welche Art von Bildern hast du denn schon?
A: I have a very nice pop-art picture and some sketches by Klee.	A: Ich habe ein sehr schönes Pop-Art Bild und ein paar Entwürfe von Klee.
B: But those must be worth a lot!	B: Aber die müssen ja ganz schön was wert sein!
A: I guess so. But I did not buy them because of their worth, but just because I got hooked.	A: Ich schätze schon. Aber ich habe sie nicht wegen des finanziellen Wertes gekauft sondern einfach, weil ich fasziniert war.
B: I think sometimes the prices are pushed up by people who really don't know anything about art.	B: Ich glaube, manchmal werden die Preise von Leuten in die Höhe getrieben, die eigentlich gar nichts von Kunst verstehen.
A: Have you ever been to an exhibition which combined several events?	A: Warst du schon mal bei einer Ausstellung, die mehrere Kunstformen miteinander verbunden hat?
B: I went to a very good show last year where paintings were presented together with a sound-installation.	B: Ich war im letzten Jahr auf einer sehr interessanten Ausstellung, wo Gemälde mit Klangkunst verbunden wurde.
A: What is the estimated value of this picture?	A: Wo liegt der geschätzte Wert dieses Gemäldes?

B: I'm not an expert in contemporary art.
B: Ich bin kein Experte für zeitgenössische Kunst.

A: I think this artist owes a lot to the late expressionists!
A: Ich finde, der Künstler hat den späten Expressionisten viel zu verdanken.

B: I think the emergence of abstract art would not have been possible without them.
B: Ich denke, die Entstehung der abstrakten Kunst wäre ohne sie nicht möglich gewesen.

A: Look at this picture! Don't you think it really is provocative?
A: Schau dir mal dieses Bild an! Findest du nicht, dass es wirklich provokativ ist?

B: I really like artists who challenge our traditional ways of looking at art.
B: Ich mag solche Künstler, die unsere herkömmliche Betrachtungsweise von Kunst herausfordern.

A: Now I understand why this artist is said to be so controversial.
A: Jetzt verstehe ich, weshalb man diesen Künstler als umstritten bezeichnet.

B: But his technique is sublime: he has a way of using paintbrush and spatula to create an unique effect.
B: Aber seine Technik ist überragend. Er hat eine Art, den Pinsel und den Spatel zu verwenden, die eine einzigartige Wirkung hat!

A: Have you ever tried to paint yourself?
A: Hast du jemals selbst versucht, zu malen?

B: I have, but with very little success. I only managed some average watercolours, so I gave up.
B: Habe ich, aber mit geringem Erfolg. Ich habe nur ein paar durchschnittliche Aquarelle zustande gebracht, und dann habe ich aufgegeben!

Aktuelle Gesprächsthemen

Talking about Computers
Über Computer reden

My son is absolutely mad about computers.
Mein Sohn ist absolut verrückt nach Computern.

He's a computer freak.
Er ist ein Computer-Freak.

He spends all his free-time looking at the computer screen.
Er verbringt seine ganze Freizeit vor dem Computerbildschirm.

He has just bought a new keyboard/monitor/hard disk.	Er hat sich gerade eine neue Tastatur/einen neuen Monitor/eine neue Festplatte gekauft.
Everything can be done at the click of a mouse.	Man kann alles mit einem Mausklick erledigen.
He only bought his computer last year and it's already out of date.	Er hat seinen Computer erst letztes Jahr gekauft und er ist schon jetzt nicht mehr auf dem neuesten Stand.
Computer technology is growing so quickly.	Die Computertechnologie entwickelt sich sehr schnell.
My husband always wants the best equipment and is prepared to spend a lot to get it.	Mein Mann möchte immer die beste Ausrüstung haben und ist bereit, dafür viel Geld auszugeben.
My computer has an incredibly fast hard disk and great graphics.	Mein Computer hat eine unglaublich schnell arbeitende Festplatte und eine fantastische Grafik.
A: My son only bought his computer last year and it's already out of date.	A: Mein Sohn hat seinen Computer erst letztes Jahr gekauft und er ist schon jetzt nicht mehr auf dem neuesten Stand.
B: I can believe that. Computer technology is growing so quickly.	B: Das glaube ich. Die Computertechnologie entwickelt sich so schnell.
A: My son always wants the best equipment and will spend all his money on it.	A: Mein Sohn möchte immer die beste Ausrüstung haben und ist bereit, sein ganzes Geld dafür auszugeben.
B: I'm just as bad. My new computer is fantastic. It has an incredibly fast hard disk and great graphics.	B: Ich bin da genauso schlimm. Mein neuer Computer ist fantastisch. Die Festplatte ist unglaublich schnell und er hat eine großartige Grafik.
A: My daughter is absolutely mad about computers.	A: Meine Tochter ist absolut verrückt nach Computern.
B: So is mine. A real computer freak.	B: Meine auch. Sie ist ein richtiger Computer-Freak.

A: She spends all her free-time in front of the computer screen writing e-mails and chatting with her friends.
B: Yes, it's terrible, isn't it?

A: Sie verbringt ihre ganze Freizeit vor dem Computerbildschirm und schreibt E-Mails und chattet mit ihren Freunden.
B: Ja, schrecklich, nicht wahr?

Have you surfed the web today?
I found a very interesting website.

Hast du heute im Internet gesurft?
Ich habe eine sehr interessante Website entdeckt.

Which search engine do you think is the most effective?
I'm still trying them out.
I haven't decided which is best yet.
I find different search engines are better for different subjects.

Welche Suchmaschine findest du am effektivsten?
Ich bin noch am Ausprobieren.
Ich habe mich noch nicht entschieden, welche am besten ist.
Ich finde, verschiedene Suchmaschinen sind für verschiedene Themenbereiche besser.

Do you have a list of favourite websites?
I'm adding to the list all the time.
Which web browser do you use to view the web pages?
Have you ever shopped on the Internet?
I once ordered a book.

Hast du eine Liste deiner Lieblings-Websites?
Ich füge ständig neue hinzu.
Welchen Browser benutzt du, um Internetseiten anzuschauen?
Hast du schon mal etwas über das Internet gekauft?
Ich habe schon mal ein Buch bestellt.

I always visit the music sites on the net and listen to the latest releases.
Since I've had my e-mail address I've received a lot of junk mail.

Ich schaue mir immer in die Musikseiten an und höre in die Neuveröffentlichungen rein.
Seit ich meine E-Mail-Adresse habe, bekomme ich viele Spam-Mails.

Through e-mail I've made many contacts worldwide.
You can order books, journals and CDs by e-mail via the net.

Durch E-Mail habe ich weltweit viele Kontakte geknüpft.
Man kann Bücher, Zeitschriften und CDs per E-Mail im Internet bestellen.

I looked at many holiday destinations on the Internet and used e-mail to make my booking.

Ich habe mir viele Urlaubsziele im Internet angeschaut und für meine Reservierung E-Mail benutzt.

When you've chosen your holiday destination you can download a map of the area from the website.

Nachdem man das Urlaubsziel ausgesucht hat, kann man eine Karte der Gegend von der Website herunterladen.

The Internet is very busy in the afternoon and connecting to a website can take a long time.

Am Nachmittag ist das Internet stark ausgelastet, und mit einer Website verbunden zu werden, kann lange dauern.

A: Have you surfed the web today?

A: Hast du heute im Internet gesurft?

B: Yes, I found an exciting website on Pamela Anderson.

B: Ja, ich habe eine aufregende Website über Pamela Anderson gefunden.

A: Do you have a list of favourite websites?

A: Hast du eine Liste deiner Lieblings-Websites?

B: Yes, and I'm adding to the list all the time.

B: Ja, und ich füge ständig neue hinzu.

A: Which search engine do you think is the most efficient?

A: Welche Suchmaschine findest du am effektivsten?

B: I haven't decided which is best yet.

B: Ich habe mich noch nicht entschieden, welche am besten ist.

A: I find different search engines are better for different subjects.

A: Ich finde, verschiedene Suchmaschinen sind für verschiedene Themenbereiche besser.

A: A friend told me that you can even order books, journals and CDs via the net by e-mail.

A: Ein Freund hat mir erzählt, dass man per E-Mail sogar Bücher, Zeitschriften und CDs aus dem Internet bestellen kann.

B: Yes, I've already ordered a couple of CDs.

B: Ja, Ich habe schon ein paar CDs bestellt.

A: Did you know that you can use e-mail to make holiday reservations, too?

A: Wusstest du, dass man E-Mail auch benutzen kann, um Reservierungen für den Urlaub vorzunehmen?

B: Yes, I always look at holiday destinations on the Internet and use e-mail to make my booking.

B: Ja, ich schaue mir Urlaubsziele immer im Internet an und benutze E-Mail, um meine Reservierung vorzunehmen.

Talking about Politics | **Über Politik reden**

Are you interested in politics?
Sind Sie/Bist du an Politik interessiert?

What's the political situation in your country at the moment?
Wie ist die politische Situation in Ihrem/deinem Land im Moment?
It's quite difficult. There is a civil war with many people living in miserable conditions and suffering from hunger and cold.
Es ist ziemlich schwierig. Es gibt Bürgerkrieg. Viele Menschen leben in erbärmlichen Umständen und leiden unter Hunger und Kälte.

How is the political climate in your country?
Wie ist das politische Klima in Ihrem/deinem Land?
It's quite tense. The ruling party has lost votes in the last election and now they have to find new allies.
Es ist ziemlich angespannt. Die Partei, die an der Macht ist, hat bei den letzten Wahlen Stimmen verloren und muss jetzt neue Verbündete finden.

What is your system of government based on?
Auf was basiert/gründet sich Ihr Regierungssystem?
It is based on democratic principles.
Es basiert auf demokratischen Grundsätzen.

Abraham Lincoln's definiton: "Democracy is government of the people by the people for the people."
Die Definition von Abraham Lincoln: „Demokratie ist eine Regierung des Volkes durch das Volk für das Volk."
Great Britain is a monarchy but the Queen/the King hasn't got any real power.
Großbritannien ist eine Monarchie, aber die Königin/der König besitzt keine tatsächliche Macht.
I am a British citizen.
Ich bin britische(r) (Staats)Bürger(in).

After living in Australia for five years I applied for citizenship.
Nachdem ich fünf Jahre lang in Australien gelebt hatte, beantragte ich die Staatsbürgerschaft.

When are the (next) elections?
Wann sind die (nächsten) Wahlen?
Elections for parliament must be held every four years.
Wahlen zum Parlament müssen alle vier Jahre abgehalten werden.
How old do you have to be in order to be entitled to vote?
Wie alt muss man sein, um wahlberechtigt zu sein?
People who vote must be 18 years old in most countries.
Leute, die wählen, müssen in den meisten Ländern 18 Jahre alt sein.

Voting age is 18.	Das Wahlalter ist 18.
How long are Senators elected for?	Für wie lange werden Senatoren gewählt?/Wie lange ist die Amtszeit eines Senators?
They serve a two-year term.	Ihre Amtszeit beträgt zwei Jahre.
They proposed him/put him up as a candidate for election.	Sie haben ihn als Kandidaten zur Wahl vorgeschlagen/aufgestellt.
The latest opinion polls show that his chances to win the next elections are quite good. He is very popular among the people.	Die letzten Meinungsumfragen zeigen, dass seine Chancen, die nächste Wahl zu gewinnen ziemlich gut sind. Er ist beim Volk sehr beliebt.
The American President gets elected by electors who have been elected by the American people.	Der amerikanische Präsident wird von Wahlmännern gewählt, die vom amerikanischen (Wahl)Volk gewählt wurden.
These election campaigns cost a lot of money.	Diese Wahlkämpfe kosten viel Geld.
The British Prime Minister is elected in parliament.	Der britische Premierminister wird vom Parlament gewählt.
The computer predictions show that the candidate of the opposition has good chances of winning this election.	Die (Computer)Wahlprognosen zeigen, dass der Kandidat der Oppositon gute Chancen hat, diese Wahl zu gewinnen.
However, the official election results will be announced only tomorrow.	Aber die offiziellen Wahlergebnisse werden erst morgen verkündct.
She was very successful in her constituency.	Sie war in ihrem Wahlkreis sehr erfolgreich.
She had 56% of the votes/poll.	Sie hatte 56% der (Wahl)Stimmen.
He won by 204 votes.	Er hat mit 204 Stimmen Vorsprung gewonnen.
absolute majority	die absolute Mehrheit
There was a heavy poll/a high/good turnout at the presidential elections.	Die Wahlbeteiligung bei den Präsidentschaftswahlen war sehr gut.
The vote was 356 to 178.	Das Abstimmungsergebnis war 356 zu 178.
Many people went to the polls/went to vote.	Viele Menschen gingen wählen.
Many workers traditionally vote Labour.	Traditionellerweise wählen viele Arbeiter die Labour-Partei.

You have to go to the polling booth in order to ensure the secrecy of the ballot.	Man muss in eine Wahlkabine gehen, um das Wahlgeheimnis sicherzustellen.
Some people invalidate their votes.	Einige Menschen machen ihren Stimmzettel ungültig.
The American Constitution is founded on the principles of freedom and equality.	Die amerikanische Verfassung basiert auf den Grundsätzen von Freiheit und Gleichheit.
The civil liberties are laid down in the Amendments to the American Constitution.	Die Freiheitsrechte sind in den Zusätzen zur amerikanischen Verfassung festgelegt.
The Amendments guarantee for example freedom of speech, freedom of the press or freedom of religion.	Die Zusätze garantieren z. B. die Redefreiheit, die Pressefreiheit oder die Religionsfreiheit.
It is unconstitutional/not consistent with the constitution to discrimate against people on account of race or gender.	Es ist verfassungswidrig/nicht verfassungsgemäß, Menschen auf Grund von Hautfarbe und Geschlecht zu diskriminieren.
The political power is divided between the three branches of government: the executive branch, the legislative branch and the judicial branch.	Die politische Macht ist zwischen den drei Gewalten aufgeteilt: der Exekutive/ausführenden Gewalt, der Legislative/gesetzgebenden Gewalt und der Judikative/richterlichen Gewalt.
The Prime Minister asked for a vote of confidence. When he lost, he and the government resigned.	Der Premierminister hat die Vertrauensfrage gestellt. Als er verlor, traten er und die Regierung zurück.
A new government has to be formed now by the opposition.	Die Opposition muss jetzt eine neue Regierung bilden.
The Chancellor of the Exchequer (BE)/Secretary of Treasury (AE) is resposible for the financial decisions of the government.	Der Finanzminister ist für die finanziellen Entscheidungen der Regierung zuständig.
The economic policy of the current government has been criticized.	Die Wirtschaftspolitik der jetztigen Regierung wurde kritisiert.
What is the economic situation like in your country?	Wie ist die wirtschaftliche Lage in Ihrem Land?
The President's foreign policy has been a matter of discussion over the past months.	Die Außenpolitik des Präsidenten war in den letzten Monaten ein Diskussionsthema.

The foreign secretary (BE)/Secretary of State (AE) is in charge of foreign affairs.	Der Außenminister ist verantwortlich für außenpolitische Angelegenheiten.
He is an expert on foreign affairs.	Er ist ein Experte für außenpolitische Angelegenheiten.
Most politicians are members of political parties.	Die meisten Politiker sind Mitglieder von politischen Parteien.
Hardly anyone is running for office/standing as an independent candidate.	Kaum jemand kandidiert als Parteiloser.
The backbenchers (in the House of Commons) usually support the government.	Die Abgeordneten (im Unterhaus), die auf den hinteren Reihen sitzen und keine offiziellen Posten in der Regierung haben, unterstützen normalerweise die Regierung.
However, they don't agree with party politics all the time.	Sie stimmen jedoch der Parteipolitik nicht immer zu.
The party whip failed to reach a consensus among the members of his party on the latest economic issues.	Der Fraktionsvorsitzende hat es nicht geschafft, einen Konsens über die aktuellen wirtschaftlichen Themen unter den Mitgliedern seiner Partei zu erreichen.
The partyspokesman has resigned his post recently.	Der Parteisprecher hat kürzlich sein Amt niedergelegt.
The Conservatives have had major losses at the last election. Yet they have still remained the strongest party in parliament, even though they have lost their absolute majority.	Die Konservativen haben bei der letzten Wahlen große Verluste gehabt. Aber sie blieben die stärkste Partei im Parlament, auch wenn sie die absolute Mehrheit verloren haben.
Xenophobia/Hostility to foreigners is a severe problem in some countries.	Ausländerfeindlichkeit ist in einigen Ländern ein schwerwiegendes Problem.
Immigration laws regulate the influx of immigrants and stipulate the official restrictions upon immigration.	Einwanderungsgesetze regulieren den Zustrom von Einwanderern und legen die offiziellen Einschränkungen der Einwanderung fest.
A lot of immigrants and refugees came to the USA over the past two hundred years.	Viele Einwanderer und Flüchtlinge kamen in den letzten zweihundert Jahren in die USA.

Most immigrants to Great Britain are from former British colonies.	Die meisten Einwanderer nach Großbritannien stammen aus ehemaligen britischen Kolonien.
Many come in order to improve their lot.	Viele kommen, um ihre Lebensumstände zu verbessern.
They come to escape from poverty and misery.	Sie kommen um aus der Armut und dem Elend zu flüchten.
Cultural diversity is viewed as something positive and enriching by many people.	Kulturelle Vielfalt wird von vielen Menschen als etwas Positives und Bereicherndes angesehen.
Nationalism centres around discrimination, prejudices and animosities of race, religion, nationality and social status.	Nationalismus kreist um Diskriminierung, Vorurteile und Feindseligkeiten auf Grund von Hautfarbe, Religion, Nationalität und sozialem Status.

Im Englischen gibt zwei Begriffe für „Politik". "Politics" benutzt man, wenn ganz allgemein von Politik gesprochen wird: "I have always been interested in politics." („Ich war schon immer an Politik interessiert.") Wenn jedoch ganz bestimmte politische überzeugungen oder Aktionen gemeint sind: "The government should think of new policies to reduce unemployment." („Die Regierung sollte sich eine neue Politik überlegen, um die Arbeitslosigkeit zu reduzieren."), spricht man von "Policy".
In Großbritannien wird die Politik hauptsächlich von zwei großen Parteien bestimmt: den "Conservatives" oder "Tories" und der "Labour Party". An der Spitze der Regierung steht der Premierminister (Prime Minister, Abk. PM). Im Unterhaus (House of Commons), in dem die gewählten Abgeordneten (Members of Parliament, Abk. MP) sitzen, werden die politischen Entscheidungen getroffen. Das Oberhaus (House of Lords) als traditioneller Vertreter des Adels hat durch eine Reform 1999 weiter an Bedeutung verloren. Die amerikanische Politik wird auch von zwei Parteien bestimmt: den eher rechten "Republicans" und den eher liberalen "Democrats". An der Spitze der amerikanischen Regierung steht der Präsident (President), der im Zusammenspiel mit dem Kongress (Congress), der aus dem Senat (Senate) und Repräsentatenhaus (House of Representatives) besteht, die notwendigen politischen Beschlüsse fasst.

A: Are you interested in politics and current affairs?
B: Yes, I am. The latest developments were really fascinating. I'm following the presidential election campaigns in the USA at the moment. It's so different from the situation here in Germany!

A: Bist du an Politik und dem Tagesgeschehen interessiert?
B: Das bin ich. Die aktuellen Entwicklungen waren wirklich faszinierend. Ich verfolge im Moment den Präsidentschaftswahlkampf in den USA.
Es ist so anders als hier in Deutschland!

A: You're right. Sometimes I think that TV and money are the most important things there. Who do you think will win these elections?

A: Du hast recht. Manchmal denke ich, dass das Fernsehen und Geld dabei die wichtigsten Dinge sind. Wer glaubst du wird bei dieser Wahl gewinnen?

B: I don't really know. It is still time to make mistakes or to catch up. Are you going to vote?

B: Ich weiß es nicht. Es ist noch Zeit, um Fehler zu machen oder Boden gutzumachen. Wirst du wählen gehen?

A: I'll be back home then and so I'll surely go. It's one of the most important rights we have.

A: Ich werde dann wieder zu Hause sein, also werde ich sicher wählen gehen. Es ist eines der wichtigsten Rechte, die wir haben.

Leben, Wohnen und Einkaufen

Looking for a Flat	**Wohnungssuche**
I'm enquiring about your advertisement in the paper.	Ich rufe auf Ihre Zeitungsannonce hin an.
to look for a flat/house	auf Wohnungssuche/Haussuche sein
to rent	mieten
to pay rent	Miete bezahlen
to rent a flat	eine Wohnung mieten
to let a flat	eine Wohnung vermieten
It costs … per week.	Es kostet … pro Woche.
including heating and electricity	warm
excluding heating and electricity	kalt
The flat is available from the first of next month.	Die Wohnung wird ab dem Ersten des nächsten Monats beziehbar.

Could I come round and look at it?	Könnte ich die Wohnung besichtigen?
The deposit is one month's rent.	Die Kaution beträgt eine Monatsmiete.
to sign a rent agreement/contract	einen Mietvertrag unterschreiben
The rent is to be paid on the first of the month.	Die Miete ist am Ersten des Monats zu bezahlen.
The rent is … per calender month	Die Miete beträgt … pro Kalendermonat.
a bed-sitter	eine Einzimmerwohnung
a one-bedroom flat	eine Zweizimmerwohnung
landlord	Vermieter
landlady	Vermieterin

> *"Advertisement" wird oft auch "advert" oder einfach "ad" abgekürzt. Die in einer Anzeige angegebene Anzahl von Zimmern in einer Wohnung/einem Haus richtet sich nach der Anzahl von Schlafzimmern. So bedeutet z. B. "three-bedroom flat" eine Vierzimmerwohnung.*
>
> *Obwohl man die Miete monatlich bezahlt, spricht man von "weekly rent" (Wochenmiete) und nicht von "monthly rent" (Monatsmiete).*

A: Hello, I'm enquiring about your advertisement in the paper for the one-bedroom flat.	A: Guten Tag. Ich rufe auf Ihre Zeitungsannonce hin an. Es geht um die Zweizimmerwohnung.
B: Ah, yes. The one in Smith St.	B: Ach ja. Die in der Smith St.
A: That's right. Could I come round and have a look at it?	A: Genau, könnte ich die Wohnung besichtigen?
B: Would tomorrow afternoon suit you?	B: Würde Ihnen morgen Nachmittag passen/Wäre morgen Nachmittag recht?
At around two o'clock?	Sagen wir gegen 14 Uhr?
A: Yes, that would be fine.	A: Ja, das passt mir gut.
By the way, is the price with or without heating and electricity?	Ist der Preis eigentlich warm oder kalt?
B: £80 a week without heating or electricity.	B: 80 £ kalt pro Woche.
A: And is it available immediately?	A: Und ist sie sofort beziehbar?

B: The flat will be free from the first of next month.

B: Die Wohnung wird ab dem Ersten des nächsten Monats beziehbar.

A: I see. Could you give me the exact address, please?

A: Verstehe. Könnten Sie mir die genaue Adresse geben?

B: Yes, that's 23, Smith St. And what was your name, please?

B: Ja, Smith Street Nummer 23. Und wie war Ihr Name, bitte?

A: Anne Murray.

A: Anne Murray.

B: Good, then. See you at two tomorrow. Bye.

B: Gut. Dann bis morgen um 14 Uhr. Auf Wiederhören.

A: It's a lovely flat. I'll take it.

A: Das ist eine schöne Wohnung. Ich nehme sie.

B: Fine. The rent per calendar month is £330 to be paid on the first of the month.

B: In Ordnung. Die Miete für einen Kalendermonat beträgt 330 £, zu bezahlen am Ersten des Monats/Zahlbar jeweils zum Ersten des Monats.

A: Does this include heating and electricity?

A: Ist das die Warmmiete?

B: Yes, this does include heating and electricity.

B: Ja, das ist die Warmmiete.

Talking about one's own Flat

Über die eigene Wohnung sprechen

Where do you live?
Wo wohnen Sie?

I live in a flat/house.
Ich wohne in einer Wohnung/einem Haus.

I live in lodgings.
Ich wohne zur Untermiete.

It's my own flat/house.
Es ist eine Eigentumswohnung/mein eigenes Haus.

I share a flat/house with friends.
Ich wohne in einer WG.

I've been living here for a long time now.
Ich lebe nun schon lange hier.

I haven't been here long.
Ich wohne noch nicht lange hier.

What's your flat/house like?
Wie ist Ihre Wohnung/Ihr Haus?

It's quite small.
Sie/Es ist ziemlich klein.

It's quite big.
Sie/Es ist ziemlich groß.

It's a modern building.	Es ist ein Neubau.
There are two bedrooms, a living room, kitchen, bathroom and hall.	Es gibt zwei Schlafzimmer, ein Wohnzimmer, eine Küche, ein Badezimmer und einen Flur.
I live on the ground floor.	Ich lebe im Erdgeschoss.
I live on the second floor.	Ich lebe im zweiten (US: ersten) Stock.
I live in the centre of town.	Ich lebe im Stadtzentrum.
I live in the suburbs.	Ich lebe in der Vorstadt/in einem Vorort.
I live in the country.	Ich lebe auf dem Land.
It's very convenient to public transport and shops.	Sie ist sehr günstig gelegen, was öffentliche Verkehrsmittel und Einkaufsmöglichkeiten betrifft.
I live in a very quiet street.	Ich lebe an einer sehr ruhigen Straße.
I live in a very noisy street.	Ich lebe an einer sehr belebten Straße.
I like living in the city.	Ich lebe gerne in der Stadt.
I like living in the country.	Ich lebe gerne auf dem Land.
How big is your flat/house?	Wie groß ist Ihre Wohnung/ Ihr Haus?
It's … square metres.	Sie/Es ist … Quadratmeter groß.

In Großbritannien wird das Erdgeschoss "ground floor" genannt, in den USA heißt es "first floor". Der "second floor" entspricht also dem ersten Stock.
Die Größe einer Wohnung wird selten in Quadratmetern angegeben. Normalerweise sagt man, wie viele Zimmer man hat. Im amerikanischen Englisch wird eine Wohnung "apartment" genannt.

A: Where do you live?	A: Wo wohnen Sie?
B: I live in a house in the country.	B: Ich wohne in einem Haus auf dem Land.
A: That must be nice!	A: Das ist bestimmt schön!
B: Oh yes, it's in a very quiet street and it's quite convenient for the shops.	B: Oh ja, es liegt an einer sehr ruhigen Straße und recht günstig, was die Einkaufsmöglichkeiten betrifft.

A: And is it a big house?	A: Und ist es ein großes Haus?
B: No, it's quite small. Only 90 square metres.	B: Nein, es ist klein. Es hat nur 90 Quadratmeter.
A: Are you renting?	A: Haben Sie das Haus gemietet?
B: No, it's my own house.	B: Nein, es ist mein eigenes.
A: And have you been living there long?	A: Und wohnen Sie schon lange darin?
B: No, not long. Since the beginning of the year.	B: Nein, noch nicht lange. Erst seit Anfang des Jahres.

Grocery Shopping	**Lebensmittel einkaufen**
Where do you buy your groceries?	Wo kaufen Sie Ihre Lebensmittel ein?
I usually buy most of my groceries at the supermarket.	In der Regel kaufe ich die meisten Lebensmittel im Supermarkt ein.
The grocer's round the corner is very good/quite cheap.	Das Lebensmittelgeschäft um die Ecke ist sehr gut/ziemlich günstig.
Don't go to … The food isn't fresh, and it's very overpriced.	Gehen Sie nicht zu … Die Lebensmittel sind nicht frisch, und es ist völlig überteuert.
What would you like?	Was wünschen Sie?
I'd like …, please.	Ich hätte gerne …
Could you please give me …	Geben Sie mir bitte …
And I also need …	Und dann brauche ich noch …
This shop sells fresh bread on …	Dieser Laden hat am … frisches Brot.
The baking ingredients are in the second aisle.	Die Backzutaten sind im zweiten Gang.
I can't seem to find any … on the shelf.	Ich kann kein/e/n … im Regal finden.
You can choose and weigh the vegetables yourself.	Sie können das Gemüse selbst auswählen und wiegen.
We're sold out of …	… ist ausverkauft.
There's a deposit on these bottles.	Das sind Pfandflaschen.
Anything else?	Haben Sie noch einen Wunsch?
No. That's all thanks.	Nein danke. Das wäre alles.
How much is that altogether?	Was macht das zusammen?
I'm sorry, but I think you've short-changed me.	Ich glaube, Sie haben mir zu wenig herausgegeben.

Are you going shopping?	Gehen Sie einkaufen?
Could you get me some … please ?	Können Sie mir bitte … mitbringen?
Can I get you anything?	Kann ich Ihnen etwas mitbringen?
Here's … pounds.	Hier sind … Pfund.
They didn't have any …, so I've brought you some … instead.	Sie haben kein/e/n … gehabt, ich habe Ihnen stattdessen … mitgebracht.

Auch beim Einkaufen ist man in Großbritannien ausgesprochen höflich. Man sagt nie einfach nur "Give me", "I want" oder "I get". Vielmehr verlangt man seine Ware mit "I'd like …" oder "Could you please give me …"
Als Kunde wird man vor allem von Verkäufer(inne)n und Kassierer(inne)n oft mit Kosenamen wie "dear", "sweetheart" oder "love" angesprochen. Dabei handelt es allerdings um bloße Höflichkeitsfloskeln, die nicht persönlich oder gar als Annäherungsversuch gemeint sind.

A: Where do you buy your groceries?	A: Wo kaufen Sie Ihre Lebensmittel ein?
B: I usually buy most of my groceries at the grocer's around the corner. He's very good. The food is fresh and not overpriced.	B: In der Regel kaufe ich die meisten Lebensmittel im Lebensmittelgeschäft um die Ecke. Es ist sehr gut. Die Waren sind frisch und nicht überteuert.
A: Excuse me. Can you tell me where the pet food is, I don't seem to find it.	A: Entschuldigen Sie. Wo ist das Tierfutter? Ich kann es nicht finden.
B: It's in the third aisle, dear.	B: Es ist im dritten Gang.
A: And I have another question. Can I choose my own vegetables or will I be served?	A: Und noch eine Frage. Kann ich mir mein Gemüse selbst aussuchen oder werde ich bedient?
B: You can choose and weigh your vegetables yourself, love.	B: Sie können das Gemüse selbst auswählen und abwiegen.
A: I'm terribly sorry, but I think you've short-changed me.	A: Ich glaube, Sie haben mir zu wenig herausgegeben.
B: Really? How much did you give me?	B: Wirklich? Wie viel haben Sie mir gegeben?

A: £20 and you've only given me change for ten. B: Oh, that's true. I'm terribly sorry, my dear! A: Don't worry about it.	A: 20 £, und Sie haben mir nur auf zehn herausgegeben. B: Oh, das stimmt! Das tut mir schrecklich leid. A: Das macht nichts.
Is there a bakery near here?	Gibt es hier in der Nähe eine Bäckerei?
I'd like six rolls, please. Could I have a loaf of white/brown bread, please? Do you sell sliced bread?	Ich hätte gerne sechs Brötchen. Ein Laib Weiß-/Schwarzbrot, bitte. Verkaufen Sie auch aufgeschnittenes Brot?
Could you tell me where the nearest chemist's is? I've got a bad headache. Which tablets would you recommend?	Können Sie mir sagen, wo die nächste Apotheke ist? Ich habe starke Kopfschmerzen. Welche Tabletten würden Sie mir empfehlen?
There's a butcher's in the High Street. His meat is always very fresh.	Es gibt einen Metzger in der High Street. Das Fleisch ist dort immer sehr frisch.
The sausages there are very tasty.	Die Würste schmecken dort sehr gut.
This is the best greengrocer's around here. The vegetables here are much better than at the supermarket. I prefer to buy fruit here. It has a better flavour.	Dieser Gemüsehändler ist der beste in der Gegend. Das Gemüse ist hier viel besser als im Supermarkt. Ich kaufe mein Obst lieber hier. Es schmeckt besser.
A: Do you do all your shopping at the supermarket? B: No, I prefer to buy my vegetables and fruit at the greengrocer's and meat at the butcher's. A: So do I. The vegetables and fruit are much better there than at the supermarket and the butcher's meat is always very tender.	A: Kaufen Sie alles im Supermarkt ein? B: Nein, ich kaufe Gemüse und Obst lieber beim Gemüsehändler und Fleisch beim Metzger. A: Ich auch. Das Gemüse und das Obst sind dort viel besser als im Supermarkt und das Fleisch ist beim Metzger immer sehr zart.

B: And I always buy my bread at the little bakery in High Street.	B: Und ich kaufe das Brot immer in der kleinen Bäckerei in der High Street.
Talking about Wine	**Über Weine sprechen**
Do you know any good wine seller around?	Kennst du einen guten Weinhändler in der Nähe?
Personally, I prefer French wine.	Ich persönlich bevorzuge französischen Wein.
I need a good wine to celebrate an anniversary.	Ich brauche einen guten Wein, um einen Jahrestag zu feiern.
The French wine industry is the most important one.	Die französische Weinindustrie ist die bedeutendste.
We were invited to a tasting.	Wir wurden zu einer Weinprobe eingeladen.
A fine claret is my favourite.	Ein guter roter Bordeauxwein ist mir am liebsten.
I personally rate a … higher.	Ich bevorzuge einen …
We were asked to rate the wines.	Wir wurden gebeten, die Weine zu beurteilen.
The … stole the show.	Der … stahl allen anderen die Show.
The winning bottle was the …	Den Preis bekam der …
Later, we visited the vineyard area and saw the grapes.	Später besichtigten wir die Weinberge und sahen die Reben.
There are many wineries in this area.	Es gibt zahlreiche Weinkellereien in diesem Gebiet.
Their number has tripled in the last few years.	Ihre Anzahl hat sich in den letzten Jahren verdreifacht.
This is a vintage bottle of Sauternes.	Dies ist ein Jahrgangs-Sauternes-wein.
This winery was founded in the 16th century.	Das Weingut entstand im 16. Jahrhundert.
This grapevine produces the finest grapes.	Dieser Rebstock bringt die besten Trauben hervor.
Wines are branded by the type.	Weine werden nach der Traube benannt.
This bottle comes from a small but very interesting estate.	Diese Flasche stammt von einem kleinen, aber sehr interessanten Weingut.

Some of the wineries also produce cordials.	Ein paar Weinkellereien produzieren auch Liköre.
For my party I need approximately three cases.	Für meine Feier brauche ich ungefähr drei Kisten.
Their wines are competetively priced.	Ihre Weine haben einen fairen Preis.
The … sells for … per bottle.	Der … kostet … pro Flasche.
This is only a mediocre grape.	Dies ist nur eine mittelmäßige Traube.
This is a fine varietal!	Dies ist eine feine Sorte.
This winery offers the consumer a fine and broad collection of wines.	Diese Weinkellerei bietet dem Verbraucher eine feine und breitgefächerte Auswahl an Weinen.
The wine community has given this wine the recognition it deserves.	Die Weinkenner haben diesem Wein die Anerkennung gegeben, die er verdient.
The wine is delicious but reasonably priced.	Der Wein ist köstlich und das zu einem vernünftigen Preis.
There is only a limited volume of this wine.	Von diesem Wein gibt es nur eine limitierte Menge.
Do you like hock?	Magst du Rheinwein?
No, I prefer domestic wines.	Nein, ich ziehe einheimische Weine vor.
This vine is vinified at one of the most famous wineries.	Dieser Wein wird in einer der bekanntesten Weinkellereien gekeltert.
a dry wine	ein trockener Wein
a medium-dry wine	ein halbtrockener Wein
a suave/pleasant wine	ein lieblicher Wein

Obwohl Wein sicherlich keine so große Rolle in Großbritannien spielt wie Bier oder andere Getränke, erfreut er sich doch steigender Beliebtheit. In fast allen Restaurants und vielen Pubs bekommt man ein breites internationales Weinangebot. Neben den traditionellen französischen Weinen überrascht eine Vielzahl an Weinen aus englischsprachigen Ländern. So kommen z. B. sehr gute Cabernet Sauvignon Weine aus Kalifornien, aber auch Australien wird als Weinanbaugebiet immer bekannter, z. B. für seinen hervorragenden Chardonnay.

A: I need a few bottles of good wine for my house-warming party.	A: Ich brauche ein paar Flaschen guten Wein für meine Hauseinweihungsfeier.
B: I know a small store which sells wines from good wineries at a reasonable price.	B: Ich kenne einen kleinen Laden, der Weine aus guten Weingütern zu einem vernünftigen Preis anbietet.
A: I think I need about two cases.	A: Ich glaube, ich brauche circa zwei Kisten.
B: Do most of your guests drink red wine, or do they prefer white?	B: Trinken die meisten deiner Gäste Rotwein oder mögen sie lieber weißen?
A: I'm not sure, maybe I should get one case of each.	A: Ich bin nicht sicher. Vielleicht sollte ich jeweils eine Kiste nehmen.
B: That's probably the best you can do.	B: Das ist wahrscheinlich das Beste, was du machen kannst.
A: Do you think we could go to this place for a tasting?	A: Glaubst du, wir könnten da mal eine Weinprobe machen?
B: The seller will certainly let us try some wines in his collection.	B: Der Händler lässt uns sicher ein paar Weine aus seinem Sortiment probieren.
A: I personally like French wines best.	A: Ich persönlich mag am liebsten französische Weine.
B: I have heard that Californian wines are very good as well and far less expensive.	B: Ich habe gehört, dass kalifornische Weine auch sehr gut und außerdem weit günstiger sind.
A: Well, I would certainly like to try one of those.	A: Ja, davon würde ich auch gerne einen probieren.
B: The same seller once recommended a bottle of red wine to me which came from a small vineyard and was absolutely delicious!	B: Derselbe Händler hat mir mal einen Rotwein von einem kleinen Weingut empfohlen, der absolut köstlich war!
A: Let's try several varietals, then.	A: Dann lass uns verschiedene Sorten probieren!
B: Fine, let's do that!	B: Gut, so machen wir's!

Clothes	**Kleidung**
Where did you buy that lovely …?	Wo haben Sie Ihr reizendes … gekauft?
I bought it in …	Ich habe es in … gekauft.
May I help you?	Kann ich Ihnen behilflich sein?
I'm looking for a …	Ich suche …
No, thank you. I'm just having a look around.	Nein, danke. Ich sehe mich erst einmal um.
What size do you take?	Welche Größe haben Sie?
I take size …	Ich trage Größe …
This will probably fit you.	Das wird Ihnen wahrscheinlich passen.
Where can I try it on?	Wo kann ich es anprobieren?
It fits perfectly.	Es passt genau.
It suits you!	Es steht Ihnen gut!
It's very/not very flattering.	Es ist sehr/nicht sehr kleidsam.
It doesn't go with my hair.	Es passt nicht gut zu meiner Haarfarbe.
It's a bit too tight/loose.	Es ist ein wenig zu eng/weit.
Do you have it in a larger/ smaller size?	Haben Sie es größer/kleiner?
Do you have it in another colour?	Haben Sie das in einer anderen Farbe?
Do you have trousers to match this jacket?	Haben Sie eine Hose, die zu dieser Jacke passt?
How much does it cost?	Was kostet er/sie/es?
How should I wash it?	Wie muss er/sie/es gewaschen werden?
You can machine-wash it.	Er/Sie/Es kann in der Maschine gewaschen werden.
You'll have to wash it separately.	Sie müssen ihn/sie/es separat waschen.
This skirt is areal bargain.	Dieser Rock ist ein echtes Schnäppchen.
Sale begins this week.	Der Schlussverkauf beginnt in dieser Woche.
The clearance sale begins on …	Der Ausverkauf beginnt am …
The clearance sale ends on …	Der Ausverkauf endet am …
There's 20% off all our goods at the moment.	Zurzeit gibt es auf alle unsere Waren 20% Ermäßigung.

That's a very popular style.	Das ist ein sehr beliebter Schnitt.
Size 14 is on that rack over there.	Größe 40 hängt dort drüben.
I like the style.	Der Schnitt gefällt mir.
This colour doesn't suit me.	Diese Farbe steht mir nicht.
Can I try it on?	Kann ich ihn/sie/es anprobieren?
I'd like to try it on.	Ich möchte ihn/sie/es anprobieren.
Where are the fitting rooms?	Wo sind die Umkleidekabinen?
Where is there a mirror?	Wo gibt es einen Spiegel?
Maybe I need a smaller size.	Vielleicht brauche ich eine kleinere Größe.
Can I try it/them on in a smaller size?	Kann ich ihn/sie/es in einer kleineren Größe anprobieren?
I'm sorry. I'm afraid we don't have this colour in size 14.	Es tut mir leid. In Größe 40 haben wir diese Farbe nicht.
This one fits much better.	Das sitzt viel besser.
I think I'll take it.	Ich glaube, ich nehme ihn/sie/es.
Where is the … department?	Wo ist die …Abteilung?
Could you tell me where the … department is?	Können Sie mir sagen, wo die …Abteilung ist?
Would you like to try it on in another style/colour/size?	Möchten Sie einen anderen Schnitt/eine andere Farbe/Größe anprobieren?
Can I pay by cheque?	Kann ich mit einem Scheck bezahlen?
Do you accept credit cards?	Nehmen Sie Kreditkarten?
Did you have anything particular in mind?	Suchen Sie etwas Bestimmtes?
I'm afraid we haven't any left.	Leider sind sie ausverkauft.
Are these the only ones you have?	Ist das alles, was Sie haben?
Thank you. You've been very helpful.	Danke, Sie haben mir sehr geholfen.

A: Can I help you?	A: Kann ich Ihnen helfen?
B: I'm looking for a dress.	B: Ich möchte ein Kleid.
A: Did you have anything particular in mind?	A: Suchen Sie etwas Bestimmtes?
B: Yes, I like this style here.	B: Ja, dieser Schnitt gefällt mir.
A: That's very popular at the moment. Would you like to try it on? The fitting rooms are over there.	A: Das ist im Moment sehr beliebt. Möchten Sie es anprobieren? Die Umkleidekabinen sind dort drüben.

B: Yes, thank you. Where is there a mirror?	B: Ja, danke. Wo gibt es einen Spiegel?
A: Here, Madam.	A: Hier ist er.
B: Hmm, maybe I need a smaller size.	B: Vielleicht brauche ich eine kleinere Größe/sollte ich eine kleinere Größe probieren.
A: I'm afraid we haven't any left in that colour in a smaller size.	A: Leider haben wir in dieser Farbe alle kleineren Größen schon verkauft.
Would you like to try on another colour?	Möchten Sie eine andere Farbe anprobieren?
B: No, I think I'll take this one after all. Do you accept credit cards?	B: Nein, ich glaube, ich nehme doch dieses Kleid. Nehmen Sie Kreditkarten?
A: Yes, of course.	A: Ja, natürlich.

Die Kleidergrößen in Großbritannien und den Vereinigten Staaten von Amerika unterscheiden sich von den deutschen wie folgt:

1. Damen

D	*32*	*34*	*36*	*38*	*40*	*42*	*44*	*46*	*48*	*50*
UK	*6*	*8*	*10*	*12*	*14*	*16*	*18*	*20*	*22*	*24*
US	*1*	*2*	*3*	*4*	*5*	*6*	*7*	*8*	*9*	*10*

2. Herren

D	*40*	*42*	*44*	*46*	*46*	*48*	*50*	*52*	*54*	*56*
UK	*14*	*14,5*	*15*	*15,5*	*16*	*16,5*	*17*	*17,5*	*18*	*18,5*
US	*XS*	*S*	*S*	*M*	*M*	*L*	*L*	*XL*	*XL*	*XXL*

3. Inch-Größen (Jeans)

D (Damen)	*34*	*34*	*36*	*38*	*40*	*42*	*44*	*46*	*48*	*50*
D (Herren)	*40*	*42*	*43*	*44*	*46*	*48*	*50*	*52*	*54*	*56*
Inch-Größen	*28*	*29*	*30*	*30*	*32*	*33*	*34*	*36*	*38*	*40*

4. Schuhe

D	*36*	*37*	*38*	*39*	*40*	*41*	*42*	*43*	*44*
UK	$3(^1/_2)$	$4(^1/_2)$	$5(^1/_2)$	$6(^1/_2)$	$7(^1/_2)$	$8(^1/_2)$	$9(^1/_2)$	$10(^1/_2)$	$11(^1/_2)$
US	$5(^1/_2)$	$6(^1/_2)$	$7(^1/_2)$	$8(^1/_2)$	$9(^1/_2)$	$10(^1/_2)$	$11(^1/_2)$	$12(^1/_2)$	$13(^1/_2)$

A: Where did you buy your coat? It's lovely!
B: I bought it in a sale last year.

A: Wo hast du deinen Mantel gekauft? Er ist sehr schön!
B: Ich habe ihn letztes Jahr in einem Ausverkauf erstanden.

A: May I help you?
B: Yes, I'm looking for a summer dress.
A: What size do you take?
B: Size 10 to 12.
A: This will probably fit you. You can try it on over there … Oh, it suits you!

B: I like it very much but it's a bit tight. Do you have it in a larger size?

A: Why don't you try this one on?
B: Fine. I'll take it. How should I wash it by the way?
A: You can machine-wash it but separately. The colour might run.

B: Thanks for all your help.

A: Kann ich Ihnen behilflich sein?
B: Ja, ich suche ein Sommerkleid.
A: Welche Größe haben Sie?
B: Zwischen 36 und 38.
A: Dieses wird Ihnen wahrscheinlich passen. Sie können es da drüben anprobieren … Es steht Ihnen ausgezeichnet!
B: Es gefällt mir sehr gut, aber es ist ein wenig eng. Haben Sie es etwas größer?
A: Probieren Sie mal dieses an.
B: Gut, ich nehme es. Übrigens, wie soll ich es waschen?
A: Sie sollten es getrennt in der Maschine waschen. Es ist nicht farbecht./Es könnte ausfärben.
B: Vielen Dank für Ihre Hilfe.

Talking about Fashion

Über Mode reden

England und Mode? Das passt nicht zusammen? Ganz im Gegenteil. Die Insel hat im Modebereich weit mehr zu bieten als Twinsets und Schottenröcke! Spätestens seit Vivienne Westwoods großem internationalen Erfolg ist klar, dass trendige Mode nicht vor dem Ärmelkanal halt macht.
Die London Fashion Week, die zweimal jährlich stattfindet, gilt mittlerweile als exzentrischste unter den internationalen Modeschauen. Hier zeigen nicht nur internationale, sondern auch heimische Designer ihr Können.
Das Thema Mode ist außerdem ein ideales Einstiegsthema für einen Small Talk.

Have you seen this summer's sporty looks?	Hast du schon den sportlichen Look dieses Sommers gesehen?
Sorbet colours are so very lovely!	Eiskreme-Farben sind so wahnsinnig schön!
I would love a bikini-top in pink with matching pants!	Ich hätte gerne ein pinkfarbenes Bikini-Oberteil mit passender Hose.
Do you think I can still wear my miniskirt?	Glaubst du, ich kann meinen Minirock noch anziehen?
With your gorgeous legs?	Bei deinen fantastischen Beinen?
No problem at all!	Absolut kein Problem!
I like fabrics with lycra. They just fit without fuzz!	Ich mag Stoffe mit Lycra. Die passen ohne Herumgeziehe!
I like those new tight-fitting cardigans. They are simply sexy!	Ich mag diese neuen engen, kleinen Strickjacken! Die sind einfach sexy!
I got a satin bag for my birthday. Don't you think it is smashing?	Ich habe eine Satin-Handtasche zum Geburtstag bekommen. Findest du nicht, dass sie umwerfend ist?
I want some velcro sandals for the beach.	Ich will Sandalen mit Klettverschluss für den Strand.
I have got a basic black wardrobe.	Meine Grundausstattung an Kleidung ist schwarz.
This summer I definitely want to add some colour.	Diesen Sommer will ich unbedingt ein bisschen Farbe hinzufügen!
I think some colours are a bit tricky.	Ich finde, manche Farben sind ein wenig schwierig.
What are the colours to look out for this season?	Welche Farben sind in dieser Saison angesagt/Was sind die Farben der Saison?
Some combinations of colours are a thrill!	Manche Farbkombinationen sind einfach umwerfend!
Others simply don't go together.	Andere passen einfach nicht zusammen.
You have to like it and feel good in it.	Es muss dir gefallen und du musst dich darin wohlfühlen.
Designer lingerie is something I could die for!	Für Designer-Unterwäsche könnte ich sterben!
At the moment, I'm cleaning out my wardrobe.	Ich miste zur Zeit meinen Kleiderschrank aus.

I always buy designer fashion second hand.	Designerkleidung kaufe ich immer im Second-Hand-Shop.
This season's swimwear is simply gorgeous!	Die Bademode der Saison ist einfach Wahnsinn!
She always has her dresses made to order.	Ihre Kleider sind alle Einzelstücke.
The job of my dreams? Fashion editor with ELLE-magazine!	Mein Traumberuf? Mode-Redakteurin beim ELLE-Magazin!
I prefer wearing loose and easy sportswear.	Ich trage am liebsten lockere und lässige sportliche Kleidung.
This silk athletic top is my favourite!	Dieses Sport-Top aus Seide ist mein Lieblingsteil!
In summer you simply have to wear relaxed outfits.	Im Sommer muss man einfach lässige Kleidung tragen.
Finding suitable workwear is something I find difficult.	Passende Kleidung für die Arbeit zu finden ist schwer.
This cotton pleated skirt looks great on you!	Dieser Baumwoll-Faltenrock steht dir einfach gut!
Do you find knee-length skirts attractive?	Findest du knielange Röcke attraktiv?
This new military style is something I have yet got to get used to.	Dieser neue Army-Stil ist etwas, woran ich mich erst noch gewöhnen muss.
Dressing for a summer in the city is never easy!	Für einen Sommer in der Stadt richtig angezogen zu sein ist einfach nicht leicht!
Minimalist looks are great!	Der minimalistische Stil ist großartig!
The inspiration for this collection seems to stem from sports.	Die Inspiration zu dieser Kollektion scheint vom Sport zu kommen.
When it comes to skirts anything goes this season.	Was die Röcke angeht, ist in dieser Saison alles erlaubt.
I like those floor-skimming long skirts.	Mir gefallen diese bodenlangen Röcke.
There seems to be no more time for buttons: zips are sporty and cool.	Für Knöpfe ist anscheinend keine Zeit mehr: Reißverschlüsse sind sportlich und cool.
I just bought a sexy dark red cotton jacket.	Ich habe mir gerade eine sexy dunkelrote Baumwolljacke gekauft.

There is no hemline debate this season.	In dieser Saison gibt es keine Diskussion um die Rocksäume.
This layered organza skirt is a dream.	Dieser Organzarock aus mehreren Schichten ist ein Traum.
I just feel good in a cotton sweater and Jeans.	Ich fühle mich in Baumwollpulli und Jeans einfach gut.
A: Do you think this summer's sporty look will suit me?	A: Glaubst du, dass mir der sportliche Look dieses Sommers steht?
B: What? With your figure it would be a shame if you didn't wear it!	B: Mit deiner Figur wäre es eine Schande, wenn du ihn nicht tragen würdest!
A: Don't you think the skirts are a bit short?	A: Findest du nicht, dass die Röcke ein bißchen kurz sind?
B: This summer, you can wear your skirt any length you want to.	B: In diesem Sommer kannst du deine Röcke in jeder beliebigen Länge tragen.
A: Did you follow the fashion shows of the top desingers on TV?	A: Hast du die Modeschauen der Spitzendesigner im Fernsehen verfolgt?
B: You bet! I'm absolutely hooked on anything to do with the catwalk!	B: Da kannst du wetten! Ich bin praktisch süchtig nach allem, was mit dem Laufsteg zu tun hat.
A: Those lovely pastel colours they presented in Italy!	A: Diese wunderbaren Pastelltöne, die sie in Italien gezeigt haben!
B: I absolutely adore the sports zipper-look!	B: Ich finde den sportlichen Reißverschluss-Look einfach wahnsinnig gut!
A: Let's hope we can find those hottest looks in our shops soon!	A: Hoffen wir, dass wir diese angesagten Looks auch bald in unseren Läden finden!

Prices and Methods of Payment / Preise und Zahlungsmethoden

How much does it cost?	Was kostet das?
How much is it?	Was kostet das?
How much do you want for this?	Wie viel wollen Sie für diese/n/s …?
It costs …	Es kostet …

I find this shop very expensive.	Ich finde dieses Geschäft sehr teuer.
Prices are going up all the time.	Die Preise steigen ständig.
The rate of inflation is rising.	Die Inflationsrate steigt.
I find the cost of living very high here.	Ich finde die Lebenshaltungskosten hier sehr hoch.
The price of milk has risen by over 15 per cent.	Die Milchpreise sind im letzten Jahr um 15 Prozent gestiegen.
The price of petrol has fallen recently.	Die Benzinpreise sind kürzlich gefallen.
How much is this car selling for?	Zu welchem Preis wird dieses Auto verkauft?
This shop attracts customers with its low prices.	Dieser Laden wirbt mit niedrigen Preisen.
That's a very reasonable price.	Das ist ein sehr günstiger/vernünftiger Preis.
I can't afford it.	Das kann ich mir nicht leisten.
I find that fairly/quite expensive.	Ich finde das ziemlich teuer!
That's outrageously expensive!	Das ist unverschämt teuer.
That's extremely cheap.	Das ist spottbillig.
It cost more than I had expected.	Es hat mehr gekostet, als ich erwartet hatte.
I know how to economize.	Ich verstehe es zu wirtschaften.
You're living beyond your means.	Sie leben über Ihre Verhältnisse.
How much is the bill?	Wie hoch ist die Rechnung?
What's included in the price?	Was ist alles im Preis enthalten?
Is value-added tax (VAT) included?	Ist die Mehrwertsteuer inbegriffen?
Is a deposit required?	Ist eine Anzahlung erforderlich?
Do you offer concession?	Gewähren Sie eine Ermäßigung?
Ten per cent of the total amount must be paid in advance.	Zehn Prozent des Gesamtbetrages müssen im Voraus bezahlt werden.
When is the price lower?	Wann ist der Preis niedriger?
How would you like to settle your account?	Wie möchten Sie Ihre Rechnung begleichen?
I'll pay in cash.	Ich bezahle bar.
I'll pay by check.	Ich werde mit einem Scheck bezahlen.
Is it possible to pay by credit card?	Kann ich auch mit einer Kreditkarte bezahlen?

A: I find this shop very expensive.	A: Ich finde dieses Geschäft sehr teuer.
B: It's actually cheaper than most others. The cost of living is generally very high here in this city.	B: Es ist eigentlich billiger als die meisten anderen. Die Lebenshaltungskosten sind in dieser Stadt generell sehr hoch.
A: And prices are going up all the time.	A: Und die Preise steigen ständig.
B: Yes, that's true. The price of milk has risen by over 15 percent in the last year.	B: Ja, das stimmt. Die Milchpreise sind im letzten Jahr um 15 Prozent gestiegen.
A: It's terrible. I just can't afford to live here much longer!	A: Es ist schrecklich. Ich kann es mir einfach nicht länger leisten, hier zu leben.
A: How much is this antique table selling for?	A: Wie teuer ist dieser antike Tisch?
B: It costs £500.	B: Er kostet 500 £.
A: £500! That's outrageously expensive!	A: 500 £! Das ist unverschämt teuer!
B: No, no. That's a very reasonable price. The table is very valuable.	B: Nein, nein. Das ist ein sehr günstiger Preis. Der Tisch ist sehr wertvoll.
A: It's certainly very beautiful. Could I pay it off in instalments?	A: Er ist wirklich sehr schön. Könnte ich ihn in Raten bezahlen?
B: Yes. You can pay it off at £50 per month.	B: Ja, Sie können ihn in Raten von 50 £ pro Monat bezahlen.
A: And is a deposit required?	A: Und ist eine Anzahlung erforderlich?
B: Yes, ten per cent of the total amount must be paid in advance.	B: Ja, zehn Prozent des Gesamtbetrages müssen im Voraus bezahlt werden.
A: Fine. I'll pay the deposit now in cash.	A: Gut. Ich mache die Anzahlung gleich in bar.

Redewendungen

Common Phrases	Redewendungen
A lot is at stake!	Es steht viel auf dem Spiel!
A penny for your thoughts!	Ich wüsste zu gern, was du gerade denkst.
above all	vor allem
agreed	einverstanden
ahead of time	früher als erwartet
after all	schließlich
all of a sudden	plötzlich
all the more	um so mehr
all the same	trotzdem
Alright, I give in!	Na gut, ich gebe nach!
And how!	Und wie!
any old thing	irgendetwas
as a matter of fact	im Übrigen
as far as I'm concerned	was mich betrifft
as a rule	in der Regel
as for you	was Sie betrifft
Whatever suits you best.	Wie es Ihnen am besten passt.
as it were	gewissermaßen
as you wish	wie Sie wollen
at any rate	jedenfalls; zumindest
at first hand	aus erster Hand
at first sight	auf den ersten Blick
At last!	Na endlich!
at short notice	kurzfristig
by accident	aus Versehen
by all means	unter allen Umständen
by chance	zufällig
by degrees	stufenweise; schrittweise
by word of mouth	mündlich
Can I pin you down to that?	Kann ich Sie darauf festnageln?
Can't be helped!	Nichts zu machen!
certainly	gern
Come on!	Gehen wir!
Come to the point!	Kommen Sie zur Sache!
Count me out!	Das mache ich nicht mit!
Doesn't matter.	Macht nichts.

Don't pay any attention.	Hören Sie nicht hin.
Don't take offence at it!	Nehmen Sie es nicht übel!
Done!	Einverstanden!
down to earth	wirklichkeitsnah
Everything went well.	Alles ging gut.
Far from it!	Überhaupt nicht!
few and far between	dünn gesät
fine	gut; fein
first of all	zuerst
for all I know	soviel ich weiß
for all that	trotz alledem
for good	für immer
for my part	was mich betrifft
for the most part	weitgehend, meistens
for the time being	zunächst
Have a good look!	Sehen Sie es sich gut an!
Have it your own way!	Wie Sie es wollen!
Have to see what can be done.	Mal sehen, was sich machen lässt
How am I expected to know that?	Woher soll ich das wissen?
How dare you!	Was fällt Ihnen ein!
Hurry up!	Beeilen Sie sich!
I can well imagine.	Das kann ich mir vorstellen.
I can't keep track.	Ich kann es nicht im Auge behalten.
I could do with …	Ich könnte … brauchen.
I dare say …	Ich darf wohl sagen …
I did it of my own accord.	Ich habe es aus eigenem Antrieb gemacht.
I didn't say that.	Das habe ich nicht gesagt.
I don't have a clue.	Ich habe keinen Schimmer/ keine Ahnung.
I don't know.	Ich weiß es nicht.
I don't mind.	Es ist mir egal.
I don't think I'm mistaken.	Ich glaube nicht, dass ich mich täusche.
I don't think so.	Ich glaube nicht.
I doubt it.	Das bezweifle ich.
I feel out of place.	Ich fühle mich fehl am Platz.
I for one	ich meinerseits
I give up!	Ich gebe auf!
I have a thing about him.	Ich habe etwas gegen ihn.

I have no time for her.	Ich habe kein Interesse an ihr.
I haven't got round to it yet.	Ich bin noch nicht dazu gekommen.
I hope not!	Hoffentlich nicht!
I hope so!	Hoffentlich!
I knew it all along.	Das wusste ich schon die ganze Zeit.
I might as well!	Warum nicht!
I only wanted to ask.	Ich wollte nur mal fragen.
I remember.	Ich erinnere mich.
I see.	Ich verstehe.
I suppose so.	Ich nehme es an.
I think so.	Ich denke ja.
I thought better of it.	Ich habe es mir anders überlegt.
It's still up in the air.	Es ist noch ungewiss.
I want to brush up my English.	Ich will meine Englischkenntnisse auffrischen.
I was only thinking …	Ich dachte nur …
I wasn't born yesterday!	Ich bin doch nicht von gestern!
I won't forget.	Ich denke daran.
I wouldn't mind.	Ich hätte nichts dagegen.
I wouldn't say that.	Das will ich nicht sagen.
I'd have liked to have known.	Ich hätte es gerne gewusst.
I'd rather not.	Ungern.
I'll bear it in mind.	Ich denke daran.
I'll give you a lift.	Ich fahre Sie hin.
I'll remember.	Ich denke daran.
I'll stand by you.	Ich stehe zu Ihnen.
I'm finished.	Ich bin geschafft.
I'm having an off day.	Ich habe gerade einen schlechten Tag.
I'm in the know.	Ich weiß Bescheid.
I'm not putting up with it.	Ich toleriere es nicht.
I'm only pulling your leg.	Ich nehme sie nur auf den Arm.
I'll ask about it.	Ich werde mich danach erkundigen.
I'll do it of my own accord.	Ich mach's aus eigenem Antrieb.
I'll get on with it straight away.	Ich mache mich gleich daran/ kümmere mich sofort darum.
I'll give you a hand.	Ich helfe Ihnen dabei.
I'll have to make do with this.	Ich muss irgendwie damit zurechtkommen.

I'll have to think it over.	Ich muss es mir noch überlegen.
I'll let him know.	Ich sage ihm Bescheid.
I'll look after him.	Ich kümmere mich um ihn.
I'll see about that.	Ich kümmere mich darum.
I'll see to it that …	Ich kümmere mich darum, dass …
I'm alive and kicking.	Ich bin gesund und munter.
I'm just about to do it.	Ich bin kurz davor, es zu machen.
I'm looking forward to it.	Ich freue mich darauf.
I'm not up to much.	Ich bin zu nichts in der Lage.
I'm on bad terms with them.	Ich stehe mit ihnen auf schlechtem Fuß.
I'm relying on it.	Ich zähle darauf.
I've changed my mind.	Ich habe es mir anders überlegt.
If you insist …	Wenn es sein muss …
If you want …	Wenn Sie es wollen …
in any case	in jedem Fall
in case	falls
in due time	zur rechten Zeit
in my view	aus meiner Sicht
in the first place	erstens
in the long run	auf Dauer
in this regard	in dieser Hinsicht
It crossed my mind that …	Mir ist die Idee gekommen, dass …
It depends.	Es kommt darauf an.
It doesn't make sense.	Es hat weder Hand noch Fuß.
It doesn't matter to me at all.	Es ist mir vollkommen egal.
It happens.	Das kommt vor.
It just occurred to me.	Das ist mir gerade eingefallen.
It serves you right!	Das geschieht Ihnen recht!
It stands to reason.	Es versteht sich von selbst.
It was short lived.	Es war von kurzer Dauer.
It was touch and go.	Es stand auf des Messers Schneide.
It's all yours.	Es steht Ihnen zur Verfügung.
It's in.	Es ist gefragt.
It's just one of those things.	Da kann man nichts machen.
It's not great shakes.	Es ist nichts Außergewöhnliches.
It's no use.	Es hat keinen Sinn.
It's not yet possible to say.	Man kann noch nichts sagen.
It's nothing to speak of.	Es ist nicht der Rede wert.
It's nothing to write home about.	Es ist nichts Besonderes.

It's on the tip of my tongue.	Es liegt mir auf der Zunge.
It's out of the question.	Das kommt nicht in Frage.
It's up to you.	Es liegt bei Ihnen.
It's your turn!	Sie sind dran!
just in case	für alle Fälle
just in the nick of time	im rechten Augenblick
last but not least	zu guter Letzt
Let's call it a day.	Schluss für heute.
Let's go.	Lasst uns gehen.
Look here!	Na hören Sie mal!
Mind your own business!	Kümmern Sie sich um Ihre eigenen Angelegenheiten!
more or less	so ungefähr
Mum's the word!	Kein Wort darüber!
My point of view is …	Meiner Meinung nach …
no idea	keine Ahnung
no matter what	egal was
No sooner said than done.	Gesagt, getan.
No way!	Keinesfalls!
Not a bit of it!	Keine Spur!
not by a long shot	bei weitem nicht
not quite like that	nicht ganz so
not really	eigentlich nicht
Nothing doing!	Ausgeschlossen!
now and then	hin und wieder
Now it's up to you.	Jetzt liegt es bei Ihnen.
Now or never!	Jetzt oder nie!
odds and ends	Krimskrams
off the record	inoffiziell
Oh, I see!	Aha, ich verstehe!
Oh, how silly!	Ach wie dumm!
on account of …	wegen …
on second thought	nach reiflicher Überlegung
on that score	in dieser Hinsicht
on the face of it	äußerlich betrachtet
on the off chance	auf die entfernte Möglichkeit hin
once and for all	ein für alle Mal
in a while	gelegentlich
Once upon a time …	Es war einmal …
One day you'll believe me!	Sie werden noch an mich denken!
one of these days	demnächst einmal

out and out	ganz und gar
Perhaps it's not neccessary …	Vielleicht ist es gar nicht nötig …
Pity!	Schade!
Play it cool!	Bleiben Sie ruhig!
Play it safe!	Gehen Sie kein Risiko ein!
quite a few	ziemlich viele
quite	richtig
rubbish	Quatsch
safe and sound	gesund und munter
Search me.	Ich habe keine Ahnung.
So what?	Na und?
something else	etwas anderes
Speak up!	Lauter!
strange	komisch
Such is life!	So ist das Leben!
Take it easy!	Immer mit der Ruhe!
Take it from me!	Sie können mir glauben!
Tell me another.	Das könne Sie mir nicht weismachen.
That amounts to the same thing.	Das kommt aufs Gleiche heraus.
That can happen!	Das kann passieren!
That goes without saying.	Das versteht sich von selbst.
that is to say	das heißt; vielmehr
That makes sense.	Das ist sinnvoll./Das klingt vernünftig.
That will come in handy.	Das wird sehr nützlich sein.
That will do.	Das reicht schon.
That would be nice.	Das wäre schön.
That'll do the trick.	Das wird den gewünschten Zweck erfüllen.
That's a sight for sore eyes.	Das ist eine Augenweide.
That's all.	Das ist alles.
That's a tall story.	Das ist ein Lügenmärchen.
That's all over.	Das ist aus und vorbei.
That's beyond the pale.	Das gehört sich nicht.
That's just like …	Das sieht … ähnlich
That's more like it!	Das klingt schon besser!
That's not the point.	Darum geht es gar nicht.
That's not to be sneezed at.	Das ist nicht zu verachten.
That's out of all proportion.	Das ist maßlos übertrieben.
That's out of date.	Das ist altmodisch.

That's right.	Das stimmt.
That's the last straw!	Jetzt reicht's aber!
That's weird!	Das ist aber merkwürdig!
That's what I've been saying the whole time.	Das sage ich ja die ganze Zeit.
the other day	neulich
the powers that be	die, die zu bestimmen haben
There were two of us.	Wir waren zu zweit.
There you are!	Na also!
There's no point in it.	Das hat keinen Sinn.
There's nothing to it!	Was ist schon dabei!
This is not my day.	Heute ist einfach nicht mein Tag.
Those were the days!	Das waren noch Zeiten!
to a T	haargenau
to fall in love	sich verlieben
tongue in cheek	ironisch, unaufrichtig
to stretch a point	ein Auge zudrücken
to talk shop	fachsimpeln
to the best of my knowledge	soviel ich weiß
to this day	bis auf den heutigen Tag
Touch wood!	Toi, toi, toi!
Unfortunately not.	Leider nicht.
Wait and see.	Mal abwarten.
Wait!	Abwarten!
We'll have to wait and see.	Wir müssen abwarten.
Well, I never!	Kaum zu glauben!
Well done!	Gut gemacht!
Well …	Naja …
What a mess!	Was für ein Durcheinander!
What about …?	Was ist mit …?
What do I get out of it?	Was habe ich davon?
What does it matter.	Was macht es schon.
What is it now?	Was ist denn?
What of it?	Und wenn schon?
What's on?	Was gibt es?
What's that got to do with me?	Was geht das mich an?
What's wrong?	Was ist los?
Whatever you like!	Was immer Sie möchten!
year in, year out	Jahr für Jahr
You are right to do so.	Sie haben recht, sich so zu verhalten.

You can rely on it.	Sie können sich darauf verlassen.
You can think about it.	Sie können sich's ja überlegen.
You can't take a joke.	Sie verstehen keinen Spaß.
You don't say!	Das kann doch nicht wahr sein!
You got away with it.	Sie sind ungestraft davongekommen.
You're piling it on.	Sie übertreiben maßlos.
You're running a risk.	Sie gehen ein Risiko ein.
You're taking advantage of me.	Sie nutzen mich aus.
You're taking it for granted.	Sie betrachten das als selbstverständlich.
You're telling me!	Wem sagen Sie das!
You've got what it takes.	Sie haben das Zeug dazu.
You've talked me into it.	Sie haben mich überredet.

Proverbs and Sayings / **Sprichwörter und geflügelte Worte**

All's well that ends well.	Ende gut, alles gut.
You live and learn.	Man lernt nie aus.
It rained cats and dogs.	Es regnete in Strömen.
He was in his birthday suit.	Er war nackt wie Gott ihn schuf.
She is on cloud nine.	Sie schwebt/ist im siebten Himmel.
Every cloud has a silver lining.	Auf Regen folgt Sonnenschein.
That's the way the cookie crumbles./That's the way it goes.	So ist das nunmal im Leben./Das ist der Lauf der Welt/Dinge.
It was just a storm in a teacup.	Es war nur ein Sturm im Wasserglas.
A penny for your thoughts.	Ich möchte deine Gedanken lesen können.
The penny dropped.	Der Groschen ist gefallen.
He really gets in my hair.	Er geht mir auf den Wecker./Er geht mir auf die Nerven.
He made my hair stand on end.	Er hat mich furchtbar erschreckt.
He missed them by a whisker.	Er hat sie um Haaresbreite verpasst.
They won by a whisker.	Sie haben knapp gewonnen.
Run for your life.	Lauf um dein Leben.
It's a matter of life and death.	Es ist eine Sache auf Leben und Tod.

I clung to the rope for dear life.	Ich klammerte mich verzweifelt an das Seil.
Put that in your pipe and smoke it!	Das kannst du in der Pfeife rauchen!
This is really a piece of cake!	Das ist wirklich kinderleicht!
You can't have your cake and eat it.	Man kann nicht auf zwei Hochzeiten tanzen.
Heads or tails?	Kopf oder Zahl?
This is like carrying coals to Newcastle.	Das heißt Eulen nach Athen tragen.
She doesn't want to do that for all the tea in China.	Sie will das um nichts in der Welt tun./Sie will das nicht um alles Geld der Welt tun.
Cross my heart.	Ich schwöre es!
Cross my heart and hope to die.	Ich schwöre es! (besonders Kinder)
She put heart and soul into this job.	Sie hat sich mit Leib und Seele dieser Arbeit verschrieben.
He had a change of heart.	Er hat es sich anders überlegt.
It was just a shot in the dark.	Es war bloß ein Schuss ins Blaue.
A trouble shared is a troubled halved.	Geteiltes Leid ist halbes Leid.
Wonders will never cease!	Es gibt noch Wunder!
Could you give me a hand, please?	Können Sie/Kannst du mir bitte helfen?
Don't strain yourself!	Überanstreng dich nicht!
Nothing ventured, nothing gained.	Wer nicht wagt, der nicht gewinnt.
Has the cat got your tongue?	Hast du deine Zunge verschluckt?
I've a bone to pick with you.	Ich habe ein Hühnchen mit dir zu rupfen.
Easy come, easy go.	Wie gewonnen, so zerronnen.
Money runs through my hands like water.	Geld zerrinnt mir zwischen den Fingern.
Don't put all your eggs in one basket.	Setz nicht alles auf eine Karte.
They took him to the cleaners.	Sie haben ihn über den Tisch gezogen.
This way, you can kill two birds with one stone.	So kannst du zwei Fliegen mit einer Klappe schlagen.